3000語覚えるよりもスコアが伸びる厳選630語!

新TOEIC®TEST
英単語
出るとこだけ!

小石 裕子 著
Timothy Ducey 執筆協力

TOEIC is registered trademark of Educational Testing Service (ETS).
This publication is not endorsed or approved by ETS.

はじめに

「得点アップに必要な単語だけを、なるべく楽に覚えられる」本を目指して、前身の『英単語出るとこだけ!』が出来ました。この度、さらに見やすいレイアウトで、かつご要望の多かった、例文の音声を4カ国の英語で収録したCDとともに生まれ変わることができ、非常に満足しています。

内容は、各UNITのTOEIC形式の練習問題を新形式に即した形にしただけでなく、見出し語、語法も全て見直し、最近の傾向を反映したものにしています。

「それぞれの単語に自分なりの背景をもたせることによって強く印象づけ、いったん覚えた後も、繰り返し覚え直して定着させる」という基本精神は変わりません。現スコア450〜700ぐらいの方が、テストまでの限られた時間のなかで、効率よくエネルギーを使って、更なるスコアアップを目指すことをこの本がお手伝いします。

●本書で達成できること

1. 得点アップに結び付く単語だけを覚え、スコアを100点伸ばす
短時間でも、本当に得点アップに必要な語句だけを学習できるように、頻出というだけでなく、得点に結び付くという観点から収録語を厳選しました。

2. 得点効率のよい語法問題にも強くなる
Part 5、6では、基本的な単語でもその用法を知らないと正解を選べない問題が頻出しますが、逆に語法のルールさえ知っていれば大きな得点

源になります。本書は、そういった語法問題の解法テクニックが身に付けられるように構成されています。また、巻末にまとめた「語法問題 選り抜き15の鉄則」は、試験直前の復習にも役立ちます。

3. 自然に単語が定着する

各単語には、TOEICの問題スタイルに合わせた例文を付けました。CDを聞き、音読すれば見出し語の意味と発音がしっかりと記憶に残ります。また、随所に記憶をチェックするコーナーを設けています。ひとつの見出し語が別のパートの例文や練習問題に何度も登場するので、自然に記憶の定着が図れます。

4. 実践力が身に付く

各UNITの終わりでTOEIC形式の問題演習を行うことによって、それまで学習した単語が実際の試験でどのように出題されるのかを実感できます。また、全7パートの「得点アップの秘訣」も収録。問題を効率的に解くための手順が分かります。

5. 無理なくこなせて挫折しない

1つのUINTを共通のテーマを持った15語からなる、3つのSetに分けています。学習に取り組むときの「切りのよさ」を設けて、学習計画を立てやすいようにしました。

本書が受験者の皆さんのスコアアップに少しでも役立つことを心から願っています。

小石裕子

Contents

目 次

- はじめに ……………………………………………………… 2
- 本書の狙いとスコアアップのストラテジー ………………… 8
- 本書の構成 …………………………………………………… 10
- 学習の手順 …………………………………………………… 12
- 付属CDの使い方……………………………………………… 14

UNIT 1　Part 1〈写真描写問題〉によく出る単語

- **Set 1**　人物描写　動作(1) ………………………………… 16
- **Set 2**　人物描写　動作(2) ………………………………… 20
- **Set 3**　人物描写　動作(3) ………………………………… 24
- **Set 4**　人物描写　名詞・位置関係 ……………………… 28
- **Set 5**　情景描写(1) ………………………………………… 32
- **Set 6**　情景描写(2) ………………………………………… 36
- 全単語総チェック…………………………………………… 40
- **Set 7**　Practice Test Part 1 ……………………………… 42

UNIT 2　Part 2、3〈応答・会話問題〉によく出る単語
———ビジネス———

- **Set 1**　就職・人事 ………………………………………… 50
- **Set 2**　オフィス内 ………………………………………… 54
- **Set 3**　営業・販売 ………………………………………… 58
- **Set 4**　契約・交渉 ………………………………………… 62
- **Set 5**　建設・工場 ………………………………………… 66
- **Set 6**　銀行・経理 ………………………………………… 70
- 全単語総チェック…………………………………………… 74
- **Set 7**　Practice Test Part 2 ……………………………… 76

UNIT 3　Part 2、3〈応答・会話問題〉によく出る単語
――― 生活・街 ―――

Set 1　交通・車 …………………………………… 84
Set 2　郵便・通信 ………………………………… 88
Set 3　旅行 ………………………………………… 92
Set 4　医療 ………………………………………… 96
Set 5　買い物・娯楽 ……………………………… 100
Set 6　法律・事件 ………………………………… 104
全単語総チェック ……………………………………… 108
Set 7　Practice Test Part 3 ……………………… 110

UNIT 4　Part 4〈説明文問題〉によく出る単語

Set 1　会議 ………………………………………… 122
Set 2　パーティ …………………………………… 126
Set 3　コマーシャル・録音メッセージ …………… 130
Set 4　ニュース・天気予報 ……………………… 134
Set 5　空港・機内放送 …………………………… 138
Set 6　劇場・ガイドツアー ……………………… 142
全単語総チェック ……………………………………… 146
Set 7　Practice Test Part 4 ……………………… 148

UNIT 1-4 リスニング・セクション総復習 ………… 158

Contents

UNIT 5　Part 5、6〈短文・長文穴埋め問題〉によく出る単語（1）

- **Set 1**　可算 or 不可算が問われる名詞 …………………………… 160
- **Set 2**　単語（1） ……………………………………………………… 164
- **Set 3**　単語（2） ……………………………………………………… 168
- **Set 4**　熟語（1） ……………………………………………………… 172
- **Set 5**　熟語（2） ……………………………………………………… 176
- **Set 6**　熟語（3） ……………………………………………………… 180
- 全単語総チェック ……………………………………………………… 184
- **Set 7**　Practice Test Part 5 ………………………………………… 186

UNIT 6　Part 5、6〈短文・長文穴埋め問題〉によく出る単語（2）

- **Set 1**　品詞の判別によく出る形容詞 ………………………………… 194
- **Set 2**　品詞の判別によく出る副詞 …………………………………… 198
- **Set 3**　節や句を導く語句 ……………………………………………… 202
- **Set 4**　現在分詞 or 過去分詞が問われる動詞 ……………………… 206
- **Set 5**　動名詞 or 不定詞が問われる語句 …………………………… 210
- **Set 6**　自動詞 or 他動詞が問われる動詞 …………………………… 214
- 全単語総チェック ……………………………………………………… 218
- **Set 7**　Practice Test Part 6 ………………………………………… 220

目次

UNIT 7　Part 7〈読解問題〉によく出る単語

- **Set 1**　社内メモ・告示文 ……………………………… 228
- **Set 2**　手紙・Eメール ………………………………… 232
- **Set 3**　商業広告 ………………………………………… 236
- **Set 4**　求人広告 ………………………………………… 240
- **Set 5**　フォーム（申込書など） ……………………… 244
- **Set 6**　記事 ……………………………………………… 248
- 全単語総チェック………………………………………… 252
- **Set 7**　Practice Test Part 7 ………………………… 254

UNIT 5-7　リーディング・セクション総復習 ………… 274

UNIT 8　クイズで覚える語法

- **Set 1**　基本的な前置詞の用法（1）………………… 276
- **Set 2**　基本的な前置詞の用法（2）………………… 280
- **Set 3**　人とその行為を表す名詞の使い分け ……… 284
- **Set 4**　「現在分詞と過去分詞」、「動名詞と不定詞」それぞれの使い分け … 288
- **Set 5**　選択に迷う単語 ………………………………… 292
- **Set 6**　その他の語法 …………………………………… 298
- **Set 7**　Practice Test 語法問題 ……………………… 302

- **Extra 1**　選り抜き15の鉄則 ………………………… 310
- **Extra 2**　英文法の基本用語 …………………………… 313
- **Extra 3**　語法と文法用語の説明 ……………………… 316

- INDEX　索引 ……………………………………………… 324

語彙に絡む問題で8割正解を目指す！

本書の狙いと
スコアアップのストラテジー

本書は、TOEICの7つのパートごとに**「得点に結び付く」語句を習得することで総合得点を上げる**、というストラテジー（学習の指針）を採用している。TOEICテストの問題形式は下記のとおりで、本書のPractice Testはこの形式に合わせたものになっている。各パートごとのストラテジーと合わせて紹介しておこう。

＊TOEICテストについての最新情報は公式ホームページ（http://www.toeic.or.jp）をご覧ください。

TOEICテストの問題形式

リスニング・セクション（約45分間・100問）

PART 1	写真描写問題	10問

写真を見ながら、音声で流れる4つのセンテンスを聞き、その中から最もふさわしい描写文をひとつだけ選ぶ。

PART 2	応答問題	30問

質問とそれに続く応答の選択肢を3つ聞き、その中から最もふさわしい応答をひとつだけ選ぶ。

PART 3	会話問題	30問

2人の会話を聞き、その会話に対する質問の答えを4つの選択肢からひとつだけ選ぶ。ひとつの会話に対し質問は3つあり、質問の音声も流れる。質問は問題用紙にも印刷されている。

PART 4	説明文問題	30問

英文を聞き、それに関する質問について最もふさわしい解答を4つの選択肢から選ぶ。ひとつの英文に対し、質問は3つある。質問は問題用紙にも印刷されている。

リーディング・セクション（75分間・100問）

PART 5	短文穴埋め問題	40問

問題文の空所に入れるべき語句を4つの選択肢から選ぶ。

PART 6	長文穴埋め問題	12問

長文の中に複数ある空所に入れるべき語句を4つの選択肢から選ぶ。

PART 7	読解問題	48問

文書や図表を読み、それに関する質問について、最もふさわしい解答を4つの選択肢から選ぶ。

Part 1 対策

UNIT 1では、人物描写と情景描写という出題パターン別にPart 1の必須表現を学ぶ。日常的な表現が使われている問題でも、**あやふやにしか意味を覚えていないため、取りこぼしてしまうことが意外に多い**。ここで紹介する90の語句を押さえておけば、自信をもって解答できる問題を確実に増やすことができる。

Part 2 & 3 対策

UNIT 2と3では、Part 2と3に頻出するビジネスや日常生活で使われる表現を学ぶ。本書の例文は、実際のテストでアナウンスされる英文に内容やスタイルを合わせてあるので、例文を頭から読んで理解できるようになるまで繰り返し声に出して読むことで、**実際のテストでも、問題文を聞きながら状況がイメージできるようになるはずだ**。

Part 4 対策

Part 4の英文は、Part 3の会話文より難解なものもあるが、すべてを聞き取れなくても正解を選べるものも多い。UNIT 4では、**出題パターンごとに正解の鍵となるキーワードを学ぶ**。

Part 5 & 6 対策

Part 5と6では、文法と語彙の知識が問われる。UNIT 5では、頻出する単語や熟語を、UNIT 6では、文法や語法（語句の使い方）を出題ポイント別に学ぶ。UNIT 8では、基本的な単語の語法についてクイズ形式で覚える。これらの3つのUNITで扱う単語を押さえておけば、**Part 5と6を大きな得点源とすることが可能だ**。また、試験直前に特に重要なルールを見直せるよう、UNIT 8の後に語法に関する**「選り抜き15の鉄則」**ほかを掲載した。

Part 7 対策

全パートの中でも、**語彙力の有無が最も大きく得点に影響するのがPart 7**だ。ビジネス関連のフォーマルな表現が頻出する上、本文中の答えのヒントとなる箇所が、選択肢では別の言葉で言い換えられていることが多い。UNIT 7では、典型的な長文のパターン別に必須表現を学ぶ。

本書の構成

●全体の構成

本書は、TOEICのパート別に630の重要語句を習得するUNIT 1～UNIT 7と、語法をクイズで覚えるUNIT 8から構成されている。

●UNITの構成

各UNITにはSet 1～Set 7まで、7つのセットを用意。UNIT 1～UNIT 7のSet 1～Set 6では、テーマ別に各15個の見出し語を学習できる。Set 7はTOEIC形式のPractice Test。そのUNITで学習した単語が出てくるので、力試しに使ってほしい。UNIT 8のSet 1～Set 6は語法のチェック、Set 7はPractice Testだ（詳しくは次の「学習の手順」を参照のこと）。

●Setの構成

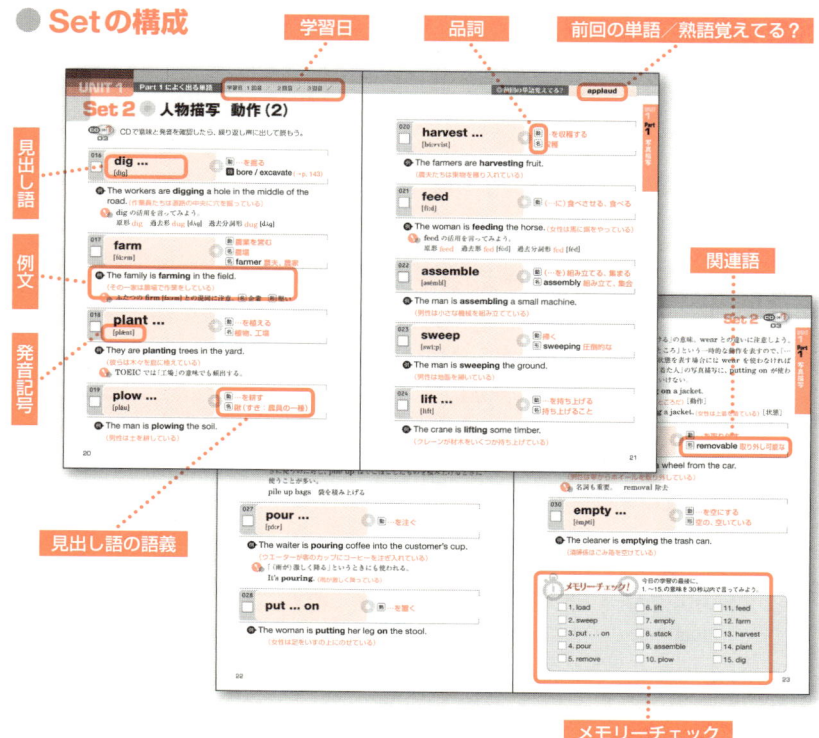

10

- **学習日**： 紙面上端に3回分の記入欄を設けたが、使い方は自由。2回目以降の日付は、UNIT 8まで終えた後、もう一度UNIT 1から復習する時や、前日の復習をする時など、自分の学習ペースに合わせて記入しよう。

- **見出し語**： 見出し語は、効率的な得点アップが図れるようにパートごとに振り分けてあるが、テストではほかのパートに登場することもある。

- **品詞**： 複数の品詞がある単語でも、あえてTOEICに頻出する品詞のみ掲載。

- **見出し語の語義**：複数ある場合でも、あえてTOEICに頻出する語義を厳選。

- **発音記号**： アメリカ英語の標準的な発音を掲載。発音が国によって大きく異なる場合のみ、その記号も併記した。熟語や複数の単語から成る見出し語については、発音記号は掲載していない。

- **例文**： TOEICの問題に登場するスタイルを採用。別項で学習した見出し語も盛り込み、記憶に定着しやすいように工夫されている。

- **関連語**： 派生語や類義語、反意語など、見出し語に関連するTOEIC頻出語句を掲載。見出し語の語義をひとつしか掲載していない場合には、類義語の語義を省略。

- **メモリーチェック**：そのSetで学習した見出し語を順不同に掲載。

- **前回の単語／熟語覚えてる？**：記憶の定着には復習が肝心。前のSetで学習した見出し語から、特に覚えにくいと思われるものをピックアップしてある。意味が言えるかどうか確認してみよう。

●本書で使われているマーク

動：動詞	熟：熟語	C：可算名詞（countable）
名：名詞	反：反意語	U：不可算名詞（uncountable）
形：形容詞	類：類義語	[関連語]：見出し語に関連する語
副：副詞	略：略語	：重要な関連語や語法のルール
接：接続詞	他：他動詞	▶▶：例文の補足説明
前：前置詞	自：自動詞	鉄則：特に重要な語法のルール

学習の手順

●UNIT 1〜UNIT 7
目標 15個ずつTOEIC頻出語句を覚える。

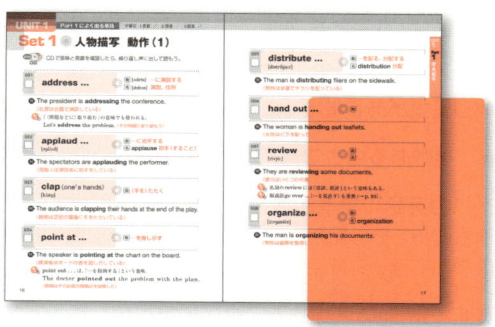

Step 1 次の①〜③手順で見出し語の意味と発音を覚えよう。
① チェックシートをかぶせて、15の見出し語の意味を言ってみる。
② 1語ずつチェックシートをずらしながら、15語の意味を確認する。
③ CDを聞きながら1語ずつ音読し、発音と意味を覚える。

Step 2 例文にはほかの日に学習した見出し語も盛り込まれている。できれば例文は音声だけで理解できるか試してから、英文も見て和訳をチェックしよう。

Step 3 🖐 や ▶▶ で示された解説を読む。派生語や類義語、反意語などの関連語の意味も確認しよう。

Step 4 例文の意味を思い浮かべられるようになるまで、何度も音読しよう。

Step 5 仕上げに、「メモリーチェック」で見出し語の意味が言えるかどうか確認しよう。

Step 6 「全単語総チェック」では、ページにチェックシートをかぶせ、各Setの見出し語の意味が言えるかどうか再確認する。

Step 7 Set 7のPractice Test (TOEIC形式の練習問題) で力試し。そのUNITで学習した語句が、試験ではどのように出題されるかを体験し、実践力を身に付ける。「得点アップの秘訣」で、効率的に問題を解くためのポイントを押さえてから始めよう。なお、解答は解答欄にマークすること。

Step 8 UNIT 4の最後に「リスニング・セクション総復習」、UNIT 7の最後に「リーディング・セクション総復習」がある。ここにはセクションごとにレベル別の復習クイズを用意した。9割正解を目標にチャレンジしてみよう。

● UNIT 8（クイズで覚える語法）

目標 15題ずつ頻出語法問題を解き、様々な単語の使い方をマスターする。

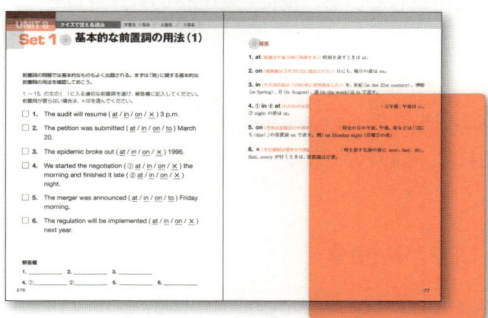

Step 1 基本的な単語でも、その「使い方」(語法)が問われる語句をクイズ形式で覚える。何度も復習できるように、解答は解答欄に記入しよう。右ページにはチェックシートをかぶせておく。

Step 2 問題文をまずは自分で訳し、その後にチェックシートをずらして、文意を確認しよう

Step 3 鉄則 マークがあったら、後ろのページにある詳しい説明を読み、更に知識を深めておく。本番でのスコアアップに欠かせないのがこの 鉄則 だ。

Step 4 Set 7のPractice Test (TOEIC形式の練習問題)で力試し。UNIT 8で学習した語法が身に付いているかどうか、TOEICのPart 5形式の問題で確認する。解説では、各問題を解くための語法のルールを ★ で示した。ルールの理解があやふやな問題については、もう一度参照ページを読んで復習しよう。

● Extraについて

UNIT 8の後に「選り抜き15の鉄則」を掲載した。さらに、丸暗記ではなく、語法の仕組みまで理解しながらルールを覚えたいという人のために、「英文法の基本用語」と「語法と文法用語の説明」を用意。文法用語と語法をより深く理解することで、TOEIC対策にとどまらない英語力を身に付けることができる。試験直前に必ず見直して、正確な答えを選べるようにしておこう。

　選り抜き15の鉄則：本書の各所で紹介した特に重要な語法ルールの一覧
　英文法の基本用語：本書の理解を助ける基本的な文法用語の解説
　語法と文法用語の説明：細かな語法の仕組みを理解するための補足解説

付属CDの使い方

本書にはCDが2枚付属している。常にこのCDの音声を聞きながら学習を進めていってほしい。

● CDマークの見方

　CDマークに付いている数字は赤がCD番号、灰色がトラック番号を示す。
例：これは、「CD1のトラック番号5を呼び出してください」という意味。

● 収録時間

CD1が約69分、CD2が約59分

● CD1の収録内容

- UNIT1～UNIT4の見出し語とその日本語訳、例文の音声
    → 各見出し語ごとに、[①見出し語→②日本語訳→③見出し語→④例文]の順で音声を収録(日本語訳を挟んで同じ見出し語が2回発音される)。
    → ①はアメリカ人男性またはカナダ人男性、③はオーストラリア人女性またはイギリス人男性が読んでいる。
    → ④の例文は4カ国のネイティブスピーカーのうち、その見出し語を発音しなかったいずれかの人が読んでいる。
- UNIT1～UNIT3のSet7「Practice Test」の英文音声

● CD2の収録内容

- UNIT4のSet7「Practice Test」の英文音声
- 「リスニング・セクション総復習」のクイズに登場する単語の英語音声
- UNIT5～UNIT7の見出し語とその日本語訳、例文の音声
- 「リーディング・セクション総復習」のクイズに登場する単語の英語音声

CD使用上の注意
- 弊社制作の音声CDは、CDプレーヤーでの再生を保証する規格品です。
- パソコンでご使用になる場合、CD-ROMドライブとの相性により、ディスクを再生できない場合がございます。ご了承ください。
- パソコンでタイトル・トラック情報を表示させたい場合は、iTunesをご利用ください。iTunesでは、弊社がCDのタイトル・トラック情報を登録しているGracenote社のCDDB(データベース)からインターネットを介してトラック情報を取得することができます。
- CDとして正常に音声が再生できるディスクからパソコンやmp3プレーヤー等への取り込み時にトラブルが生じた際は、まず、そのアプリケーション(ソフト)、プレーヤーの製作元へご相談ください。

UNIT 1

Part 1 〈写真描写問題〉 によく出る単語

Part 1はアナウンスされる4つの英文の中から、写真の描写として最も適切なものを選ぶ問題だ。UNIT 1では、「人物描写」と「情景描写」というふたつの出題パターン別に必須表現を学ぶ。例文の意味を取るときには、イメージを頭に描くようにすると効果的だ。

Set 1 人物描写　動作(1)

Set 2 人物描写　動作(2)

Set 3 人物描写　動作(3)

Set 4 人物描写　名詞・位置関係

Set 5 情景描写(1)

Set 6 情景描写(2)

Set 7 Practice Test Part 1 （写真描写問題）

UNIT 1

Part 1 によく出る単語　学習日 1回目 ／　2回目 ／　3回目 ／

Set 1　人物描写　動作（1）

 CDで意味と発音を確認したら、繰り返し声に出して読もう。

---

001 **address ...**
- 動 [ədrés] …に演説する
- 名 [ǽdres] 演説、住所

例▶ The president is **addressing** the conference.
（社長は会議で演説している）

💡「（問題などに）取り組む」の意味でも使われる。
Let's **address** the problem.（その問題に取り組もう）

---

002 **applaud ...**
[əplɔ́ːd]
- 動 …に拍手する
- 名 applause 拍手（すること）

例▶ The spectators are **applauding** the performer.
（見物人は演技者に拍手をしている）

---

003 **clap** (one's hands)
[klǽp]
- 動 （手を）たたく

例▶ The audience is **clapping** their hands at the end of the play.
（観客は芝居の最後に手をたたいている）

---

004 **point at ...**
- 熟 …を指し示す

例▶ The speaker is **pointing at** the chart on the board.
（講演者はボードの表を指し示している）

💡 point out ... は、「…を指摘する」という意味。
The doctor **pointed out** the problem with the plan.
（医師はその計画の問題点を指摘した）

005 distribute ...
[distríbjuːt] 英[dístribjuːt]

動 …を配る、分配する
名 distribution 分配

例 The man is **distributing** fliers on the sidewalk.
（男性は歩道でチラシを配っている）

006 hand out ...

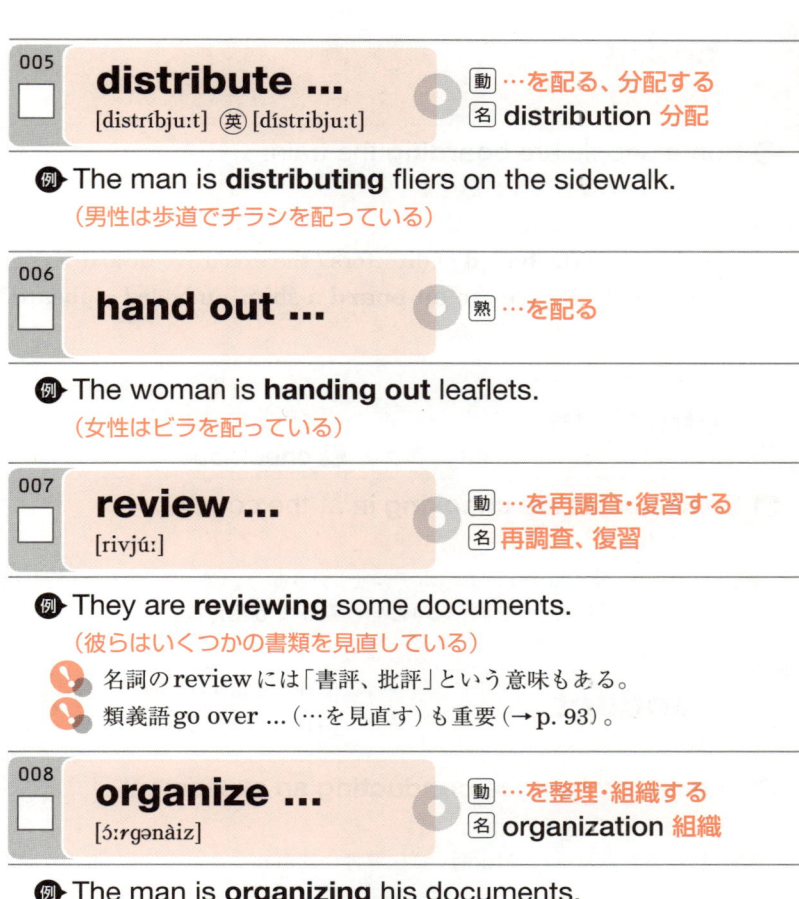

熟 …を配る

例 The woman is **handing out** leaflets.
（女性はビラを配っている）

007 review ...
[rivjúː]

動 …を再調査・復習する
名 再調査、復習

例 They are **reviewing** some documents.
（彼らはいくつかの書類を見直している）

- 名詞のreviewには「書評、批評」という意味もある。
- 類義語 go over ...（…を見直す）も重要（→p. 93）。

008 organize ...
[ɔ́ːrɡənàiz]

動 …を整理・組織する
名 organization 組織

例 The man is **organizing** his documents.
（男性は書類を整理している）

009 board ...
[bɔ́ːrd]

動 …に搭乗する
名 板

例 Some people are **boarding** the train.
（何人かの人が電車に乗り込んでいる）

> 名詞のふたつの用法も重要。
> …会　　　the **board** of directors / the executive **board** 重役会
> …に乗って　People are **on board** a ship. [on board = aboard]
> 　　　　　（人々は船に乗っている）

010 check in

熟 宿泊・搭乗手続きをする、（荷物を）預ける
反 check out

例 Some guests are **checking in** at the counter.
（何人かの客がカウンターで宿泊手続きをしている）

> 反意語の check out は「（ホテルを）引き払う、（本やビデオを）貸し出しする」のほか、「…を調べる」という意味でも使える。

011 conduct ...

動 [kəndʌ́kt] …を行う、導く
名 [kándʌkt] 行動

例 The researchers are **conducting** an experiment.
（研究者たちは実験を行っている）

> 形容詞も重要→conductive（伝導性のある）

012 face ...
[féis]

動 …に直面・対面する

例 The man and woman are **facing** each other.
（男女が互いに顔を向かい合わせている）

人物描写　動作 (1)

Set 1

013　work on ...　熟 …に取り組む、作業する

例 The man is **working on** the device.
（男性は器具を修理している）

work onは後ろに続く名詞と文脈に応じて、臨機応変に訳す必要がある。work on the car（車を修理する）、work on a report（レポートを作成する）

014　fix ...　[fíks]
動 …を修理・確定する
類 repair / mend 修理する

例 The repairman is **fixing** the vacuum cleaner.
（修理作業員は掃除機を修理している）

015　put fuel
熟 燃料を入れる
類 refuel（燃料を）補給する

例 The man is **putting fuel** in his car.（男性は車に燃料を入れている）

fuelは動詞としても使う。
He is **fueling** his car.（彼は車に燃料を入れている）

メモリーチェック！
今回のセットの終わりに、1.～15.の意味を30秒以内で言ってみよう。

- 1. conduct
- 2. face
- 3. board
- 4. check in
- 5. organize
- 6. fix
- 7. work on
- 8. put fuel
- 9. distribute
- 10. review
- 11. clap
- 12. address
- 13. applaud
- 14. point at
- 15. hand out

UNIT 1

Part 1 によく出る単語　学習日 1回目 ／ 2回目 ／ 3回目 ／

Set 2　人物描写　動作（2）

 CDで意味と発音を確認したら、繰り返し声に出して読もう。

016　**dig ...**　[díg]
- 動 …を掘る
- 類 bore / excavate（→ p. 144）

例 The workers are **digging** a hole in the middle of the road.（作業員たちは道路の中央に穴を掘っている）

dig の活用を言ってみよう。
原形 dig　過去形 dug [dÁg]　過去分詞形 dug [dÁg]

017　**farm**　[fá:rm]
- 動 農業を営む
- 名 農場
- 名 farmer 農夫、農家

例 The family is **farming** in the field.
（その一家は農場で作業をしている）

ふたつの firm [fə:rm] との混同に注意。名 企業　形 堅い

018　**plant ...**　[plǽnt]
- 動 …を植える
- 名 植物、工場

例 They are **planting** trees in the yard.
（彼らは木々を庭に植えている）

TOEIC では「工場」の意味でも頻出する。

019　**plow ...**　[pláu]
- 動 …を耕す
- 名 鋤（すき：農具の一種）

例 The man is **plowing** the soil.
（男性は土を耕している）

● 前回の単語覚えてる？　　　　　**applaud**

UNIT 1 / Part 1 写真描写

020 **harvest ...** [háːrvist]
- 動 …を収穫する
- 名 収穫

例▶ The farmers are **harvesting** fruit.
（農夫たちは果物を穫り入れている）

021 **feed** [fíːd]
- 動 (…に)食べさせる、食べる

例▶ The woman is **feeding** the horse.（女性は馬に餌をやっている）

💡 feed の活用を言ってみよう。
原形 feed　過去形 fed [féd]　過去分詞形 fed [féd]

022 **assemble** [əsémbl]
- 動 (…を)組み立てる、集まる
- 名 assembly 組み立て、集会

例▶ The man is **assembling** a small machine.
（男性は小さな機械を組み立てている）

023 **sweep ...** [swíːp]
- 動 …を掃く
- 形 sweeping 圧倒的な

例▶ The man is **sweeping** the ground.
（男性は地面を掃いている）

024 **lift ...** [líft]
- 動 …を持ち上げる
- 名 持ち上げること

例▶ The crane is **lifting** some timber.
（クレーンが材木をいくつか持ち上げている）

21

● 前回の単語覚えてる？　　　**conduct**

025 **load ...**
[lóud]

動 …を積む
名 積荷
反 unload 降ろす

例 They are **loading** some cargo into the truck.
（彼らはいくつかの荷物をトラックに積み込んでいる）

---

026 **stack ...**
[stǽk]

動 …を積み上げる
名 （積み上げた）山
類 pile

例 The workers are **stacking** boxes up to the ceiling.
（作業員は箱を天井まで積み上げている）

stack がどちらかというと表面が平らなものをきれいに積み上げるときに使うのに対し、pile up はでこぼこしたものを積み上げるときに使うことが多い。
pile up bags（袋を積み上げる）

---

027 **pour ...**
[pɔ́ːr]

動 …を注ぐ

例 The waiter is **pouring** coffee into the customer's cup.
（ウエーターが客のカップにコーヒーを注ぎ入れている）

「(雨が)激しく降る」というときにも使われる。
It's **pouring**. （雨が激しく降っている）

---

028 **put ... on**

熟 …を置く

例 The woman is **putting** her leg **on** the stool.
（女性は脚をいすの上にのせている）

人物描写 動作(2)

Set 2

> put on ... は「…を身に着ける」の意味。wear との違いに注意しよう。put on は「…を着ているところ」という一時的な動作を表すので、「…を身に着けている」という状態を表す場合には wear を使わなければならない。例えば、「上着を着た人」の写真描写に、putting on が使われている選択肢を選んではいけない。

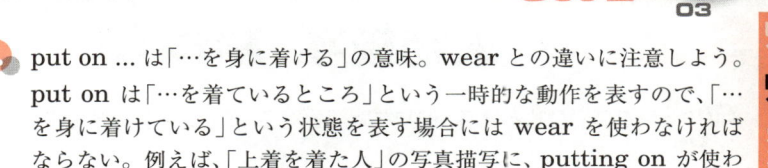

The woman is **putting on** a jacket.
（女性は上着を身に着けているところだ）[動作]
The woman is **wearing** a jacket. （女性は上着を着ている）[状態]

029

remove ...
[rimú:v]

動 …を取り外す
形 **removable** 取り外し可能な

例▶ The man is **removing** a wheel from the car.
（男性は車からホイールを取り外している）

> 名詞も重要→removal（除去）

030

empty ...
[émpti]

動 …を空にする
形 空の、空いている

例▶ The cleaner is **emptying** the trash can.
（清掃係はごみ箱を空けている）

メモリーチェック！

今回のセットの終わりに、
1.〜15.の意味を30秒以内で言ってみよう。

- [ ] 1. load
- [ ] 2. sweep
- [ ] 3. put . . . on
- [ ] 4. pour
- [ ] 5. remove
- [ ] 6. lift
- [ ] 7. empty
- [ ] 8. stack
- [ ] 9. assemble
- [ ] 10. plow
- [ ] 11. feed
- [ ] 12. farm
- [ ] 13. harvest
- [ ] 14. plant
- [ ] 15. dig

UNIT 1　Part 1 によく出る単語

Set 3　人物描写　動作（3）

 CDで意味と発音、例文を確認したら、繰り返し声に出して読もう。

031 **bounce** [báuns]
動 (…を) 弾ませる、弾む
名 跳ね返り

例 The men are **bouncing** the tennis ball against the wall.
（男性たちはテニスボールを壁に跳ね返らせている）

032 **throw …** [θróu]
動 …を投げる

例 The boy is **throwing** the ball into the air.
（少年はボールを空中に投げている）

　このイディオムも重要 → throw away … (…を捨てる)
　throw の活用を言ってみよう。
　　原形 throw　過去形 threw [θrúː]　過去分詞形 thrown [θróun]

033 **take a nap**
熟 昼寝をする

例 The old man is **taking a nap** in the chair.
（年配の男性がいすで昼寝をしている）

034 **lay** [léi]
動 …を置く

例 The man is **laying** bricks.
（男性はレンガを敷いている）

　過去形と過去分詞形は laid [léid]。

●前回の単語覚えてる？　　**assemble**

UNIT 1 Part 1 写真描写

035 **lean** (against / on / over ...) [líːn]
動 (…に)もたれる、傾く

例 They are **leaning over** the fence.
（彼らはフェンスに寄りかかっている）
形容詞の lean（やせた）も重要。

036 **on one's hands and knees**
熟 四つんばいになって

例 The man is **on his hands and knees**.
（男性は四つんばいになっている）

037 **salute ...** [səlúːt]
動 …に敬礼する
名 敬礼

例 Some people are **saluting** their national flag.
（何人かの人が国旗に敬礼をしている）

038 **bend over ...**
熟 …の上に身をかがめる

例 The old man is **bending over** the flowers.
（年配の男性が花の上に身をかがめている）
▶▶ bend は「曲げる」という意味。
bend の活用を言ってみよう。
原形 bend [bénd]　過去形 bent [bént]　過去分詞形 bent [bént]

● 前回の単語覚えてる？　　　**stack**

---

039 **step** [stép]
- 動 歩む
- 名 一歩、(屋外の)階段、対策
- 類 stairs 階段 (→ p. 32)

例▶ The people are **stepping** into the elevator.
（人々はエレベーターに乗り込んでいるところだ）

❗「対策」の意味も重要 → take steps（対策を講じる）

---

040 **kneel down**
- 熟 ひざをつく

例▶ One of the women is **kneeling down** on the lawn.
（女性の一人は芝生にひざをついている）

---

041 **wave** [wéiv]
- 動 (手などを)振る
- 名 波

例▶ They are **waving** at each other.
（彼らは互いに手を振っている）

❗ waver ([wéivər] 動 心・心情などが「揺れる」)との混同に注意。

---

042 **weave ...** [wíːv]
- 動 …を織る、編む

例▶ The craftsman is **weaving** a basket.
（職人はかごを編んでいる）

❗ weave の活用を言ってみよう。
原形 weave　過去形 wove [wóuv]　過去分詞形 woven [wóuvən]

人物描写 動作 (3) Set 3

043 fold ...
[fóuld]

動 …を折りたたむ
反 unfold 開ける、展開する

例 The man is **folding** his arms.
（男性は腕を組んでいる）

⚠ hold（動 持つ、催す）との混同を狙った問題が出るので注意しよう。

044 rest one's chin in one's hand

熟 ほおづえをつく

例 The woman is **resting her chin in her hand**.
（女性はほおづえをついている）

▶▶ この場合の rest ... は「…を置く」の意味。

045 cross one's legs

熟 脚を組む

例 One of the men is **crossing his legs**.
（男性の一人は脚を組んでいる）

⚠ 動詞 cross は「…を横切る、渡る」の意味でもよく出題される。cross the road は「道路を横切る」。ちなみに go across the road でも同じ意味。across は前置詞。

メモリーチェック！
今回のセットの終わりに、
1.〜15. の意味を30秒以内で言ってみよう。

- [ ] 1. kneel down
- [ ] 2. weave
- [ ] 3. step
- [ ] 4. bend over
- [ ] 5. rest one's chin in one's hand
- [ ] 6. fold
- [ ] 7. cross one's legs
- [ ] 8. wave
- [ ] 9. lean
- [ ] 10. throw
- [ ] 11. lay
- [ ] 12. take a nap
- [ ] 13. on one's hands and knees
- [ ] 14. bounce
- [ ] 15. salute

UNIT 1　Part 1　写真描写

UNIT 1 — Part 1 によく出る単語

学習日 1回目 / 2回目 / 3回目

Set 4 人物描写 名詞・位置関係

CDで意味と発音、例文を確認したら、繰り返し声に出して読もう。

---

046 audience [ɔ́ːdiəns]
名 聴衆

例 The **audience** is applauding the speaker.
（聴衆は講演者に拍手をしている）

▶▶ audience は「聴衆全体」を表し、一般的には単数扱いになるので、ここでは動詞が is になっている。

---

047 pedestrian [pədéstriən]
名 歩行者

例 Some **pedestrians** are crossing the street.
（何人かの歩行者が通りを横切っている）

---

048 spectator [spékteitər] 英 [spektéitə]
名 見物人
形 spectacular 壮観な

例 There are few **spectators** at the ballpark.
（野球場には観客はほとんどいない）

この名詞も重要 → spectacle（壮観、見物）

---

049 vendor [véndər]
名 露天商人、納入業者
動 vend 売る

例 The **vendor** is displaying some paintings.
（露天商は何枚かの絵画を陳列している）

この表現も重要 → vending machine（自動販売機）

● 前回の単語覚えてる？　　　**lean**

UNIT 1 Part 1 写真描写

050 athlete [ǽθliːt]
- 名 運動選手
- 形 athletic 運動の

例 Some **athletes** are leaning against the wall.
（何人かの運動選手が壁にもたれている）

051 drawer [drɔ́ːr]
- 名 引き出し
- 動 draw (線で)描く、引く
- 名 drawing 図面

例 The woman is bending over the **drawer**.
（女性は引き出しの上に身をかがめている）

052 facility [fəsíləti]
- 名 施設
- 動 facilitate 容易にする

例 The technicians are installing the machine in the **facility**.
（技術者たちは機械を施設に据え付けている）

053 in (a) line
- 熟 列になって

例 The people are waiting **in a line** to check in.
（人々はチェックインするために並んで待っている）

054 instrument [ínstrəmənt]
- 名 器具、楽器
- 形 instrumental 助けとなる、楽器の

例 The man is fixing the **instrument**.
（男性は器具を修理している）

● 前回の単語覚えてる？　　**kneel down**

055 **railing** [réiliŋ] 　名 手すり

例 The dancers are leaning over the **railing**.
（ダンサーたちは手すりにもたれている）

056 **ladder** [lǽdər] 　名 はしご

例 The painter is on the second rung of the **ladder**.
（ペンキ職人は、はしごの2段目に乗っている）

▶▶ rung [rʌ́ŋ] は、はしごの「桟、横木」のこと。はしごの「一番上に」は top (on the top of the ladder)、「一番下に」は foot で表す (at the foot of the ladder)。

057 **crop** [krɑ́p] 　名 作物、収穫高
　　　　　　　　　　動 (…を)刈り入れる

例 The farmers are harvesting some **crops**.
（農夫たちが作物を穫り入れている）

　関連語 grain も覚えておこう。
　grain [gréin] は crop（作物）の一種である「穀物、粒」の意味。wheat（小麦）や rice（米）、corn（トウモロコシ）などを含む「穀物」を表すときは、不可算名詞（数えられない名詞）として用いる。

058 **specimen** [spésəmən] 　名 標本

例 The researcher is examining the **specimen**.
（研究者は標本を調べている）

人物描写　名詞・位置関係

Set 4

059 tag [tǽg]
名 札

例 All the attendees are wearing name **tags**.
(すべての参加者は名札を着けている)

060 wheelbarrow [hwíːlbærou]
名 手押し車

例 One of the workers is pushing the **wheelbarrow**.
(作業員の一人は手押し車を押している)

▶▶ wheel は「車輪、ホイール、輪」のこと。wheelchair は「車いす」。steering wheel は「(車の)ハンドル」(→p. 34)。

メモリーチェック！

今回のセットの終わりに、1.～15.の意味を30秒以内で言ってみよう。

- 1. wheelbarrow
- 2. crop
- 3. in a line
- 4. railing
- 5. specimen
- 6. instrument
- 7. ladder
- 8. tag
- 9. spectator
- 10. drawer
- 11. facility
- 12. athlete
- 13. pedestrian
- 14. vendor
- 15. audience

UNIT 1

Part 1 によく出る単語　学習日　1回目 ／　2回目 ／　3回目 ／

Set 5 ● 情景描写（1）

 CDで意味と発音、例文を確認したら、繰り返し声に出して読もう。

---

061 **warehouse** [wέərhàus] 　名 倉庫

例▶ The **warehouse** is quite messy.
（倉庫はかなり散らかっている）

---

062 **stairs** [stέərz] 　名 （屋内の）階段
類 **steps**（→p. 26）

例▶ The **stairs** are closed to pedestrians.
（階段は歩行者通行止めになっている）

---

063 **story** [stɔ́ːri] 　名 階、話
類 **floor / level** 階

例▶ The skyscraper is 60 **stories** high.
（その高層ビルは60階建てだ）

⚠ ただし、数を表す言葉とともに名詞を修飾するとき、story は単数形になる。次の例では、60-story がひとかたまりとなって、形容詞のように名詞 building を修飾している。形容詞に複数形はないので、60-stories とはならない。

a 60-**story** building（60階建ての建物）

---

064 **barrel** [bǽrəl] 　名 ドラム缶、たる

例▶ There is a **barrel** behind the ladder.
（はしごの後ろにドラム缶がある）

● 前回の単語覚えてる？　　　**facility**

065 construction
[kənstrʌ́kʃən]
- 名 建設、建築物
- 動 construct 建設する

例 A big tree root is being dug up at the **construction** site.
（建設現場で大きな木の根が掘り出されている）

066 curb
[kə́ːrb]
- 名 縁石（道路と歩道との段差の部分）
- 動 (…を)食い止める

例 Some cartons are stacked at the **curb**.
（いくつかの段ボールが縁石の所に積まれている）
▶▶ carton は「段ボール箱、容器」の意味。

067 gymnasium
[dʒimnéiziəm]
- 名 体育館
- 略 gym

例 There is some fitness equipment in the **gymnasium**.
（体育館の中にはフィットネス器具が多少ある）

068 parallel (to / with …)
[pǽrəlèl]
- 形 (…と)平行した

例 The freeway is **parallel to** the railway.
（高速道路は鉄道と平行して走っている）

069 microscope
[máikrəskòup]
- 名 顕微鏡

例 A specimen is on the **microscope** slide.
（標本が顕微鏡のスライドに載っている）

UNIT 1　Part 1　写真描写

● 前回の単語覚えてる？　　**vendor**

---

070 ☐ produce
- 名 [prάdjuːs] 農作物
- 動 [prədjúːs] 生産する
- 形 productive 生産的な

例▶ Some **produce** is being unloaded from the airplane.
（農作物が飛行機から降ろされている）

 さまざまな名詞に注意 → product（製品）　production（生産）
productivity（生産性）

---

071 ☐ steering wheel　（発音に注意）（車の）ハンドル

例▶ His left hand is on the top of the **steering wheel**.
（彼の左手はハンドルの上にある）

 名詞の handle は、「（ドアなどの）取っ手」（→ p. 57）の意味。例えば、男性が「車のハンドルをつかんでいる」写真の描写に、He is grabbing the handle. といった handle を使った選択肢を選ばないように注意しよう。ちなみに、アメリカ英語で「フロントガラス」は windshield [wíndʃiːld]、「ボンネット」は hood [húd] と言う。

---

072 ☐ vehicle [víːikl]
- 名 車両、手段

例▶ Some **vehicles** are parked along the curb.
（歩道の縁石に沿って何台かの車両が止められている）

---

073 ☐ banquet [bǽŋkwit]
- 名 宴会

例▶ The **banquet** is about to begin.
（宴会はちょうど始まるところだ）

 be about to do（まさに…するところだ）も写真問題によく使われる。

情景描写 (1) — Set 5

074 shallow [ʃǽlou]
形 浅い
反 deep 深い

例 There are some paper boats on the **shallow** water.
(浅瀬に紙細工のボートがいくつか浮いている)

075 fountain [fáuntən]
名 噴水

例 They are taking photos in front of the **fountain**.
(彼らは噴水の前で写真を撮っている)

water fountain は「冷水機」の意味。写真問題によく登場する。

メモリーチェック！
今回のセットの終わりに、1.～15.の意味を30秒以内で言ってみよう。

- 1. vehicle
- 2. fountain
- 3. banquet
- 4. microscope
- 5. steering wheel
- 6. parallel
- 7. shallow
- 8. produce
- 9. curb
- 10. gymnasium
- 11. story
- 12. barrel
- 13. stairs
- 14. construction
- 15. warehouse

Set 6 情景描写 (2)

CDで意味と発音、例文を確認したら、繰り返し声に出して読もう。

---

076 crowded [kráudid]
形 混雑した
crowd 名 群集
動 群がる

例 The warehouse is **crowded** with people.
（倉庫は人で込み合っている）

---

077 scatter ... [skǽtər]
動 …を散らばす

例 Tools are **scattered** on the workbench.
（工具が作業台の上に散らばっている）

---

078 occupied [ákjəpàid]
形 使用中の
反 unoccupied 空いている

例 The seat is **occupied.**（席はふさがっている）

---

079 tow ... [tóu]
動 …をけん引する
名 けん引

例 The pickup is being **towed** away by a wrecker.
（小型トラックはレッカー車でけん引されている）

---

080 deserted [dizə́:rtid]
形 人けのない
desert 名 砂漠
動 見捨てる

例 The construction site is **deserted**.
（建設現場には人けがない）

○ 前回の単語覚えてる？　　　**curb**

UNIT 1　Part 1　写真描写

081　paved [péivd]
- 形 舗装された
- 動 pave ... ...を舗装する

例 Some pails are scattered on the **paved** road.
（バケツが舗装された道路に散らばっている）

082　flat [flǽt]
- 形 平らな
- 名 平ら
- 動 flatten 平らにする、平になる

例 The roof of the warehouse is completely **flat**.
（倉庫の屋根は完全に平坦だ）

次のふたつの意味も重要。
I got a **flat** tire.（タイヤがパンクした）
My joke fell **flat**.（冗談はうけなかった）

083　surround ... [səráund]
- 動 ...を囲む
- 名 surrounding 周囲

例 The fountain is **surrounded** by a fence.
（噴水は柵で囲まれている）

084　overflow
- 動 [òuvərflóu] 溢れる
- 名 [óuvərflòu] 溢れること

例 The fountain is **overflowing** with water.
（水が噴水から溢れている）

● 前回の単語覚えてる？　　**banquet**

085 **overlook ...** [òuvərlúk]
動 …を見渡す

- The multistory building is **overlooking** the factories.
（高層ビルから工場が見渡せる）
  - 「見落とす」という意味も重要。
    I **overlooked** a mistake.（ミスを見落とした）

086 **reflect** [riflékt]
動 (…を)反射する、(…に)映る
名 reflection 反映

- The tower is **reflected** on the shallow water of the creek.
（塔は小川の浅瀬の水面に映っている）

087 **in a row**
熟 横一列になって

- They are arranging the chairs **in a row**.
（彼らはいすを横一列に並べている）
  - 写真問題では、いすの並び方もよく問われる。around the table（テーブルの周りに）も覚えておこう。
  - 「連続して」の意味も重要 → three days **in a row**（3日続けて）

088 **one on top of another**
熟 重なり合って

- Boxes of produce are stacked **one on top of another**.
（農産物の箱が積み重ねられている）

情景描写 (2) — Set 6

089　side by side　熟　横に並んで

例 Two vehicles are parked **side by side**.
（2台の車両が横に並べて止められている）

090　winding [wáindiŋ]　形 曲がりくねった　動 wind [wáind] 巻く、曲がる

例 The **winding** road leads to the hill.
（曲がりくねった道は丘へと続いている）

メモリーチェック！
今回のセットの終わりに、1.～15.の意味を30秒以内で言ってみよう。

- 1. winding
- 2. in a row
- 3. overflow
- 4. one on top of another
- 5. surround
- 6. side by side
- 7. overlook
- 8. reflect
- 9. flat
- 10. deserted
- 11. tow
- 12. scatter
- 13. paved
- 14. crowded
- 15. occupied

UNIT 1

全単語 総チェック

Practice Test の前に再確認してみよう！　　正答数　　/ 90 個

Set 1 人物描写 動作 (1)
- [ ] **address ...** …に演説する
- [ ] **applaud ...** …に拍手する
- [ ] **clap (one's hands)** （手を）たたく
- [ ] **point at ...** …を指し示す
- [ ] **distribute ...** …を配る
- [ ] **hand out ...** …を配る
- [ ] **review ...** …を再調査する
- [ ] **organize** …を整理する
- [ ] **board ...** …に搭乗する
- [ ] **check in** 宿泊手続きをする
- [ ] **conduct ...** …を行う
- [ ] **face ...** …に直面する
- [ ] **work on ...** …に取り組む
- [ ] **fix ...** …を修理する
- [ ] **put fuel** 燃料を入れる

Set 2 人物描写 動作 (2)
- [ ] **dig ...** …を掘る
- [ ] **farm** 農業を営む
- [ ] **plant ...** …を植える
- [ ] **plow ...** …を耕す
- [ ] **harvest ...** …を収穫する
- [ ] **feed ...** …に食べさせる
- [ ] **assemble ...** …を組み立てる
- [ ] **sweep ...** …を掃く
- [ ] **lift ...** …を持ち上げる
- [ ] **load ...** …を積む
- [ ] **stack ...** …を積み上げる
- [ ] **pour ...** …を注ぐ
- [ ] **put ... on** …を置く
- [ ] **remove ...** …を取り外す
- [ ] **empty ...** …を空にする

Set 3 人物描写 動作 (3)
- [ ] **bounce ...** …を弾ませる
- [ ] **throw ...** …を投げる
- [ ] **take a nap** 昼寝をする
- [ ] **lay** …を置く
- [ ] **lean** もたれる
- [ ] **on one's hands and knees** 四つんばいになって
- [ ] **salute ...** …に敬礼する
- [ ] **bend over ...** …の上に身をかがめる
- [ ] **step** 歩む
- [ ] **kneel down** ひざをつく
- [ ] **wave** （手などを）振る
- [ ] **weave ...** …を織る
- [ ] **fold ...** …を折りたたむ
- [ ] **rest one's chin in one's hand** ほおづえをつく
- [ ] **cross one's legs** 脚を組む

Set 4 人物描写 名詞・位置関係

- [ ] **audience** 聴衆
- [ ] **pedestrian** 歩行者
- [ ] **spectator** 見物人
- [ ] **vendor** 露天商人
- [ ] **athlete** 運動選手
- [ ] **drawer** 引き出し
- [ ] **facility** 施設
- [ ] **in (a) line** 列になって
- [ ] **instrument** 器具
- [ ] **railing** 手すり
- [ ] **ladder** はしご
- [ ] **crop** 作物
- [ ] **specimen** 標本
- [ ] **tag** 札
- [ ] **wheelbarrow** 手押し車

Set 5 情景描写 (1)

- [ ] **warehouse** 倉庫
- [ ] **stairs** 階段
- [ ] **story** 階
- [ ] **barrel** ドラム缶
- [ ] **construction** 建設
- [ ] **curb** 縁石
- [ ] **gymnasium** 体育館
- [ ] **parallel** 平行した
- [ ] **microscope** 顕微鏡
- [ ] **produce** 農作物
- [ ] **steering wheel** ハンドル
- [ ] **vehicle** 車両
- [ ] **banquet** 宴会

- [ ] **shallow** 浅い
- [ ] **fountain** 噴水

Set 6 情景描写 (2)

- [ ] **crowded** 混雑した
- [ ] **scatter . . .** …を散らばす
- [ ] **occupied** 使用中の
- [ ] **tow . . .** …をけん引する
- [ ] **deserted** 人けのない
- [ ] **paved** 舗装された
- [ ] **flat** 平らな
- [ ] **surround . . .** …を囲む
- [ ] **overflow** 溢れる
- [ ] **overlook . . .** …を見渡す
- [ ] **reflect . . .** …を反射する
- [ ] **in a row** 横一列になって
- [ ] **one on top of another** 重なり合って
- [ ] **side by side** 横に並んで
- [ ] **winding** 曲がりくねった

UNIT 1
Set 7 ● Practice Test

Part 1 写真描写問題

得点アップの秘訣

Part 1では、写真の中の目立つものに注目し、各選択肢の「主語と動詞」とその後に続く部分の「強く発音される言葉」に特に注意しながら聞いていこう。

写真を描写する4つの英文が読まれます。最も適切なものを選び、解答欄にマークしてください。CDを途中で止めずに、1.～5.まで通して解きましょう。

1. [Track 08]

解答欄 Ⓐ Ⓑ Ⓒ Ⓓ

☐ **2.** [Track 09]

解答欄 Ⓐ Ⓑ Ⓒ Ⓓ

☐ **3.** [Track 10]

解答欄 Ⓐ Ⓑ Ⓒ Ⓓ

UNIT 1

4. [Track 11]

解答欄 A B C D

5. [Track 12]

解答欄 A B C D

Practice Test

Set 7

Practice Test ● Part 1 写真描写問題 スクリプトと解答

1.【正解】**(A)**
[Track 08]
(A) The man is stepping into the vehicle.
(B) The man is going up the stairs.
(C) The man is putting on a shirt.
(D) The man is fueling his car.

[訳]　(A)男性は車に乗り込もうとしている。　(B)男性は階段を上っている。
　　　(C)男性はシャツを身に着けているところだ。(D)男性は車に燃料を入れている。

【解説】Part 1で最もよく出題される、人物が大きく写っている写真。**人物描写の問題では、特に動作に注意して聞き取ろう。**(A) step (→ p. 26) は動詞で「歩む、歩を進める」の意味。写真の男性は足を車のステップに乗せて、これから乗り込もうとしているので(A)が正解。(B)車のステップは stairs (→ p. 32) とは言わない。(C)では一時的な動作を表す put on (→ p. 22) が使われているが、今まさにシャツを着ているところではないので不正解。(D) fuel「燃料を入れる」(→ p. 19) とあるが、給油している状況を表す物は何も写っていない。写真に写っていない言葉が出てきたら即、不正解としよう。

2.【正解】**(B)**
[Track 09]
(A) The women are facing each other.
(B) One of the men is leaning against the motorbike.
(C) They are bouncing in the shade.
(D) One of them is kneeling down.

[訳]　(A)女性たちは互いに向き合っている。(B)男性の一人がバイクにもたれている。
　　　(C)彼らは日陰で跳ねている。　　　　(D)彼らの一人がひざまずいている。

【解説】複数の人物が写っている問題では、描写される動作の主語が単数か複数かも意識する必要がある。(A) face . . . は「…と顔を向き合わせる、対面する」(→ p. 18) という意味で出題頻度が高い表現だ。ここでは遠景は別にして、女性と考えられる人は一人しか写っていないので当てはまらない。(B) lean (→ p. 25) は「もたれる」の意味。バイクに寄りかかっているのは一人だけなので、one of the men という描写が当てはまる。(C) 日陰は写っているが bounce (→ p. 24) が聞き取れれば、明らかに写真と食い違っていることが分かる。(D) も kneel down (→ p. 26)「ひざをついている」人は写っていないので即落とせる。

UNIT 1

3.【正解】(B)   (A) The construction site has been cleaned up.
[Track 10]   (B) The wheelbarrow is not being pulled.
              (C) All the pails are stacked.
              (D) The barrels are empty.

[訳] （A）建築現場は片付けられている。
    （B）手押し車は引っ張られていない。
    （C）すべてのバケツが積み重ねられている。
    （D）ドラム缶は空である。

【解説】複数の物が写っている情景描写問題。主語と述語の両方に注意して聞こう。(A)いろいろな物が散らばっていて片付けられた状態ではないので不適切。(B) wheelbarrow「手押し車」(→ p. 31) は、誰にも引っ張られていないので正解。(C) pail（バケツ）は写っているが stack (→ p. 22) が聞き取れれば「積み重ねられて」はいないので不正解と分かる。(D) barrel「ドラム缶、たる」(→ p. 32) は写真に写っていないので、即落とせる。

4.【正解】(C)   (A) The woman is bending over the machine.
[Track 11]   (B) The woman is assembling a computer.
              (C) The woman is looking at the screen.
              (D) The woman is selling some produce.

[訳] （A）女性は機械の上に身をかがめている。
    （B）女性はコンピューターを組み立てている。
    （C）女性は画面を見ている。
    （D）女性は農作物を売っている。

【解説】動作の次に来る言葉にも注意が必要な人物描写の問題。(A)女性は、bend over「身をかがめている」(→ p. 25) とは言えない。(B)写真にコンピューターは写っているが、とても「組み立てている」ようには見えない。従って(C)か(D)かに絞られるが、(D)の produce「農作物」(→ p. 34) は写真に写ってないので、即落とせる。(C)女性の顔は見えないが、状況から、また常識的にも画面を見ていることが推定できるので正解となる。

Practice Test

Set 7
08-12

5. 【正解】(A)　(A) The man is addressing the audience.
[Track 12]　(B) The man is clapping his hands.
　　　　　　(C) The man is distributing some papers.
　　　　　　(D) The man is removing his tie.

[訳]　(A) 男性は聴衆に向かって演説をしている。
　　　(B) 男性は手をたたいている。
　　　(C) 男性はいくつかの書類を配っている。
　　　(D) 男性はネクタイを外しているところだ。

【解説】複数の人物が写っているが、**一番目立つ人物の動作に特に注意**して聞こう。address . . .「…に演説する」(→ p. 16) と、audience「聴衆」(→ p. 28) の意味を知っていれば即、(A) を正解に選べる。(B) clap one's hands「手をたたく」(→ p. 16)、(C) distribute . . .「…を配る」(→ p. 17) はどちらも男性の動作を正しく描写していない。(D) 男性はネクタイを wear「着用している」が、remove「外して」(→ p. 23) いるわけではない。

UNIT 1
Part 1
写真描写

47

UNIT 2

Part 2、3
〈応答・会話問題〉
によく出る単語 —ビジネス—

Part 2は質問に対する応答を、Part 3は会話についての質問に対する答えを選ぶ問題だ。状況設定はふたつのパートとも共通しており、ビジネスのほか、日常生活や、娯楽などのカジュアルな場面で使う表現が登場する。UNIT 2ではその中でもビジネス関連の頻出表現を学ぶ。

Set 1　就職・人事

Set 2　オフィス内

Set 3　営業・販売

Set 4　契約・交渉

Set 5　建設・工場

Set 6　銀行・経理

Set 7　Practice Test Part 2
　　　　（応答問題）

UNIT 2

Part 2, 3 によく出る単語―ビジネス　学習日　1回目　／　2回目　／　3回目　／

Set 1 ● 就職・人事

CD 13　CDで意味と発音、例文を確認したら、繰り返し声に出して読もう。

---

091 **apply** [əplái]

動 申し込む
名 application 申込書
　applicant 応募者

例 Why did the former professional athlete **apply** for a job at our distribution center?
（元プロの運動選手が、なんだってうちの配送センターに応募してきたのだろう？）

---

092 **hire ...** [háiər]

動 …を雇う

例 We need to **hire** many laborers to construct the water facility.（給水施設の建設には大勢の労働者を雇う必要があります）

---

093 **recommend ...** [rèkəménd]

動 …を推薦する
形 recommendable 推薦できる

例 Has the man **recommended** by the organization been hired?（協会から推薦された男性は雇われましたか？）

💡 名詞も重要 → recommendation（推薦状、推薦）

---

094 **qualification** [kwɑ̀ləfikéiʃən]

名 適性、資格
動 qualify 資格を与える

例 The second applicant seems to have a better **qualification**.
（2番目の応募者の方が、適性がありそうですね）

● 前回の単語覚えてる？　　**winding**

💡 関連語も覚えておこう。
[動] disqualify（…を失格にする）　[形] unqualified（資格がない）
unqualified approval（無条件の承認）（「資格・条件付けがない」→「無条件の」と意味が発展）

095　accept ...
[æksépt]

[動] …を受け入れる
[名] acceptance 受容

例▶ When did the applicant **accept** our job offer?
（その応募者は、われわれの仕事の依頼をいつ引き受けましたか？）

💡 形容詞も重要 → acceptable（受容できる）

096　evaluate ...
[ivæljuèit]

[動] …を評価する
[類] assess
[名] evaluation 評価

例▶ How often are the employees' performances **evaluated**?
（どのくらいの頻度で従業員は業績評価を受けるのですか？）

💡 evaluation の類義語をセットで覚えよう！
[類] assessment / appraisal

097　assign ...
[əsáin]

[動] …を配属する、課す
[名] assignment 任務、課題

例▶ The manager was **assigned** to oversee the new project.
（マネージャーは、新しいプロジェクトを監督する任務を与えられました）

098　transfer

[動] [trænsfə́r]（…を）移す、移る
[名] [trǽnsfər] 移動

例▶ Would you rather be **transferred** to headquarters or stay here?
（本社へ転勤したいですか？　それともここにとどまりたいですか？）

UNIT 2　Part 2・3　応答・会話―ビジネス

● 前回の単語覚えてる？　　**occupied**

---

099 benefit
[bénəfit]

- 名 手当、利得
- 形 beneficial (to ...) (…に)利益がある

例▶ Of course our **benefits** include extensive health insurance.
(もちろんわが社の手当は、広範囲の健康保険を含んでいますよ)

　動詞の用法にも注意 → benefit from ... (…から利益を得る)

---

100 quit ...
[kwít]

- 動 …をやめる

例▶ Unfortunately, the experienced broker **quit** his company.
(残念ながら、経験豊かな仲買人が退社してしまいました)

▶▶ 「…することをやめる」の意味のときは動名詞が続く。 quit smoking (喫煙をやめる)

　quit の活用を言ってみよう。
　　原形 quit　過去形 quit　過去分詞形 quit

---

101 in charge of ...

- 熟 …を担当している

例▶ Mr. Wilson is **in charge of** removing diseased plants.
(ウィルソンさんは、病気になった植物の除去を担当しています)

▶▶ charge 動 請求する、非難する　名 責任、費用

---

102 responsible (for ...)
[rispánsəbl]

- 形 (…に)責任がある
- 名 responsibility 責任

例▶ Who is **responsible for** the banquet for the guests?
(招待客のための宴会の責任者は誰ですか？)

　反意語も重要 → 形 irresponsible (無責任な)

就職・人事

Set 1

103 personnel department
名 人事部

例 The **personnel department** will conduct the job interviews.
（人事部が面接を行う予定です）

104 welfare
[wélfèər]
名 福利厚生

例 Our company offers a good **welfare** plan and chances of promotion.
（わが社は、優良な福利厚生と昇進の機会を提供しています）

105 incentive
[inséntiv]
名 報奨、刺激

例 What kind of **incentives** do we need to attract good applicants?
（優秀な応募者を引き付けるには、どのような報奨が必要ですか？）

メモリーチェック！

今回のセットの終わりに、
1.～15.の意味を30秒以内で言ってみよう。

- [ ] 1. personnel department
- [ ] 2. incentive
- [ ] 3. responsible
- [ ] 4. welfare
- [ ] 5. quit
- [ ] 6. evaluate
- [ ] 7. in charge of
- [ ] 8. benefit
- [ ] 9. assign
- [ ] 10. recommend
- [ ] 11. apply
- [ ] 12. hire
- [ ] 13. accept
- [ ] 14. qualification
- [ ] 15. transfer

UNIT 2

Part 2,3によく出る単語—ビジネス　学習日　1回目　／　2回目　／　3回目　／

Set 2 ● オフィス内

CDで意味と発音、例文を確認したら、繰り返し声に出して読もう。

106

CEO
(chief executive officer)

名 最高経営責任者

例▶ Everyone applauded the **CEO** when he finished his address.
（CEOが演説を終えた時、誰もが彼に拍手しました）

107

executive
[iɡzékjutiv]

名 重役
動 execute … …を実行する

例▶ Why were all the **executives** against the CEO?
（なぜ、重役全員がCEOに反対したのですか？）

108

supervisor
[súːpərvàizər]

名 監督者
動 supervise 監督する

例▶ Our **supervisor** is now reviewing our proposal.
（上司は今、私たちの提案書を見直しています）

💡 この名詞も重要 → supervision（監督）

109

colleague
[káliːɡ]

名 同僚
類 coworker / fellow worker

例▶ One of my **colleagues** will be transferred to our Asian factory.
（同僚の一人がアジアの工場へ転勤になります）

● 前回の単語覚えてる？　　**incentive**

110 division
[divíʒən]

- 名 部署、分割
- 動 divide 分割する

例▶ Copies of the report will be handed out at the **division** meeting.
（報告書のコピーは部署会議で配られるでしょう）

> 動詞 divide の用法にも注意。
> **divide** the cake **into** two pieces（ケーキを 2 個に分ける）

111 public relations

- 広報活動（通常複数形）
- 略 PR

例▶ Marketing executives always stress the importance of **public relations**.
（マーケティング担当の重役たちはいつも、PR の重要性を強調しています）

112 headquarters
[hédkwɔ̀ːrtərz]

- 名 本社、本部（通常複数形）

例▶ Our **headquarters** building faces a government owned institute.
（わが社の本社ビルは、政府所有の施設と向かい合っています）

113 subsidiary
[səbsídièri]

- 名 子会社
- 形 親会社に支配された

例▶ What does your **subsidiary** in Switzerland produce?
（スイスにある御社の子会社は、何を生産しているのですか？）

UNIT 2 Part 2・3 応答・会話―ビジネス

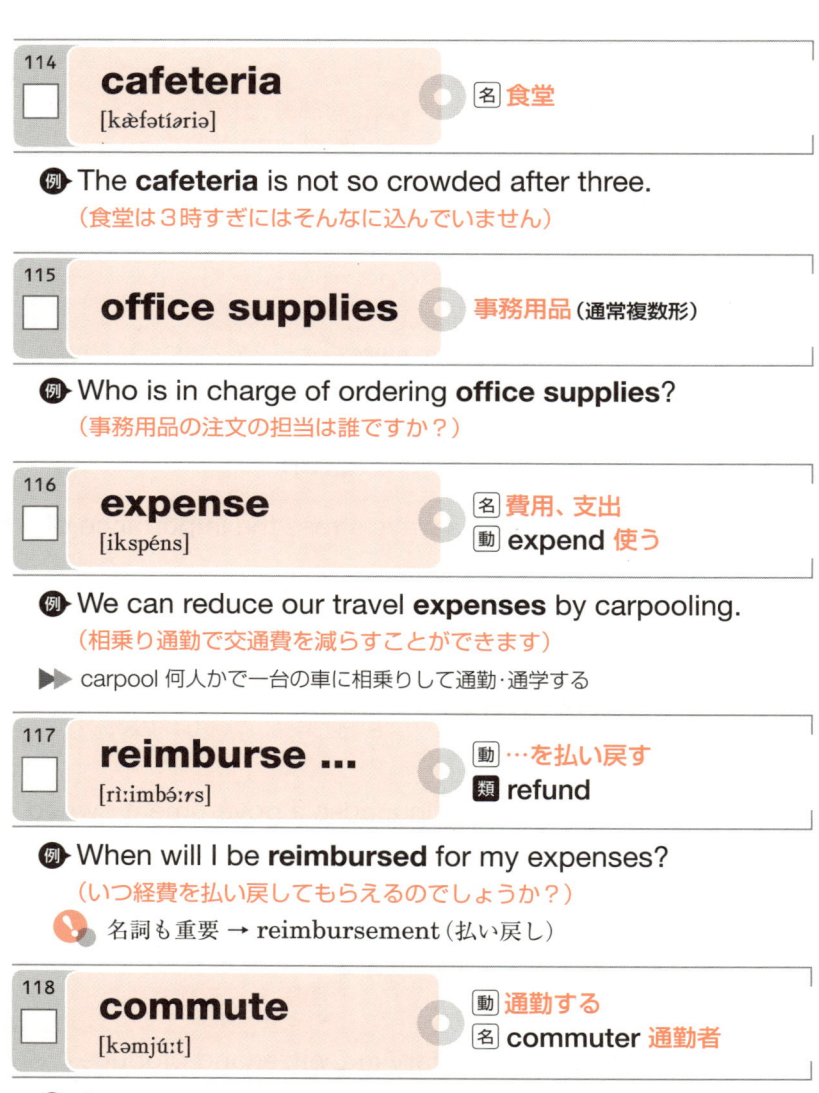

● 前回の単語覚えてる？　　**benefit**

---

114 **cafeteria** [kǽfətíəriə]　　名 食堂

例 The **cafeteria** is not so crowded after three.
（食堂は３時すぎにはそんなに込んでいません）

---

115 **office supplies**　　事務用品（通常複数形）

例 Who is in charge of ordering **office supplies**?
（事務用品の注文の担当は誰ですか？）

---

116 **expense** [ikspéns]　　名 費用、支出
動 expend 使う

例 We can reduce our travel **expenses** by carpooling.
（相乗り通勤で交通費を減らすことができます）
▶▶ carpool 何人かで一台の車に相乗りして通勤・通学する

---

117 **reimburse ...** [rìːimbə́ːrs]　　動 …を払い戻す
類 refund

例 When will I be **reimbursed** for my expenses?
（いつ経費を払い戻してもらえるのでしょうか？）
❗ 名詞も重要 → reimbursement（払い戻し）

---

118 **commute** [kəmjúːt]　　動 通勤する
名 commuter 通勤者

例 Our company recommends that we **commute** by bus.
（会社はバス通勤を勧めています）

オフィス内 Set 2

119 take over ... 熟 …を引き継ぐ、乗っ取る

例 ► Who will **take over** Mr. Hank's responsibilities?
（誰がハンクさんの仕事を引き継ぐのですか？）

take over の後には、job（仕事）や responsibility（責任）は続くが、役職名や人は続かないので注意しよう。
take over <u>the manager</u> … ×　　take over <u>Mr. Hank</u> … ×

120 handle ...
[hǽndl]
動 …を扱う
類 deal with
名 取っ手

例 ► Our Asian subsidiary **handles** some crops and perishables.
（わが社のアジアの子会社は、穀物と生鮮食品を扱っています）

「車のハンドル」は steering wheel。日本語と違うので注意しよう（→ p. 34）。

UNIT 2　Part 2・3　応答・会話 ― ビジネス

メモリーチェック！

今回のセットの終わりに、1.～15.の意味を30秒以内で言ってみよう。

- [ ] 1. handle
- [ ] 2. subsidiary
- [ ] 3. commute
- [ ] 4. cafeteria
- [ ] 5. take over
- [ ] 6. expense
- [ ] 7. reimburse
- [ ] 8. office supplies
- [ ] 9. colleague
- [ ] 10. executive
- [ ] 11. division
- [ ] 12. supervisor
- [ ] 13. public relations
- [ ] 14. CEO
- [ ] 15. headquarters

UNIT 2

Part 2,3 によく出る単語—ビジネス　学習日 1回目 / 2回目 / 3回目

Set 3 ● 営業・販売

CDで意味と発音、例文を確認したら、繰り返し声に出して読もう。

---

121 brochure
[brouʃúər] 豪 [bróuʃə]

名 案内書、冊子
類 catalogue / pamphlet / booklet

例 We have to throw away old **brochures** because they are outdated.
（古い案内書は、内容が古いので捨てなければなりません）

---

122 leaflet
[líːflit]

名 チラシ、小冊子
類 flier

例 Handing out commercial **leaflets** at the station is not allowed.
（駅で宣伝用のチラシを配ることは認められていません）

---

123 strategy
[strǽtədʒi]

名 戦略
形 strategic 戦略的な

例 What do you think of the campaign **strategy** proposed by our CEO?
（CEOから提案されたキャンペーン戦略をどう思いますか？）

---

124 figure
[fígjər]

名 数字、形
動 計算する、描く

例 Do you have time to review these sales **figures**?
（この売り上げの数字を見直す時間はありますか？）

動詞の用法も注意 → figure out ...（…を理解する）

●前回の単語覚えてる？　　**subsidiary**

125 budget
[bʌ́dʒit]

名 動 予算 [を立てる]

例 The executive board will not accept this rough **budget**.
（重役会はこんな大まかな予算は受け入れないでしょう）

126 wholesaler
[hóulsèilər]

名 卸売業者
名 動 wholesale 卸売り [する]

例 The **wholesaler** always adds too much to the price of produce.
（その卸売業者はいつも農作物価格に上乗せし過ぎます）

127 retailer
[rí:teilər]

名 小売業者
名 動 retail 小売り [する]

例 The **retailer** is amending the price tags for special sale.
（小売主が特別セールのため値札を訂正しています）

128 expand ...
[ikspǽnd]

動 …を拡大する
名 expansion 拡大
　 expanse 広がり

例 We're going to **expand** our business and relocate our headquarters.
（事業を拡大し、本部を移転するつもりです）

　extend ...（…を引き伸ばす）との違いに注意。
　expand（全体に広がる）
　extend（直線状に伸びる、延期する）

UNIT 2 Part 2・3 応答・会話―ビジネス

● 前回の単語覚えてる？　　**reimburse**

129 estimate ...
動 [éstəmèit] …を見積もる
名 [éstəmət] 見積もり

例▶ The damage to produce by the heavy rain is **estimated at** two million dollars.
（大雨による農作物への被害は、200万ドルと見積もられています）
❗ 前置詞 at にも注意。

130 demand
[dimǽnd]
名 需要
動 要求する
形 demanding きつい

例▶ The electronic microscope is not in such high **demand** in this area.
（この地域では、電子顕微鏡の需要はそれほど高くありません）

131 inventory
[ínvəntɔ̀ːri]
名 在庫、在庫目録

例▶ When did you last take an **inventory** of office supplies?
（事務用品の在庫調べを最後にしたのはいつですか？）

132 representative
[rèprizéntətiv]
名 代表者
動 represent 代表する、表す

例▶ The sales **representative** is working on his proposal for a new promotion.
（その営業マンは、新しい販売促進のための提案書を作成しています）

▶▶ ビジネスでは、representative は「会社を代表して顧客などに接する立場の者」という意味から「営業マン」を指す。地位が高いとは限らない。

営業・販売

Set 3

133 convince ... [kənvíns]
動 …を確信・納得させる

例 Why is the management so **convinced** that we need to expand our production capability?
（何だって経営陣は、われわれが生産能力を拡大する必要があるとそんなにも確信しているのだろう？）
▶▶ be convinced (that ...) （that 以下のことを）確信している

134 aggressive [əɡrésiv]
形 攻撃的な、積極的な

例 Don't you think the sales representative is a little too **aggressive**?
（その営業マンはちょっと攻撃的過ぎると思いませんか？）

135 out of stock
熟 在庫切れで

例 The inventory shows the article you ordered is currently **out of stock**.
（在庫目録によると、ご注文の品は現在在庫切れとなっております）

メモリーチェック！
今回のセットの終わりに、1.～15. の意味を30秒以内で言ってみよう。

- [ ] 1. inventory
- [ ] 2. demand
- [ ] 3. convince
- [ ] 4. expand
- [ ] 5. estimate
- [ ] 6. representative
- [ ] 7. out of stock
- [ ] 8. aggressive
- [ ] 9. budget
- [ ] 10. strategy
- [ ] 11. figure
- [ ] 12. retailer
- [ ] 13. leaflet
- [ ] 14. wholesaler
- [ ] 15. brochure

UNIT 2

Part 2,3 によく出る単語—ビジネス　学習日 1回目 ／　2回目 ／　3回目 ／

Set 4 ● 契約・交渉

🎧 CD 1-16　CDで意味と発音、例文を確認したら、繰り返し声に出して読もう。

---

136 **valid** [vǽlid]
- 形 正当な、有効な
- 反 invalid 無効の
- 名 validity 正当性

例▶ We are suspicious of whether or not the offer is **valid**.
（その申し出が正当かどうか疑っています）

---

137 **approve** [əprúːv]
- 動 承認する
- 名 approval 承認

例▶ I'm convinced that we'll get our budget **approved**.
（予算を承認してもらえると確信しています）

▶▶ get A（目的語［名詞］）＋ B（過去分詞）　A を B してもらう（使役表現）
💡 直後に前置詞が入る場合は of。　approve of ...（…に賛成する）

---

138 **negotiation** [nigòuʃiéiʃən]
- 名 交渉
- 動 negotiate 交渉する

例▶ Where will the **negotiations** between the management and the union be held?
（経営側と組合側の交渉はどこで行われますか？）

---

139 **contract** [kántrækt]
- 名 契約
- 名 contractor 請負業者

例▶ Has the executive director signed the **contract** yet?
（常務取締役は契約書にもうサインしましたか？）

● 前回の単語覚えてる？　　estimate

140 bid [bíd]
- 動 入札する
- 名 入札

例 Are you going to **bid** for the government's development project?
（政府の開発プロジェクトに入札するつもりですか？）

この用法も注意 → in a **bid** to do（…しようとして）

141 expire [ikspáiər]
- 動 （期限が）切れる
- 名 expiration / expiry 期限切れ

例 When does the guarantee for the machine **expire**?
（機械の保証はいつ切れますか？）

▶▶ expire の主語になるのは「期限が来るもの」。「車の免許を切らしてしまった」を、I expired the driver's license. とは言わない。正しくは My driver's license expired.

142 draft [dræft]
- 名 草稿、下書き、手形

例 Who wrote the **draft** of the speech?
（誰がそのスピーチの草稿を書いたのですか？）

143 renewal [rinjú:əl]
- 名 更新
- 動 renew 更新する
- 形 renewable 再生可能な

例 When is Mr. Boe being asked about the **renewal** of his contract?
（ボー氏が契約更改について質問を受けるのはいつですか？）

UNIT 2 Part 2・3 応答・会話―ビジネス

● 前回の単語覚えてる？　　**expand**

144

amend ...
[əménd]

動 …を修正する
名 amendment 修正

例 How do you want to **amend** the estimate?
（見積もりをどのように直しましょうか？）

145

signature
[sígnətʃər]

名 署名
sign 動 署名する
名 看板、掲示

例 This certificate is not valid as it lacks the authorities' **signature**.
（この証明書は当局の署名がないので無効です）

　このイディオムも重要 → sign up for ...（…に申し込む）（→ p. 230）

146

submit ...
[səbmít]

動 …を提出する
類 hand in / turn in / send in

例 When did we **submit** our bid?
（入札をいつ提出しましたか？）

147

authority
[əθɔ́ːrəti]

名 権限、権威（者）
動 authorize 権威を与える

例 The acting manager doesn't have the **authority** to purchase new vehicles.
（部長代理には、新車両を購入する権限はありません）

　authorization（権威を与えること）との混同に注意。空所補充問題の選択肢にこのふたつの名詞があったら、authority の方が正解の可能性が高い。

契約・交渉 Set 4

148 dispute
[dispjú:t]
- 名 動 争議 [をする]
- 形 disputable 論議の余地がある

例 There has been a **dispute** over the ownership of the land.
(その土地の所有権をめぐる争議があります)

149 settle ...
[sétl]
- 動 …を解決・決済する、…に移住する

例 Why did you bring in Mr. York to **settle** the dispute?
(その争議の解決にどうしてヨーク氏を連れてきたのですか？)

💡 名詞も重要 → settlement (解決、決済、移住)

150 compromise
[kámprəmàiz]
- 動 妥協する
- 名 妥協

例 After such a long negotiation, did both parties agree to **compromise**?
(そんなに長い交渉の後、両者は妥協に応じましたか？)

UNIT 2 Part 2・3 応答・会話 ― ビジネス

メモリーチェック！
今回のセットの終わりに、1.～15.の意味を30秒以内で言ってみよう。

- 1. compromise
- 2. signature
- 3. negotiation
- 4. submit
- 5. amend
- 6. settle
- 7. renewal
- 8. dispute
- 9. approve
- 10. valid
- 11. bid
- 12. expire
- 13. draft
- 14. contract
- 15. authority

UNIT 2

Part 2,3 によく出る単語——ビジネス　学習日 1回目 ／　2回目 ／　3回目 ／

Set 5 ● 建設・工場

CD 1-17　CDで意味と発音、例文を確認したら、繰り返し声に出して読もう。

---

151 **blueprint** [blú:prìnt]
- 名 図面、青写真
- 類 drawing 図面（→ p. 29）

例▶ When will the designer submit the **blueprint**?
（いつ設計士は図面を提出してくれるのですか？）

---

152 **architect** [á:rkətèkt]
- 名 建築家
- 【関連語】architecture 建築

例▶ Why did the **architect** compromise on construction materials?
（どうして建築家は建設材料について妥協したのですか？）

---

153 **electrician** [ilektríʃən]
- 名 電気技師

例▶ Who assigned the **electrician** to do the installation?
（誰がその電気技師に据え付けを担当させたのですか？）

　❗ 形容詞も重要 → 形 electrical / electric（電気の）※前者が一般的

---

154 **plumber** [plʌ́mər]
- 名 配管工

例▶ The **plumber** is demanding quick reimbursement for his extra expense.
（配管工は追加費用の早期払い戻しを要求しています）

66

●前回の単語覚えてる？　　　valid

155　insulate ...
[ínsəlèit]
動 …を絶縁・断熱する
名 insulation 遮断

例 The electrician **insulated** the wire.
（電気技師はワイヤーを絶縁しました）

156　reinforce ...
[rìːinfɔ́ːrs]
動 …を強化する
名 reinforcement 強化

例 How do you think we can **reinforce** the walls of the warehouse?
（倉庫の壁をどのようにして強化できると思いますか？）

157　dispose
[dispóuz]
動 処分する
名 disposal 処分

例 How did they **dispose of** the hazardous substance?
（彼らはどのようにその危険物質を処分したのですか？）

　前置詞 of にも注意。
　形容詞も重要 → disposable（使い捨ての）

158　designate ...
[dézignèit]
動 …を指定する
名 designation 指定

例 Loading or unloading is only allowed in the **designated** area.
（積み降ろし作業は指定地域でのみ許可されています）

UNIT 2　Part 2・3　応答・会話 ─ ビジネス

● 前回の単語覚えてる？　　**approve**

159 inspect ...
[inspékt]

- 動 …を検査する
- 名 inspection 検査
- 名 inspector 検査官

例▶ City authorities will **inspect** the facility for safe operation.
（市当局が施設の安全検査をする予定です）

160 defective
[diféktiv]

- 形 不良の
- 名 defect 不良

例▶ Some **defective** goods were removed from the assembly line.
（組み立てラインから、いくつかの不良品が取り除かれました）

161 replace ...
[ripléis]

- 動 …を取り換える
- 名 replacement 交換品、交代要員

例▶ The inspector strongly recommended **replacing** the old machine.
（検査官は古い機械の取り換えを強く勧めました）

セットで覚えよう！
substitute A for B	AをBの代わりとする	（Aが残る）
replace A [by / with] B	AをBに取り換える	（Bが残る）
exchange A for B	AをBに交換する	（Bが残る）

162 specification
[spèsəfikéiʃən]

- 名 仕様、詳細
- 動 specify 明確に述べる

例▶ As soon as we get the **specifications**, our designer will start to draw a draft.
（仕様書を入手次第、設計士が下書きを描き始めます）

形容詞 specific の用法も注意 → to be specific（具体的に言うと）

建設・工場　　　　　　　　　　　　　　　　Set 5

163 modify ...
[mádəfài]
動 …を修正する
名 modification 修正

例 Because of a new regulation we have to **modify** our design.
（新しい規制のため、われわれは設計を修正しなくてはなりません）

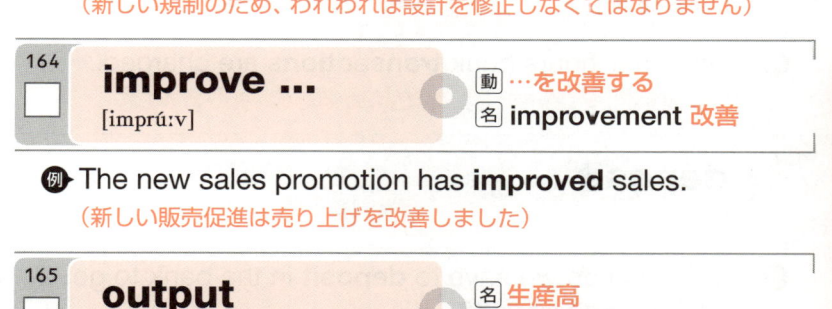

164 improve ...
[imprúːv]
動 …を改善する
名 improvement 改善

例 The new sales promotion has **improved** sales.
（新しい販売促進は売り上げを改善しました）

165 output
[áutpùt]
名 生産高
類 turnout

例 How are you going to improve your **output**?
（どのように生産高を改善するつもりですか？）

UNIT 2 Part 2・3 応答・会話 — ビジネス

メモリーチェック！

今回のセットの終わりに、
1.〜15.の意味を30秒以内で言ってみよう。

- 1. modify
- 2. output
- 3. defective
- 4. specification
- 5. replace
- 6. inspect
- 7. improve
- 8. designate
- 9. dispose
- 10. plumber
- 11. reinforce
- 12. electrician
- 13. architect
- 14. insulate
- 15. blueprint

UNIT 2 Set 6 ● 銀行・経理

Part 2,3 によく出る単語―ビジネス

CDで意味と発音、例文を確認したら、繰り返し声に出して読もう。

---

166 transaction
[trænsǽkʃən]
名 取引
動 transact 取引する

例 Some after-hours bank **transactions** are charged.
（銀行の時間外取引の中には、費用がかかるものがあります）

---

167 deposit ...
[dipázit]
動 …を預ける
名 預金

例 How much do we have to **deposit** in the bank to get a letter of credit issued?
（信用状を発行してもらうには、銀行にいくら預金がなければいけませんか？）

▶▶ letter of credit（L/C）信用状。輸入側に依頼された取引銀行が、輸出側に対し、輸入側の支払い能力を保証するもの。

---

168 withdraw ...
[wiðdrɔ́ː]
動 …を引き出す、撤退する
名 withdrawal 引き出し、撤退

例 Can we **withdraw** money from the ATM at this time of day?（こんな時間に ATM でお金を引き出せますか？）

▶▶ ATM（[Automatic / Automated][Telling / Teller] Machine）現金自動預払機

---

169 balance
[bǽləns]
名 （口座・支払いの）残高
動 帳尻が合う、均衡が取れる

例 What's the **balance** in our joint account?
（われわれの共同名義口座の残高はいくらですか？）

● 前回の単語覚えてる？　　**modify**

170 checking account　当座預金

You need to show two forms of valid identification to open a **checking account**.
（当座預金を開くには、2種類の有効な身分証明書を提示する必要があります）

▶▶「当座預金」とは、小切手の決済をするために必要な口座。通常、利息は付かない。

171 savings account　普通預金（savings はこの意味では通常複数形）

I'd like to transfer some money from my **savings account**.
（普通預金から、いくらか送金したいのですが）

172 interest [íntərəst]
名 利息、興味
動 （…に）興味を持たせる

Higher **interest** rates are a good incentive for customers to deposit money in savings accounts.（より高い利率は、客が普通預金に預けるための良い刺激剤になっています）

　形容詞も重要 → interesting（興味深い）

173 endorse … [indɔ́ːrs]
動 …に裏書する、…を推奨する
名 endorsement 裏書、保証

You have to **endorse** the check to cash it.
（小切手を現金化するには裏書しなければなりません）

UNIT 2 Part 2・3　応答・会話 ― ビジネス

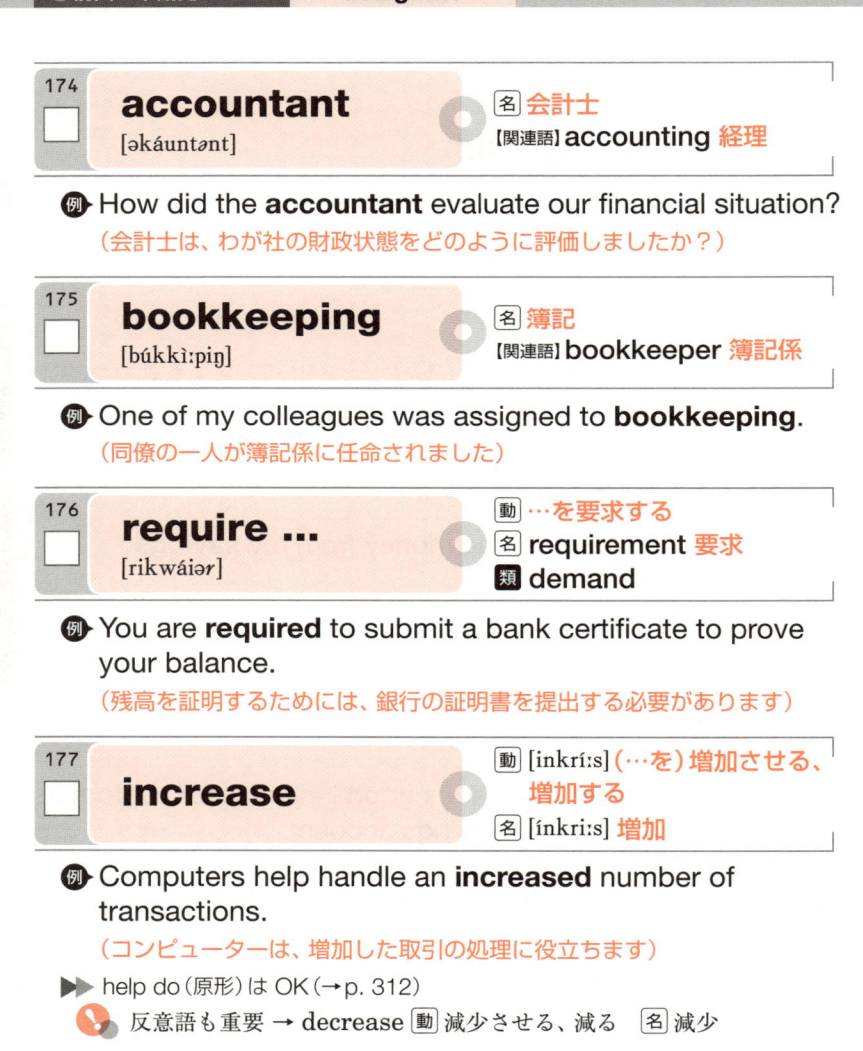

● 前回の単語覚えてる？　　**designate**

---

174 accountant
[əkáuntənt]

名 会計士
【関連語】accounting 経理

例 How did the **accountant** evaluate our financial situation?
（会計士は、わが社の財政状態をどのように評価しましたか？）

---

175 bookkeeping
[búkkìːpiŋ]

名 簿記
【関連語】bookkeeper 簿記係

例 One of my colleagues was assigned to **bookkeeping**.
（同僚の一人が簿記係に任命されました）

---

176 require ...
[rikwáiər]

動 …を要求する
名 requirement 要求
類 demand

例 You are **required** to submit a bank certificate to prove your balance.
（残高を証明するためには、銀行の証明書を提出する必要があります）

---

177 increase

動 [inkríːs]（…を）増加させる、増加する
名 [ínkriːs] 増加

例 Computers help handle an **increased** number of transactions.
（コンピューターは、増加した取引の処理に役立ちます）

▶▶ help do（原形）は OK（→ p. 312）

💡 反意語も重要 → decrease 動 減少させる、減る　名 減少

銀行・経理

Set 6

178 revenue [révənjùː]
- 名 収入、歳入
- 類 income

例 How much did our **revenue** decrease last month?
（わが社の収入は先月どれぐらい減少したのですか？）

179 tax break
- 税控除

例 A **tax break** is the only incentive to relocate our production facility to the country.
（税控除がその国に製造施設を移転する唯一の誘因です）

180 procedure [prəsíːdʒər]
- 名 手続き
- 動 proceed 進む

例 What **procedure** do we have to follow to become eligible for the tax break?
（税控除が適用されるためには、どのような手続きに従わなければなりませんか？）

UNIT 2 Part 2・3 応答・会話―ビジネス

メモリーチェック！

今回のセットの終わりに、1.～15.の意味を30秒以内で言ってみよう。

- [ ] 1. endorse
- [ ] 2. revenue
- [ ] 3. procedure
- [ ] 4. increase
- [ ] 5. bookkeeping
- [ ] 6. require
- [ ] 7. tax break
- [ ] 8. accountant
- [ ] 9. deposit
- [ ] 10. checking account
- [ ] 11. transaction
- [ ] 12. withdraw
- [ ] 13. interest
- [ ] 14. savings account
- [ ] 15. balance

UNIT 2

全単語 総チェック

Practice Test の前に再確認してみよう！　　正答数　／ 90 個

Set 1 就職・人事
- [ ] **apply** 申し込む
- [ ] **hire . . .** …を雇う
- [ ] **recommend . . .** …を推薦する
- [ ] **qualification** 適性
- [ ] **accept . . .** …を受け入れる
- [ ] **evaluate . . .** …を評価する
- [ ] **assign . . .** …を配属する
- [ ] **transfer . . .** …を移す
- [ ] **benefit** 手当
- [ ] **quit . . .** …をやめる
- [ ] **in charge of . . .** …を担当している
- [ ] **responsible** 責任がある
- [ ] **personnel department** 人事部
- [ ] **welfare** 福利厚生
- [ ] **incentive** 報奨

Set 2 オフィス内
- [ ] **CEO** 最高経営責任者
- [ ] **executive** 重役
- [ ] **supervisor** 監督者
- [ ] **colleague** 同僚
- [ ] **division** 部署
- [ ] **public relations** 広報活動
- [ ] **headquarters** 本社
- [ ] **subsidiary** 子会社
- [ ] **cafeteria** 食堂
- [ ] **office supplies** 事務用品
- [ ] **expense** 費用
- [ ] **reimburse . . .** …を払い戻す
- [ ] **commute** 通勤する
- [ ] **take over . . .** …を引き継ぐ
- [ ] **handle . . .** …を扱う

Set 3 営業・販売
- [ ] **brochure** 案内書
- [ ] **leaflet** チラシ
- [ ] **strategy** 戦略
- [ ] **figure** 数字
- [ ] **budget** 予算
- [ ] **wholesaler** 卸売業者
- [ ] **retailer** 小売業者
- [ ] **expand . . .** …を拡大する
- [ ] **estimate . . .** …を見積もる
- [ ] **demand** 需要
- [ ] **inventory** 在庫
- [ ] **representative** 代表者
- [ ] **convince . . .** …を確信させる
- [ ] **aggressive** 攻撃的な
- [ ] **out of stock** 在庫切れで

Set 4 契約・交渉
- [ ] **valid** 正当な
- [ ] **approve** 承認する
- [ ] **negotiation** 交渉

- [ ] **contract** 契約
- [ ] **bid** 入札する
- [ ] **expire** (期限が)切れる
- [ ] **draft** 草稿
- [ ] **renewal** 更新
- [ ] **amend . . .** …を修正する
- [ ] **signature** 署名
- [ ] **submit . . .** …を提出する
- [ ] **authority** 権限
- [ ] **dispute** 争議
- [ ] **settle . . .** …を解決する
- [ ] **compromise** 妥協する

Set 5 建設・工場

- [ ] **blueprint** 図面
- [ ] **architect** 建築家
- [ ] **electrician** 電気技師
- [ ] **plumber** 配管工
- [ ] **insulate . . .** …を絶縁する
- [ ] **reinforce . . .** …を強化する
- [ ] **dispose** 処分する
- [ ] **designate . . .** …を指定する
- [ ] **inspect . . .** …を検査する
- [ ] **defective** 不良の
- [ ] **replace . . .** …を取り換える
- [ ] **specification** 仕様
- [ ] **modify . . .** …を修正する
- [ ] **improve . . .** …を改善する
- [ ] **output** 生産高

Set 6 銀行・経理

- [ ] **transaction** 取引
- [ ] **deposit . . .** …を預ける
- [ ] **withdraw . . .** …を引き出す
- [ ] **balance** 残高
- [ ] **checking account** 当座預金
- [ ] **savings account** 普通預金
- [ ] **interest** 利息
- [ ] **endorse . . .** …に裏書する
- [ ] **accountant** 会計士
- [ ] **bookkeeping** 簿記
- [ ] **require . . .** …を要求する
- [ ] **increase . . .** …を増加させる
- [ ] **revenue** 収入
- [ ] **tax break** 税控除
- [ ] **procedure** 手続き

# UNIT 2

Set 7 ● Practice Test

Part 2 応答問題
[CD 19-28]

得点アップの秘訣

Part 2では、質問文の最初を聞き取ることが肝心だ。疑問詞で始まるかどうか、疑問詞なら、どんな疑問詞かをしっかり聞き取ろう。ちょっと気が緩むと、たちまち聞き逃してしまうので、集中力の維持が特に重要なパートだ。

質問とそれに続く3つの応答を聞いて、質問に対する応答として最も適切なものを1つ選び解答欄にマークしてください。CDを途中で止めずに、1.〜10.まで通して解きましょう。

- [ ] **1.** Mark your answer on your answer sheet.　[Track 19]
- [ ] **2.** Mark your answer on your answer sheet.　[Track 20]
- [ ] **3.** Mark your answer on your answer sheet.　[Track 21]
- [ ] **4.** Mark your answer on your answer sheet.　[Track 22]
- [ ] **5.** Mark your answer on your answer sheet.　[Track 23]
- [ ] **6.** Mark your answer on your answer sheet.　[Track 24]
- [ ] **7.** Mark your answer on your answer sheet.　[Track 25]
- [ ] **8.** Mark your answer on your answer sheet.　[Track 26]
- [ ] **9.** Mark your answer on your answer sheet.　[Track 27]
- [ ] **10.** Mark your answer on your answer sheet.　[Track 28]

解答欄

1. (A)(B)(C)　2. (A)(B)(C)　3. (A)(B)(C)　4. (A)(B)(C)　5. (A)(B)(C)

6. (A)(B)(C)　7. (A)(B)(C)　8. (A)(B)(C)　9. (A)(B)(C)　10. (A)(B)(C)

Practice Test ◉ Part 2 応答問題 スクリプトと解答

1.【正解】**(B)** We still have enough brochures, don't we?
[Track 19]
(A) No, there are only three broaches.
(B) Yes, more than one thousand copies.
(C) Yes, they are out of stock now.

[訳] まだパンフレットは十分ありますよね。
(A) いいえ、たった3本の金串しかありません。
(B) はい、1000部以上あります。
(C) はい、今は在庫切れです。

【解説】質問に付加疑問 don't we が付いているので、どう答えたらよいか戸惑うかもしれないが、特別な考え方をする必要はない。普通の疑問文「パンフレットは十分ありますか」と同じ意味だと思えばよい。(A) は質問文の brochures (→ p.58) と似た音の broaches (金串) で引っ掛けようとする選択肢。TOEIC の Part 2 では、このように**質問文に出てきた単語に発音が似た語句を含む選択肢は、引っ掛けを狙ったもので、不正解の可能性が高い**。(C) は「ある」を表す「Yes」と out of stock「在庫切れ」(→ p.61) とが矛盾している。従って、正解は (B)。(B) の copy は本やカタログなどの部数を表す。

2.【正解】**(A)** When will we be ready to submit the bid?
[Track 20]
(A) As soon as we make a few amendments.
(B) After it expires.
(C) No, it is estimated at one billion dollars.

[訳] いつ入札する準備ができますか?
(A) 2、3の修正をすればすぐです。
(B) それが期限切れになってからです。
(C) いいえ、それは10億ドルと見積もられています。

【解説】疑問詞 (when、where、who、why、what、how など) で始まる疑問文に対しては、Yes、No では答えにならない。従って、(C) のように、**Yes / No で始まっている選択肢は自動的に正解から外せる**と考えればよい。(A) と (B) はどちらも時を表す言葉で始まっているが、(B) は expire (→ p.63) が聞き取れれば、「入札の期限切れになってから、入札準備ができる」では、話のつじつまが合わないこ

とが分かるので落とせる。実生活ではユニークな応答をする人がいるものだが、**TOEIC では、常識の範囲内の応答を選ぶこと**。具体的な日時については触れていないが、十分現実的な応答になっている (A) が正解。

---

3. 【正解】(A) Where can I get reimbursed for travel expenses?
[Track 21]　　(A) The accountant handles it.
　　　　　　　(B) You will be assigned to the personnel division.
　　　　　　　(C) That is very expensive.

[訳]　交通費はどこで払い戻してもらえますか?
　　　(A) 会計係が処理しています。
　　　(B) あなたは人事部へ配属されるでしょう。
　　　(C) それはとっても高価ですね。

【解説】reimburse (→ p. 56) と assign (→ p. 51) が聞き取れれば、「精算場所」を聞いているのに「配属場所」を答えている (B) は不適切だと分かる。(C) は、質問文の expense と似た音の単語 expensive を使って引っ掛けようとしているが、場所を聞いている質問に対して、適切な応答に全くなっていない。場所を表す言葉は含まれていないが、誰が処理しているかを示すことによって、間接的に場所について答えている (A) が正解。

---

4. 【正解】(C) How are the sales of the new product?
[Track 22]　　(A) Yes, retailers recommend it.
　　　　　　　(B) By taking the inventory.
　　　　　　　(C) It's in high demand.

[訳]　新製品の売り上げはどうですか?
　　　(A) はい、小売店はそれを薦めています。
　　　(B) 在庫を調べることによって。
　　　(C) 需要は高いです。

【解説】疑問詞 How で始まる質問文なので、Yes で始まる (A) はすぐに除外できる。(B) は売り上げの「状況」を尋ねる質問に対して、by taking the inventory (→ p. 60)「在庫を調べることによって」と手段を答えているので不適切。(C) は「需要が高い」と答えることで、「売り上げがよい」ということをほのめかしている。質問に対する応答として成立しているので正解となる。

Practice Test

Set 7
19-28

5. 【正解】(C) Why does the electrician want to see the blueprint?
[Track 23] (A) He's required to print one out.
(B) Because it is disposable.
(C) Just to make sure there're no mistakes.

[訳] どうして電気技師は設計図を見たがっているんですか？
(A) 彼はある図面を印刷するよう求められています。
(B) それが使い捨てだからです。
(C) ミスがないよう確かめたいだけです。

【解説】疑問詞 Why で理由を尋ねる質問文だが、Because につられて (B) を選ばないように注意しよう。disposable (→p. 67) が聞き取れれば、「使い捨てだから」では応答として成立しないことが分かる。(A) は文頭に Because が省略されているとしても、「設計図を見たい」理由が、「印刷するように誰かに求められているから」だとは考えにくい。また、代名詞 one はその設計図ではなく、不特定の図面を指すので不適切である。目的を表す不定詞で答えている (C) が適切な応答となっている。

---

6. 【正解】(A) Has the executive board approved the contract yet?
[Track 24] (A) We're just waiting for the CEO's signature.
(B) Yes, he's a good account executive.
(C) No, everyone endorses it.

[訳] 重役会はもう契約を承認しましたか？
(A) ちょうど CEO のサインを待っているところです。
(B) はい、彼は優秀な営業担当者です。
(C) いいえ、誰もがそれを推奨しています。

【解説】疑問詞で始まらない質問文には、Yes / No で答えられるが、Yes / No 以外で始まる選択肢が正解になることも多い。(A) は CEO (→p. 54) が executive board のトップの座にある役職ということを知っていれば、重役会の承認を経て CEO が署名する段階に進んでいることが想像できるので、応答としてあり得ることが分かる。(B) は、質問文に出てきた executive を使った引っ掛けの選択肢。重役会の行動について聞いているのに、he で答えるなど、応答として不適切。account executive は「取引先担当責任者、営業担当者」(→p. 240)。(C) は No の後に、それと矛盾する意味の endorse (→p. 71)「推奨する」が続くので不適切。

UNIT 2 Part 2・3 応答・会話—ビジネス

UNIT 2

7. 【正解】**(C)** Would you rather be transferred to the subsidiary or
[Track 25] just quit?
(A) Yes, I prefer to accept the offer.
(B) I'll leave for the office.
(C) Maybe I'll have to compromise.

[訳] 子会社へ転勤しますか、それとも退職してしまいますか？
(A) はい、私はそのオファーを受け入れたいと思います。
(B) 私は事務所へ向かいます。
(C) 多分、妥協しなくてはならないでしょうね。

【解説】or が使われていて、どちらかの**選択を求める質問文に対しては、Yes、No で始まる応答では答えにならない**。従って、(A) は即落とせる。ただし、後のふたつは、明確な選択を示しているわけではないので、判断が難しいかもしれない。(B) leave for A は「A（目的地）に向かう」という意味。 leave A for B「A（出発地）を出て B へ向かう」との混同に注意が必要だ。前置詞の for を聞き逃すと leave the office（事務所を去る）となり、正解の可能性が出てきてしまう。(C) は、「多分退社せず、妥協して転勤に応じる」というニュアンスを含むので、正解となる。

---

8. 【正解】**(C)** Who will take over the inspection?
[Track 26] (A) Inspection is important.
(B) No, my colleague is not responsible for the transaction.
(C) Someone from the city authority.

[訳] 誰がその検査を引き継ぐのですか？
(A) 検査は重要です。
(B) いいえ、私の同僚はその取引の責任者ではありません。
(C) 市当局からの人間です。

【解説】(A) は、「誰が検査を引き継ぐのか」という質問に対して、検査の重要性を答えており、応答になっていない。質問文に出てきた inspection（→ p. 68）を使った引っ掛けの選択肢である。(B) と (C) はどちらも「人」が登場するが、(B) の最初の「No」さえ聞き逃さなければ、(B) は即落とせる。引き継ぐ人物について明確に答えている (C) が正解。

Practice Test

Set 7
19-28

9. 【正解】**(B)** What is the best incentive to work overtime?
[Track 27]
(A) No, I don't mind working hard.
(B) Good pay, of course.
(C) It's a designated area.

[訳] 残業をするのに一番励みとなるのは何でしょう？
(A) いいえ、私はきつい仕事でも構いません。
(B) 高い手当ですよ、もちろん。
(C) それは指定地域です。

【解説】疑問詞 what で始まっている質問文なので、No で始まる (A) は即落とせる。incentive (→ p. 53) は、「やる気にさせるもの」という意味。文脈に応じて「刺激剤」「動機」「誘因」などに訳される。incentive の意味さえ知っていれば、地域を答えている (C) は全く応答になっていないことが分かり、(B) を正解に選べるはず。

---

10. 【正解】**(A)** Would you like to see the specification?
[Track 28]
(A) Not if it's too complicated.
(B) Thank you for your signature.
(C) Yes, I have already studied it.

[訳] 仕様書をご覧になりますか？
(A) あまりに複雑であれば結構です。
(B) 署名していただいてありがとうございました。
(C) はい、それはすでに検討済みです。

【解説】Would you like to …? は、相手の希望を尋ねる疑問文。Not、Thank you、Yes はどれも応答の初めの言葉になり得るので、文頭だけでは答えを選べない。(B) は signature「署名」(→ p. 64) が質問と関係ないので不適切。(C) は、「はい、(これから見たい)」という Yes と、その後の「すでに検討済み」とが矛盾している。(A) の Not は、I would not like to … が短縮された形で「見たくない」という気持ちを表す。Not の後に「もし～なら」と、「見たくない場合の」条件が if 以下で示され、直訳すると「見たくない。もしそれがあまりに複雑であれば」となる。従って、(A) だけが質問文への適切な応答となっている。

UNIT 2 Part 2・3 応答・会話 — ビジネス

UNIT 3

Part 2、3 〈応答・会話問題〉 によく出る単語 ―生活・街―

UNIT 3では、Part 2とPart 3に頻出する日常生活の表現を学ぶ。例文は、頭から読んで意味を思い浮かべられるようになるまで、繰り返し音読しよう。そうすることで、実際のテストでも、問題文を聞きながら状況がイメージできるようになるはずだ。

Set 1　交通・車

Set 2　郵便・通信

Set 3　旅行

Set 4　医療

Set 5　買い物・娯楽

Set 6　法律・事件

Set 7　Practice Test Part 3 （会話問題）

UNIT 3

Part 2,3 によく出る単語 ─ 生活・街　学習日 1回目 ／ 2回目 ／ 3回目

Set 1 ● 交通・車

CDで意味と発音、例文を確認したら、繰り返し声に出して読もう。

181 ... **take place**
熟 …が行われる
類 ... be held

例 ▶ Brook Street's closed because there's a demonstration **taking place**.
（ブルック通りはデモが行われているため、通行止めとなっています）

　take place は、Part 3 と Part 4 の質問文にも頻出！

182 **transportation** [trænspərtéiʃən]
名 輸送、交通
動 transport 輸送する

例 ▶ The **transportation** system in this city needs to be improved.（この都市の交通機関は改善の必要があります）

183 **miss ...** [mís]
動 …を逃す、恋しく思う
反 catch ... …を捕まえる

例 ▶ I **missed** the flight because I got a flat tire on my way to the airport.
（空港へ行く途中、タイヤがパンクしたので飛行機に乗り遅れました）

　形容詞 missing（行方不明の）も重要。
　The paper is **missing**.（書類が見当たりません）

184 **give ... a [ride / lift]**
熟 …を車に乗せる

例 ▶ Could you **give** me **a ride** to the Rosewood warehouse?
（ローズウッド倉庫まで乗せてもらえますか？）

● 前回の単語覚えてる？　　**endorse**

185

fare
[féər]

名（飛行機・バス・電車などの交通機関の）運賃

例 We're evaluating these airlines, comparing their **fares** and services.
（運賃やサービスを比較しながら、これらの飛行機会社を評価しています）

💡「料金」を表す単語をまとめて覚えておこう。
授業料 tuition　手数料 charge / fee
入場料 admission fee　家賃 rent

186

pick up ...

熟 …を（車で）拾う、受け取る
反 drop off ... …を（車から）降ろす

例 You can use the company vehicle to **pick up** the client at the airport.
（空港へ客を迎えに行くのに、社用車を使ってもいいですよ）

187

run out of ...

熟 …が不足する

例 Is there a pump near here? We're **running out of** gas.
（ガソリンスタンドは近くにありますか？　ガソリンがなくなりそうです）

▶▶ pump はガソリンをくみ上げる「ポンプ」のほか、「ガソリンスタンド」の意味もある。

188

pull over

熟（車を）路肩に寄せる

例 The man has **pulled over** his vehicle.
（男性は車を路肩に寄せた）

UNIT 3 Part 2・3 応答・会話―生活・街

85

● 前回の単語覚えてる? **transaction**

189 break down
熟 壊れる、(…を)分解する

例▶ Some defective parts are suspected to have caused the car to **break down**. (いくつかの不良部品が原因となって、車が故障したのではないかとみられています)

190 out of order
熟 故障中で

例▶ We couldn't contact the plumber because his phone was **out of order**.
(配管工の電話が故障していたので、彼に連絡が取れませんでした)

⚠ out of ... は「…から外に」が原義。ほかのイディオムも押さえておこう。
　out of time 時間切れで　out of print 絶版で
　out of stock 在庫切れで　out of date 時代遅れの

191 detour
[díːtuər]
名 動 迂回[する]

例▶ We had to take a **detour** because the workers were digging a hole in the middle of the road.
(作業員が道路の中央に穴を掘っていたので、私たちは迂回しなくてはなりませんでした)

192 alternate
[ɔ́ːltərnət] 豪[ɔːltə́ːnət]
名 形 代替・交互[の]
類 alternative 選択肢

例▶ The city official recommended two **alternate** routes to go there.
(市の職員は、そこへ行くためのふたつの代替ルートを薦めました)

Set 1

交通・車

193 mechanic
[məkǽnik]
- 名 整備士
- 形 mechanical 機械的な

例 The **mechanic** was very efficient and fixed my car in an hour.
(その整備士はとても能率的だったので、1時間で私の車を直してしまいました)

194 congested
[kəndʒéstid]
- 形 混雑した
- 名 congestion 混雑

例 Because of a traffic accident, the freeway was even more **congested** this morning.
(交通事故のため、今朝は高速道路がさらに込んでいました)

195 reduce ...
[ridjúːs]
- 動 …を減らす
- 類 decrease
- 名 reduction 減少

例 The authority encourages carpooling to **reduce** the congestion.
(混雑を緩和するために、当局は車の相乗りを奨励しています)

メモリーチェック！
今回のセットの終わりに、1.〜15.の意味を30秒以内で言ってみよう。

- [ ] 1. detour
- [ ] 2. pull over
- [ ] 3. reduce
- [ ] 4. mechanic
- [ ] 5. alternate
- [ ] 6. congested
- [ ] 7. out of order
- [ ] 8. break down
- [ ] 9. transportation
- [ ] 10. miss
- [ ] 11. fare
- [ ] 12. take place
- [ ] 13. pick up
- [ ] 14. run out of
- [ ] 15. give ... a ride

UNIT 3 Part 2・3 応答・会話―生活・街

UNIT 3

Part 2,3 によく出る単語——生活・街

Set 2 郵便・通信

CDで意味と発音、例文を確認したら、繰り返し声に出して読もう。

---

196 courier [kə́ːriər]
名 (国際)宅配業者、(国際)宅配便

例 We are going to renew the contract with the **courier**.
(宅配業者との契約を更改するつもりです)

---

197 postage [póustidʒ]
名 郵便料金

例 You should have included the **postage** in the estimate.
(見積もりの中に郵送料を含めるべきでしたね)

---

198 parcel [páːrsəl]
名 小包

例 We've received a **parcel** of some specimens from our laboratory.
(研究所からいくつかの標本が入った小包を受け取りました)

---

199 clerk [kləːrk]
名 事務員、店員

例 The postal **clerk** convinced me to insure the parcel.
(郵便局員は小包に保険を掛けるよう説得しました)

●前回の単語覚えてる？　　　**detour**

200 surface mail
船便、陸上便

例 No matter how heavy it was, you shouldn't have sent the sample by **surface mail**.
（どんなに重いからといっても、そのサンプルは船便で送るべきではなかった）

関連語 airmail（航空郵便）も重要。

201 registered mail
書留郵便

例 Please send this bid by **registered mail** by Wednesday.
（この入札は書留で水曜日までに送ってください）

202 weigh ...
[wéi]

動 …を量る、…の重さがある
名 weight 重さ

例 I'll **weigh** the package and calculate the postage.
（包みを量って郵便料金を計算しましょう）

名詞と動詞を混同させる問題に注意。
I **weight** 150 pounds. … ×
I **weigh** 150 pounds. … ○
（私の体重は150ポンド［約68キログラム］だ）

203 process ...
[práses]

動 …を処理する
名 処理

例 This automatic zip code reader **processes** only postcards.
（この自動郵便番号読み取り機は、はがきしか処理しません）

● 前回の単語覚えてる?　　**alternate**

204 amount
[əmáunt]

名 量、金額

例 The central post office handles a large **amount** of mail.
(中央郵便局は大量の郵便物を扱っています)

an amount of の後には不可算名詞が来る。a small amount of **water** (少量の水)。
ただし、amount 自体は可算名詞なので前に冠詞 an がなければ間違い。

205 correspondence
[kɔ̀rəspándəns]

名 通信
名 correspondent 通信員、特派員

例 All **correspondence** has to be checked by the supervisor.
(すべての通信は、監督者によってチェックされなければなりません)

動詞 correspond の用法も重要。
correspond to ... (…に対応する)、correspond with ... (…と通信する)

206 cell(phone)
[sél(fòun)]

携帯電話
類 mobile / cellular phone

例 My **cell** seems to be out of order.
(私の携帯電話は故障しているようだ)

207 delivery
[dilívəri]

名 配達
動 deliver 配達する

例 **Delivery** vans can park only in the designated area.
(配達のバンは指定地域にのみ駐車できます)

郵便・通信

Set 2

208 install
[instɔ́ːl]
動 …を据え付ける
名 installation 据え付け、設置

例 A state-of-the-art telephone switchboard will be **installed** at the headquarters.
（最新式の電話交換機が本社に設置されるでしょう）

- state-of-the-art（最先端の、最新式の）は、今後注目のフレーズ。
- もうひとつの名詞も重要 → installments（分割積み、分割払い）

209 disconnect
[dìskənékt]
動 …を切断する
反 connect … …を接続する

例 His telephone was **disconnected** because his phone bill had been long overdue.
（電話料金が長い間滞納されていたので、彼の電話は使用停止になりました）

210 describe
[diskráib]
動 …を描写する
名 description 描写、説明

例 You have to **describe** the contents of the parcel in this form.（この用紙に小包の内容物を記載しなければなりません）

メモリーチェック！

今回のセットの終わりに、1.〜15.の意味を30秒以内に言ってみよう。

- [ ] 1. cellphone
- [ ] 2. amount
- [ ] 3. describe
- [ ] 4. install
- [ ] 5. correspondence
- [ ] 6. process
- [ ] 7. disconnect
- [ ] 8. delivery
- [ ] 9. registered mail
- [ ] 10. parcel
- [ ] 11. postage
- [ ] 12. clerk
- [ ] 13. courier
- [ ] 14. surface mail
- [ ] 15. weigh

UNIT 3 Part 2・3 応答・会話 — 生活・街

UNIT 3

Part 2,3 によく出る単語――生活・街　　学習日 1回目 ／　2回目 ／　3回目 ／

Set 3　旅行

CD 31　CDで意味と発音、例文を確認したら、繰り返し声に出して読もう。

211　accommodate ...
[əkɑ́mədèit]
動 …を収容する

例 This banquet room can **accommodate** 500 people.
（この宴会場は500人収容できます）

「（要求などを）受け入れる」の意味で、Part 5の語彙選択問題で出題されることもある。
We have to **accommodate** customers' needs.（顧客の求めているものに応えなければなりません）

名詞も重要 → accommodation（宿泊設備）

212　reservation
[rèzərvéiʃən]
名 予約、留保
動 reserve 予約する
類 book

例 Have you already made a flight **reservation** for the stockholders' meeting in Chicago?
（シカゴで行われる株主総会に行くための飛行機の予約はもうしましたか？）

213　itinerary
[aitínərèri]
名 旅程

例 The executive's **itinerary** includes his inspection trip to the plant.
（重役の旅程には工場の視察旅行が含まれています）

● 前回の単語覚えてる？ **correspondence**

214 go over ...
- 熟 …を見直す
- 類 review (→ p. 17)

例 Do you have a minute to **go over** this itinerary?
（この旅程を見直す時間はありますか？）

---

215 vacancy [véikənsi]
- 名 空いていること、空室
- 形 vacant 空いている

例 Hotel **vacancy** is comparatively high in February.
（2月はホテルの空室率が比較的高いです）

---

216 amenity [əménəti] 英 [əmíːnəti]
- 名 快適さ、快適な施設

例 The facility boasts great **amenities** and an impressive fountain in the lobby.（その施設は、非常に便利な設備とロビーにある印象的な噴水を自慢にしています）

---

217 book ... [búk]
- 動 …を予約する
- 類 reserve
- 名 booking 予約

例 Mr. Park prefers to **book** an aisle seat when he flies.
（パークさんは飛行機を利用する際、通路側の席の予約を希望されます）

---

218 site [sáit]
- 名 現場、場所、遺跡
- 類 venue

例 Camping gear is available on **site**.
（キャンプ道具は現地で入手できます）

UNIT 3 Part 2・3 応答・会話 — 生活・街

● 前回の単語覚えてる？　　**describe**

219 **participate** (in ...)
[pɑːrtísəpèit]

動 (…に)参加する
名 participation 参加

例▶ We've decided to **participate in** the international trade fair and dispatch three people to the venue.
（国際通商フェアへの参加と、現地に３名派遣することを決めました）

　💡 同義のイディオムも覚えておこう → take part in ...（…に参加する）
　💡「人」を表す名詞も重要 → participant（参加者）

220 **souvenir**
[sùːvəníər]

名 土産物

例▶ You can choose from a variety of **souvenirs** according to your taste and budget.
（お好みと予算に合わせて、さまざまな土産物の中から選べます）

▶▶ taste には「味」以外に「好み、趣味」の意味もある。

221 **destination**
[dèstənéiʃən]

名 目的地

例▶ The island is the ideal short break **destination** with easy accessibility from this region.（その島はこの地方から簡単に行けるので、短い休暇には理想的な旅行地です）

222 **forfeit** ...
[fɔ́ːrfit]

動 …の権利を失う

例▶ Passengers who don't pay the balance by the 15th will **forfeit** their deposit.
（15日までに残金を払わないお客様は、予約金を没収されることになります）

▶▶ 受身の形ではなく、例文のように能動の形で「没収**される**」の意味を表す。

旅行

Set 3
31

223 explore ...
[iksplɔ́ːr]

動 …を探検する
名 exploration 探検

例 In this eco-tour, participants enjoy **exploring** an uncharted island.
（このエコツアーでは、参加者は未踏の島の探検が楽しめます）

▶▶ eco- 環境を意識した

224 expect ...
[ikspékt]

動 …を期待・予測する
名 expectation 期待、予測

例 The tour conductor told us that the **expected** departure time was seven.
（ツアーコンダクターは、出発予定時刻は7時だと言っていました）

▶▶ expected departure time は EDT と略されることもある。

225 gratuity
[grətjúːəti]

名 チップ、心付け
類 tip

例 The leaflet says the price excludes **gratuity**.
（チラシによると、価格にチップは含まれていません）

メモリーチェック！ 今回のセットの終わりに、1.～15.の意味を30秒以内で言ってみよう。

- [ ] 1. explore
- [ ] 2. destination
- [ ] 3. gratuity
- [ ] 4. souvenir
- [ ] 5. participate
- [ ] 6. expect
- [ ] 7. site
- [ ] 8. forfeit
- [ ] 9. reservation
- [ ] 10. book
- [ ] 11. itinerary
- [ ] 12. vacancy
- [ ] 13. amenity
- [ ] 14. go over
- [ ] 15. accommodate

UNIT 3 Part 2・3 応答・会話―生活・街

UNIT 3 Part 2, 3 によく出る単語——生活・街　学習日 1回目 ／ 2回目 ／ 3回目 ／

Set 4 ● 医療

CDで意味と発音、例文を確認したら、繰り返し声に出して読もう。

226 dentist
[déntist]
名 歯科医
形 dental 歯の

例 Is that **dentist** a good choice? His waiting room is almost deserted.
（あの歯医者はいい選択かな？　待合室にはほとんど人けがないよ）

227 appointment
[əpɔ́intmənt]
名 予約、任命
動 appoint ... …を任命する

例 I have an **appointment** with the dentist for 10 a.m.
（午前10時に歯医者の予約をしています）

228 symptom
[símptəm]
名 症状

例 It's difficult to describe my **symptoms** exactly.
（私の症状を正確に説明するのは難しいです）

229 diagnosis
[dàiəgnóusis]
名 診断
動 diagnose 診断する
形 diagnostic 診察の

例 I was relieved that the doctor's **diagnosis** was not so serious.
（医師の診断はそんなに深刻なものではなかったので、ほっとしました）

▶▶ relieve ... は「…を救う、緩和する」。be relieved [that 主語＋動詞 / to do] で「…してほっとする」の意味。

●前回の単語覚えてる？ **accommodate**

230 medicine
[médəsin]

- 名 薬、医学
- 形 medical 医学の

例 Our hospital takes inventory of the **medicine** on a regular basis.
（うちの病院では、定期的に薬の在庫を調べています）

231 injection
[indʒékʃən]

- 名 注射
- 類 shot
- 動 inject ... …を注射する

例 The doctor gave me an **injection** to relieve the pain.
（医師は私に痛みを和らげるために注射をしました）

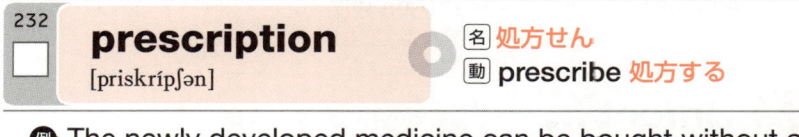

232 prescription
[priskrípʃən]

- 名 処方せん
- 動 prescribe 処方する

例 The newly developed medicine can be bought without a **prescription**.
（新たに開発されたその薬は、処方せん無しで購入できます）

233 pharmacist
[fáːrməsist]

- 名 薬剤師
- 名 pharmacy 薬局

例 You can wait in the cafeteria while I have a **pharmacist** fill the prescription.
（薬剤師に処方せんの薬を調合してもらっている間、食堂で待っててもらっていいですよ）

▶▶ fill the prescription は、「処方せんを満たす」から「処方せんの薬を調合する」という意味を表す。例文は [使役動詞 have ＋目的語＋動詞の原形] の形。

形容詞も重要 → pharmaceutical（薬剤の）

● 前回の単語覚えてる？　　　**itinerary**

234 **disease** [dizíːz]
- 名 病気
- 類 sickness / illness

例▶ Please fill out this medical history and indicate any **diseases** you have had.
（この病歴記録に記入し、既往症を示してください）

> 形容詞 diseased、sick、ill にも注意。sick と ill は名詞との混同が狙われる。

235 **hygienic** [hàidʒíːnik]
- 形 衛生上の
- 名 hygiene 衛生

例▶ While I was assigned to the country, its **hygienic** situation improved dramatically.
（その国に赴任中、その地の衛生状態は劇的に改善されました）

236 **infect ...** [infékt]
- 動 …に感染させる
- 形 infectious 感染性の

例▶ Many people who get **infected** with the West Nile virus do not actually get sick.
（西ナイルウイルスに感染した多くの人々は、実際には発症しません）

237 **incidence** [ínsədəns]
- 名 （病気などの）発生（率）

例▶ The **incidence** of electric shock caused by inadequate insulation has decreased in number in the last few decades. （不十分な絶縁によって起きる感電事故の発生率は、ここ何十年減ってきています）

> もうひとつの名詞も重要 → incident（偶然の出来事）

医療

Set 4

238 insurance
[inʃúərəns]

名 保険
動 insure ... …に保険を掛ける

例 I recommend this **insurance**, which will cover hospital charges abroad.
（海外での医療費を補償するこの保険をお薦めします）

an insurance policy（保険証券）も覚えておこう。

239 outbreak
[áutbrèik]

名 ぼっ発、（伝染病などの）発生

例 The **outbreak** of the epidemic prevented us from further expanding in that region.
（疫病の発生は、われわれがその地域でさらに発展することを阻みました）

関連語 break out（ぼっ発する）も重要。

240 physical
[fízik(ə)l]

名 健康診断
形 身体的な、物質的な
類 checkup

例 We have to get a **physical** annually.
（毎年健康診断を受けなければならない）

メモリーチェック！

今回のセットの終わりに、1.～15. の意味を30秒以内で言ってみよう。

- [ ] 1. infect
- [ ] 2. disease
- [ ] 3. physical
- [ ] 4. incidence
- [ ] 5. outbreak
- [ ] 6. hygienic
- [ ] 7. pharmacist
- [ ] 8. insurance
- [ ] 9. symptom
- [ ] 10. prescription
- [ ] 11. injection
- [ ] 12. appointment
- [ ] 13. medicine
- [ ] 14. diagnosis
- [ ] 15. dentist

UNIT 3

Part 2,3 によく出る単語 ── 生活・街

Set 5 買い物・娯楽

CDで意味と発音、例文を確認したら、繰り返し声に出して読もう。

---

241 overpriced
[òuvərpráist]
形 (値段が)高過ぎる

例 Souvenirs for foreign tourists are sometimes **overpriced**.
(外国人旅行者向けの土産物は、値段が高過ぎることがある)

---

242 autograph
[ɔ́:təgræf]
名 (有名人などの)サイン

例 People were waiting in a line to get the celebrity's **autograph**.
(有名人のサインをもらうため、人々が並んで待っていました)

英語の sign は「看板、掲示」を意味する。書類などへの「署名」は、signature (→p. 64)。また、「(有名人などが)サインする」は sign an autograph と言う。

---

243 beverage
[bévəridʒ]
名 飲み物
類 drink

例 At the banquet, **beverages** will be served before the appetizers. (宴会では、飲み物は前菜の前に出されるでしょう)

---

244 bill
[bíl]
名 請求書、紙幣、法案
動 請求する

例 I gave the waiter a gratuity when I paid the **bill**.
(勘定を払う時にウエーターにチップを渡しました)

●前回の単語覚えてる？　**prescription**

245 statement
[stéitmənt]

- 名 明細書、陳述
- 動 state ... …を述べる

例 I'd like to check the purchases on my **statement**.
（請求書に載っている購入について調べたいのですが）

💡 名詞の state の重要な意味：「国家」、「州」、「状態」

246 due
[djú:]

- 形 期日の、当然の
- 名 当然支払われるもの

例 I'm afraid your telephone bill is **due** today.
（あなたの電話料金は本日が支払期日なのですが）

💡 イディオム due to ...（…のせいで）も重要 → **due to** the accident（事故のせいで）

247 feature ...
[fí:tʃər]

- 動 …を呼び物とする、特集する
- 名 特徴

例 Would you like to see a movie **featuring** your favorite actor?
（あなたの好きな俳優が主役の映画を見ませんか？）

248 genuine
[dʒénjuin]

- 形 本物の
- 類 real

例 This belt is totally overpriced. It is not **genuine** leather.
（このベルト、値段が高過ぎるわ。本皮でもないのに）

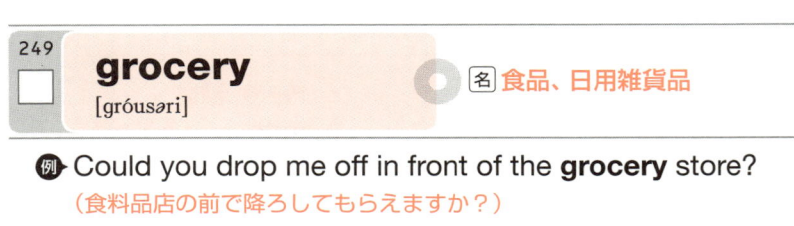

●前回の単語覚えてる？　　**pharmacist**

---

249 **grocery**
[gróusəri]

名 食品、日用雑貨品

例 Could you drop me off in front of the **grocery** store?
（食料品店の前で降ろしてもらえますか？）

250 **incompatible with ...**

熟 …と適合していない

例 The manager got upset when he found the new printer was **incompatible with** the old computer.
（新しいプリンターが古いコンピューターに対応していないのを知って、マネージャーはうろたえていました）

> 反意語も重要 → compatible with ...（…と適合している）

251 **outrageous**
[autréidʒəs]

形 並外れて、法外な、言語道断の

例 The rents downtown are **outrageous**.
（町の中心部の家賃は並外れて高い）

252 **commodity**
[kəmádəti]

名 商品

例 Various **commodities** are displayed with 10 percent discounts.
（さまざまな商品が10パーセント引きで陳列されています）

買い物・娯楽 Set 5

253 perishable
[périʃəbl]
- 名 形 生鮮食料品 [の]
- 動 perish 腐る、滅びる

例 We always stock many kinds of daily commodities but not **perishables**.
（日用品はいつもたくさんの種類をストックしていますが、生鮮食品はしていません）

254 stain
[stéin]
- 名 染み、汚れ
- 類 spot

例 I'm afraid we cannot remove this **stain**.
（この染みは取れないと思いますが）

255 refund
- 名 [ríːfʌnd] 払い戻し
- 動 [rifʌ́nd] 払い戻しする

例 You cannot get a **refund** without the supervisor's approval.
（上司の承認なしには、払い戻しはできません）

類義語 reimbursement「払い戻し」（→ p. 56）も重要。

メモリーチェック！

今回のセットの終わりに、1.～15.の意味を30秒以内で言ってみよう。

- [ ] 1. incompatible with
- [ ] 2. outrageous
- [ ] 3. genuine
- [ ] 4. perishable
- [ ] 5. grocery
- [ ] 6. stain
- [ ] 7. commodity
- [ ] 8. refund
- [ ] 9. bill
- [ ] 10. due
- [ ] 11. statement
- [ ] 12. feature
- [ ] 13. autograph
- [ ] 14. beverage
- [ ] 15. overpriced

UNIT 3 Part 2・3 応答・会話―生活・街

UNIT 3

Part 2,3 によく出る単語——生活・街

Set 6 法律・事件

CDで意味と発音、例文を確認したら、繰り返し声に出して読もう。

---

256 **investigation** [invèstəgéiʃən]
- 名 調査
- 動 investigate 調査する

例 The police will start a thorough **investigation** into the case.
（警察はその事件の徹底的な調査を始めるでしょう）

---

257 **witness** [wítnis]
- 名 目撃者
- 動 目撃する

例 There were no **witnesses** to that incident.
（その事件の目撃者はいませんでした）

---

258 **testify** [téstəfài]
- 動 証言する
- 名 testimony 証言

例 The witness refused to **testify** in court.
（目撃者は裁判で証言することを拒否しました）

---

259 **accuse ...** [əkjúːz]
- 動 …を告発・非難する
- 名 accusation 告発

例 SJ Chemical was **accused of** negligence regarding its workers' welfare.
（SJ化学は、従業員の福利厚生に関して怠慢だったと訴えられています）

前置詞 of も重要。「(人を)…の理由で訴える」は[accuse(人)of 理由]。前置詞は for ではないので注意！

● 前回の単語覚えてる？　　**refund**

260

stock
[sták]

- 名 株、蓄え
- 類 shares 株（この意味では通常複数形）

例 The politician has been accused of insider **stock** trading and he may have to go to prison.（その政治家は株のインサイダー取引で訴えられ、刑務所に入らなければならないかもしれません）

💡 関連語 stockholders / shareholders（株主）も重要。

261

arrest ...
[ərést]

- 動 …を逮捕する
- 名 逮捕

例 The broker was **arrested** for making illegal deals.（その仲買人は不正取引で逮捕されました）

262

invest ...
[invést]

- 動 …を投資する
- 名 investment 投資

例 The company's owner **invested** a lot of money **in** the stock market.
（その会社のオーナーは、株式市場に多額の資金を投資していました）

💡 前置詞 in も重要。「（資金を）…に投資する」は、invest（資金）in …。
💡 セットで覚えよう！　1つ見たらほかの2つの意味も確認！
invest 投資する　investigate 調査する　invent 発明する

263

offend ...
[əfénd]

- 動 …の気を悪くさせる、法を犯す
- 名 offense 攻撃

例 Hotel clerks have to be careful not to **offend** their guests.（ホテル従業員は、お客様の気を悪くさせないように気を付けなければなりません）

UNIT 3 Part 2・3 応答・会話 — 生活・街

● 前回の単語覚えてる?　　**feature**

264　illegal
[ilíːgəl]
形 違法の　反 legal 合法の
副 illegally 違法に
名 illegality 違法

例 The farm owner was accused of hiring **illegal** immigrants.（農場主は不法移民を雇ったとして告発されました）

265　resident
[rézədənt]
名 住民
類 dweller
動 reside 居住する

例 The project is facing strong opposition from the **residents**.（そのプロジェクトは住民の強い反対に直面しています）
⚠ residen**ce**（住居）との混同に注意。

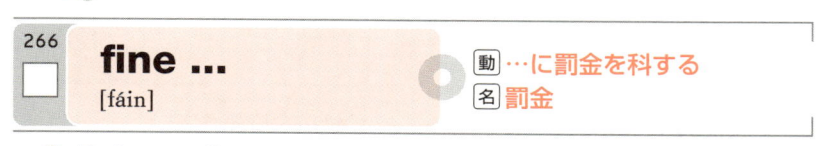

266　fine ...
[fáin]
動 …に罰金を科する
名 罰金

例 Bob was **fined** for illegal parking.
（ボブは不法駐車で罰金を科されました）

267　bribery
[bráibəri]
名 贈賄、収賄
動 bribe 贈賄・収賄する

例 The city inspector was accused of **bribery**.
（市の検査官は、収賄で告発されました）

268　petition
[pətíʃən]
名 動 嘆願[する]

例 The residents' **petition** to have forest development stopped was denied.
（森林開発を中止させるための住民の嘆願は、却下されました）

法律・事件

Set 6

269 lawsuit
[lɔ́ːsùːt]
名 訴訟

例 We filed a **lawsuit** against KLC for infringing our patent.
(KLC社に対して特許侵害で訴訟を起こしました)

▶▶ infringe ... ([権利など]を侵害する)

270 sue ...
[súː]
動 …を訴える
名 suit 訴訟

例 Doctors buy insurance in case they are **sued** for malpractice.
(医師は医療過誤で訴えられたときのために、保険に加入しています)

▶▶ be sued for ... (…で訴えられる)

メモリーチェック！

今回のセットの終わりに、1.～15.の意味を30秒以内で言ってみよう。

- [ ] 1. petition
- [ ] 2. resident
- [ ] 3. lawsuit
- [ ] 4. illegal
- [ ] 5. fine
- [ ] 6. bribery
- [ ] 7. sue
- [ ] 8. offend
- [ ] 9. accuse
- [ ] 10. witness
- [ ] 11. invest
- [ ] 12. testify
- [ ] 13. arrest
- [ ] 14. stock
- [ ] 15. investigation

UNIT 3

全単語 総チェック

Practice Test の前に再確認してみよう！　　正答数　　/ 90個

Set 1 交通・車
- [ ] ... take place …が行われる
- [ ] transportation 輸送
- [ ] miss ... …を逃す
- [ ] give ... a [ride / lift] …を車に乗せる
- [ ] fare 運賃
- [ ] pick up ... …を(車で)拾う
- [ ] run out of ... …が不足する
- [ ] pull over (車を)路肩に寄せる
- [ ] break down 壊れる
- [ ] out of order 故障中で
- [ ] detour 迂回
- [ ] alternate 代替
- [ ] mechanic 整備士
- [ ] congested 混雑した
- [ ] reduce ... …を減らす

Set 2 郵便・通信
- [ ] courier (国際)宅配業者
- [ ] postage 郵便料金
- [ ] parcel 小包
- [ ] clerk 事務員
- [ ] surface mail 船便
- [ ] registered mail 書留郵便
- [ ] weigh ... …を量る
- [ ] process ... …を処理する
- [ ] amount 量
- [ ] correspondence 通信
- [ ] cell(phone) 携帯電話
- [ ] delivery 配達
- [ ] install ... …を据え付ける
- [ ] disconnect ... …を切断する
- [ ] describe ... …を描写する

Set 3 旅行
- [ ] accommodate ... …を収容する
- [ ] reservation 予約
- [ ] itinerary 旅程
- [ ] go over ... …を見直す
- [ ] vacancy 空いていること
- [ ] amenity 快適さ
- [ ] book ... …を予約する
- [ ] site 現場
- [ ] participate 参加する
- [ ] souvenir 土産物
- [ ] destination 目的地
- [ ] forfeit ... …の権利を失う
- [ ] explore ... …を探検する
- [ ] expect ... …を期待する
- [ ] gratuity チップ

Set 4 医療
- [ ] dentist 歯科医
- [ ] appointment 予約

- [ ] **symptom** 症状
- [ ] **diagnosis** 診断
- [ ] **medicine** 薬
- [ ] **injection** 注射
- [ ] **prescription** 処方せん
- [ ] **pharmacist** 薬剤師
- [ ] **disease** 病気
- [ ] **hygienic** 衛生上の
- [ ] **infect . . .** …に感染させる
- [ ] **incidence** (病気などの)発生
- [ ] **insurance** 保険
- [ ] **outbreak** ぼっ発
- [ ] **physical** 健康診断

Set 5 買い物・娯楽
- [ ] **overpriced** (値段が)高過ぎる
- [ ] **autograph** (有名人などの)サイン
- [ ] **beverage** 飲み物
- [ ] **bill** 請求書
- [ ] **statement** 明細書
- [ ] **due** 期日の
- [ ] **feature . . .** …を呼び物とする
- [ ] **genuine** 本物の
- [ ] **grocery** 食品
- [ ] **incompatible with . . .** …と適合していない
- [ ] **outrageous** 並外れて
- [ ] **commodity** 商品
- [ ] **perishable** 生鮮食料品
- [ ] **stain** 染み
- [ ] **refund** 払い戻し

Set 6 法律・事件
- [ ] **investigation** 調査
- [ ] **witness** 目撃者
- [ ] **testify** 証言する
- [ ] **accuse . . .** …を告発する
- [ ] **stock** 株
- [ ] **arrest . . .** …を逮捕する
- [ ] **invest . . .** …を投資する
- [ ] **offend . . .** …の気を悪くさせる
- [ ] **illegal** 違法の
- [ ] **resident** 住民
- [ ] **fine . . .** …に罰金を科する
- [ ] **bribery** 贈賄、収賄
- [ ] **petition** 嘆願
- [ ] **lawsuit** 訴訟
- [ ] **sue . . .** …を訴える

UNIT 3
Set 7 ● Practice Test

Part 3 会話問題 (CD① 35-37)

得点アップの秘訣

Part 3は、会話を聞き、その内容に関する3つの質問に答える問題だ。解法ポイントは、先に質問を読んでおき、問われていることに集中して会話を聞くこと。最後まで、この「先手必勝型」ペースを崩さないようにしよう。

以下の手順で、問題を先読みしながら解いてみよう。

1. 実際のテストでは、問題の解き方を説明する約25秒のアナウンスがある。ここでは、自分で25秒を測って、その間に1〜3の質問及び、できるだけ多くの選択肢に目を通す。

2. CDを再生して、なるべく聞きながら答えを選んでいく。解答時間として与えられている時間をできる限りたくさん残して、次の4〜6の質問文と選択肢を読む。7〜9も同様に取り組む。

Set 7

35

1. Who most likely is Tom?
   (A) A systems engineer
   (B) A cab driver
   (C) A dentist
   (D) A pharmacist

2. What is the problem?
   (A) A toothache is unbearable.
   (B) Some medicine is missing.
   (C) A computer program does not work.
   (D) The car is out of order.

3. How will Jessica help Tom?
   (A) Get a phone number
   (B) Drive him to a client's office
   (C) Give him a refund
   (D) Deliver a message for him

解答欄

1. Ⓐ Ⓑ Ⓒ Ⓓ   2. Ⓐ Ⓑ Ⓒ Ⓓ   3. Ⓐ Ⓑ Ⓒ Ⓓ

GO ON TO THE NEXT PAGE

UNIT 3

Practice Test

CD 36

- [ ] **4.** What does the woman most likely do for her job?
   (A) Make wine
   (B) Schedule events
   (C) Write books
   (D) Taste cheese

- [ ] **5.** What will the woman do at the event?
   (A) Sign her name in her book
   (B) Demonstrate cooking techniques
   (C) Introduce a new author
   (D) Cheer for her favorite writer

- [ ] **6.** What does the woman ask the man to do?
   (A) Make a speech
   (B) Count people
   (C) Reserve a flight
   (D) Get a gift

解答欄

4. (A) (B) (C) (D)   **5.** (A) (B) (C) (D)   **6.** (A) (B) (C) (D)

Set 7

7. Where was the woman the night before?
   (A) In her car
   (B) At home
   (C) At the hospital
   (D) In a law class

8. What may the woman have to do?
   (A) File a lawsuit
   (B) Receive medical care
   (C) Go to law school
   (D) Be a trial witness

9. What will the man probably do next?
   (A) Fine the woman
   (B) Give a gratuity
   (C) Invest in a car
   (D) Enter the house

解答欄

7. (A) (B) (C) (D)   8. (A) (B) (C) (D)   9. (A) (B) (C) (D)

UNIT 3 — Practice Test

Practice Test ● Part 3 会話問題 スクリプトと解答

*解答のポイントとなる語句に色が付いている

Questions 1-3 CD1 35

Questions 1 through 3 refer to the following conversation.

M: Hey Jessica, we've just received an e-mail from Dr. Winn, the dentist we have a contract with.

W: Yes, I remember, Tom. We recently installed some new hardware for their computer systems. What does he say?

M: Well, he says they attempted to run their prescription-ordering program last night, and after several attempts, it appears the medical software is incompatible with the new hardware.

W: That's not good. Having to refund the new systems would definitely be bad for us. Let's get over there now. I'll give you a lift. And get me his number; I want to give him a call.

[訳] 質問1から3は次の会話に関するものです。
男性：ねえ、ジェシカ、ウィン医師からメールが来たんだ。契約してる歯科医の……。
女性：ええ、覚えてるわ、トム。最近彼らのコンピューターに、何か新しいハードを取り付けたわよね。用件は？
男性：それが、彼が言うには、昨夜処方せんプログラムを使ってみて、何度か試したけど、その医療ソフトが新しいハードと適合していないみたいなんだ。
女性：まずいわね。新しいシステムを払い戻すことになったら絶対困るわ。行ってみましょうよ。車で送るわ。それと彼の電話番号を教えて。彼に電話したいの。

Set 7　35-37

1.【正解】(A)

[設問の訳]　トムはどういう人物である可能性が高いですか？

(A) システムエンジニア
(B) タクシー運転手
(C) 歯科医
(D) 薬剤師

【解説】　女性の最初の発言で、この2人の会社がコンピューターに関係するサービスを行っていることが推測できる。この選択肢の中であり得るのは(A)のみ。

2.【正解】(C)

[設問の訳]　問題は何ですか？

(A) 歯痛が耐え難い。
(B) ある薬剤が紛失した。
(C) コンピュータープログラムが作動しない。
(D) 車が故障している。

【解説】　男性が2つめの発言の中でソフトとハードが適合していないと述べているところがヒントとなり(C)が選べる。incompatible with (→ p. 102) は「…と適合していない」という意味。

3.【正解】(B)

[設問の訳]　ジェシカはどのような形でトムを助けますか？

(A) 電話番号を入手する
(B) 彼を顧客のところまで車で送る
(C) 彼に返金する
(D) 彼に代わってメッセージを伝える

【解説】　女性が何かを申し出ているのは、最後の発言のI'll give you a lift.(車に乗せてあげる)の個所のみ。その言い換えとなる(B)が正解。give ... a lift (→ p. 84) は「…を車に乗せる」の意味。

UNIT 3

Practice Test

Questions 4-6 CD1 36

Questions 4 through 6 refer to the following conversation.

W: Okay, I want to go over tomorrow's itinerary for my New York book signing. What time does the event start?

M: You are due to arrive at 11 AM, at which time you will give a short speech about the work, and then autograph copies for around two hours.

W: And how many people can we expect? Also, please be sure to pick up a gourmet wine and cheese basket for the store as a token of our appreciation.

M: Done. I've already ordered one. They are anticipating between 150 and 200 people. Should be great!

【訳】質問4から6は次の会話に関するものです。
女性：それでは、明日の私のニューヨークでのサイン会の予定を確認したいと思います。催しは何時に始まりますか？
男性：11時に到着することになっています。その時間に作品について短いスピーチをしていただきます。そしてそれから、約2時間で本にサインすることになっています。
女性：それで何人ぐらい来るという予測ですか？ それから、お礼のしるしとして、お店に差し上げるグルメワインとチーズのバスケットも必ず持ってきてくださいね。
男性：手配済みです。すでにひとつ注文しました。人出は150から200人の間と予測されています。なかなかのものになるはずですよ！

Set 7 35-37

4.【正解】(C)

[設問の訳] 女性はどんな仕事をしている可能性が最も高いですか？

(A) ワインをつくる
(B) イベントを段取りする
(C) 本を書く
(D) チーズを味見する

【解説】 女性の最初の発言の my New York book signing（私のニューヨークでの本のサイン会）がヒント。ここを見れば (C) を選べるはず。sign (→ p. 64) は「署名する」という意味。

5.【正解】(A)

[設問の訳] 女性はその催しで何をしますか？

(A) 彼女の名前を本に署名する
(B) 料理のテクニックを実演する
(C) 新人作家を紹介する
(D) 彼女の好きな作家を応援する

【解説】 女性の冒頭の発言と男性の予定を述べている発言から、女性はイベントでスピーチとサインをすることが分かる。ここでの autograph (→ p. 100) は「署名する」という意味の動詞。

6.【正解】(D)

[設問の訳] 女性は男性に何をするように頼んでいますか？

(A) スピーチをする
(B) 人数を数える
(C) フライトを予約する
(D) 贈り物を入手する

【解説】 女性は2つめの発言の中で、店に感謝を示すために渡す品物の入手を依頼しているので、それを言い換えている (D) が正解。pick up (→ p. 85) は「…を拾う、受け取る」という意味。

UNIT 3 Part 2・3 応答・会話 ― 生活・街

117

UNIT 3 — Practice Test

Questions 7-9 🎧 37

Questions 7 through 9 refer to the following conversation.

M: Good morning, ma'am. I'm investigating the car accident that happened near here last night, and I understand you witnessed it from this spot, your front porch. May I get a statement from you?

W: Yes. That's correct. Um, is there a chance I may have to testify in a civil trial?

M: Yes, that is possible. The person who was hurt has hired a lawyer and is looking to file a lawsuit seeking compensation for injuries.

W: Okay. Please come in. The dining room is the best place to talk.

【訳】 質問7から9は次の会話に関するものです。
男性：おはようございます。昨夜この付近で起きた自動車事故を調べているのですが、あなたはこの玄関ポーチから目撃なさったそうですね。お話を伺ってもよろしいでしょうか？
女性：はい、その通りです。あの、民事裁判で私が証言しなければならなくなる可能性はあるのでしょうか？
男性：はい、可能性はあります。けがをした方は弁護士を雇い、けがの補償を求めて訴訟を起こすことを考えています。
女性：わかりました。どうぞお入りください。お話しするには食堂が一番いいと思います。

Set 7

7.【正解】(B)

［設問の訳］ 女性は昨夜どこにいましたか？
(A) 車の中
(B) 自宅
(C) 病院
(D) 法律の授業

【解説】 どの選択肢も可能性はあるかもしれないが、男性の最初の発言の「あなたの家の玄関ポーチから見た」という表現から、はっきり言えるのは (B) のみ。witness (→ p. 104) は「目撃する」という意味。

8.【正解】(D)

［設問の訳］ 女性は何をしなければならないかもしれないですか？
(A) 訴訟を起こす
(B) 治療を受ける
(C) 法律学校へ行く
(D) 法廷の証人になる

【解説】 女性が最初の発言で、法廷で証言する可能性について尋ねているのに対し、男性が肯定的に答えているところから、可能性があるのは (D) になる。testify (→ p. 104) は「証言する」という意味。

9.【正解】(D)

［設問の訳］ 男性はおそらく次に何をしますか？
(A) 女性に罰金を科す
(B) チップを渡す
(C) 車に投資する
(D) 家に入る

【解説】 話を聞きに来ている男性に対して、女性は最後の発言の中で家の中に入るよう促している。従って、この選択肢の中では、(D) が最もふさわしい。(A) の fine (→ p. 106) は「…に罰金を科する」、(B) の gratuity (→ p. 95) は「チップ」、(C) の invest (→ p. 105) は「…を投資する」という意味。

UNIT 4

Part 4
〈説明文問題〉
によく出る単語

Part 4は長めの英文を聞いて、それに対する3つの質問に答える問題だ。スピーチやニュースなど、Part 3の会話よりも難解な内容のものもあるが、ポイントさえ押さえればすべてを聞き取れなくても正解を選べるものも多い。UNIT 4では、英文の出題パターンごとに正解の鍵となるキーワードを学ぶ。

Set 1　会議

Set 2　パーティ

Set 3　コマーシャル・録音メッセージ

Set 4　ニュース・天気予報

Set 5　空港・機内放送

Set 6　劇場・ガイドツアー

Set 7　Practice Test Part 4
　　　　（説明文問題）

UNIT 4

Part 4 によく出る単語　学習日 1回目 ／ 2回目 ／ 3回目 ／

Set 1　会議

CD 38　CDで意味と発音、例文を確認したら、繰り返し声に出して読もう。

---

271 **summary** [sʌ́məri]
- 名 要約
- 動 summarize … …を要約する
- 類 brief

例 I'd just like to go over the **summary** of our proposal.
（われわれの提案書の要約をちょっと見直したいと思います）

---

272 **workshop** [wə́ːrkʃɑ̀p]
- 名 セミナー、作業場

例 We didn't expect that so many people would sign up for this **workshop**. （このセミナーにそんなに多くの方が申し込まれるとは予想していませんでした）

---

273 **annual** [ǽnjuəl]
- 形 毎年の
- 副 annually 毎年

例 The CEO is going to summarize how the company performed last year, at the beginning of the **annual** stockholders meeting.
（年次株主総会の冒頭で、最高経営責任者は会社の去年の業績を総括するつもりです）

---

274 **minute**
- 名 [mínit] 議事録、分
- 形 [mainjúːt] 細かい

例 The junior accountant is taking the **minutes** of this meeting. （会計士補がこの会議の議事録を取る予定です）

● 前回の単語覚えてる?　　**invest**

275
agenda
[ədʒéndə]

名 議題

例 I was supposed to come up with an **agenda** for the monthly division meeting.
(月例部会の議題はわたしが考案することになっていました)

▶▶ come up with ... (…を工夫して思い付く) (→ p. 182)

276
merger
[mə́ːrdʒər]

名 合併
動 merge 合併する

例 The possible **merger** is the first item on the agenda at today's meeting.
(その合併の可能性が今日の会議の最初の議題項目です)

💡 前置詞 with にも注意 → merger **with** ... (…との合併)

277
controversy
[kάntrəvə̀ːrsi]

名 論議
形 controversial 物議を醸す

例 There's still a big **controversy** over how we evaluate our employees' performance. (われわれが従業員の業績をどのように評価するかについては、まだ大きな論議があります)

278
argue
[άːrgjuː]

動 議論する
名 argument 議論

例 The union and the management are **arguing** over the working conditions of the assembly line workers.
(組合と経営陣は、組み立てライン労働者の労働条件について議論しています)

UNIT 4 Part 4 説明文

123

● 前回の単語覚えてる？　　**resident**

279 dividend
[dívədènd]
名 配当

例 Looking at this budget, our stockholders shouldn't expect a good **dividend**. (この予算を見れば、われわれの株主も高配当を期待するはずがないですね)

280 debt
[dét]
名 負債

例 Its financial statements have revealed that the company is deeply in **debt**.
(会社の財務表によって、その会社が多額の負債を抱えていることが明らかになりました)

281 enhance ...
[inhǽns]
動 …を高める、増す
名 enhancement 高揚、増大

例 Any suggestions of how we can **enhance** our productivity will be appreciated.
(どうしたらわれわれの生産性を高められるかということについては、どんな提案でもありがたく思います)

282 implement ...
動 [ímpləmènt] …を実施する
名 [ímpləmənt] 道具

例 The new sick leave policy will be **implemented** next March.
(病欠に関するその新しい方針は、次の3月から実施されるでしょう)

　別の名詞との混同に注意 → implementation [ìmpləmentéiʃən] (実行)

会議

Set 1

283 vote [vóut]
- 動 投票する
- 名 投票
- 名 **voter** 投票者

例▶ We have to **vote** on whether or not to spin off the Virginia subsidiary. (バージニアの子会社を分離独立させるかどうかについて、われわれは投票しなければなりません)

▶▶ spin off はビジネス用語では、「事業を分離独立させる」という意味。

284 audit [ɔ́:dit]
- 名 動 会計監査[する]
- 名 **auditor** 監査役

例▶ We have decided to reinforce our **audit** function. (われわれは監査機能を強化することに決定しました)

285 reject ... [ridʒékt]
- 動 …を拒絶する
- 名 **rejection** 拒絶
- 類 **refuse** 断る

例▶ The authorities should **reject** any gifts from the public seeking favorable treatment in return. (当局は、見返りに優遇を求める一般市民からの贈与品を一切拒絶すべきです)

⚠ 語法の違いに注意。
- refuse + 名詞 … ○   refuse + to do … ○
- reject + 名詞 … ○   reject + to do … ×

メモリーチェック！

今回のセットの終わりに、1.～15.の意味を30秒以内で言ってみよう。

- ☐ 1. implement
- ☐ 2. reject
- ☐ 3. audit
- ☐ 4. dividend
- ☐ 5. vote
- ☐ 6. argue
- ☐ 7. enhance
- ☐ 8. debt
- ☐ 9. controversy
- ☐ 10. merger
- ☐ 11. workshop
- ☐ 12. agenda
- ☐ 13. annual
- ☐ 14. minute
- ☐ 15. summary

UNIT 4 Part 4 説明文

UNIT 4 Part 4 よく出る単語
Set 2 パーティ

CDで意味と発音、例文を確認したら、繰り返し声に出して読もう。

286 privilege
[prívəlidʒ]
動 …に特権を与える
名 特権

例 As chairman of this company I'm **privileged** to announce that we had record profits in the last fiscal year.
（当社の会長として、前会計年度において記録的な利益を上げたことを発表する光栄に浴します）
▶ fiscal year（事業年度、会計年度）

287 on behalf of ...
熟 …を代表して、…の代わりに

例 **On behalf of** all the employees I'd like to thank Ms. Corins, who is retiring after 30 years of dedication to our company.
（全従業員を代表致しまして、わが社に30年にわたって貢献してくださった後、退職なさるコリンズさんに感謝を表したいと思います）

288 achievement
[ətʃíːvmənt]
名 達成
動 achieve … …を達成する

例 His **achievements** as a sales representative are unprecedented.
（営業マンとしての彼の実績は先例のないものです）

💡 「達成する」を表す3つの単語をセットで覚えよう！
achieve / attain / accomplish

● 前回の単語覚えてる？　　**enhance**

289 in honor of ...
熟 …をたたえて

例 The company's museum was built **in honor of** our founder.（会社の記念館は、われわれの創設者をたたえて建てられた）
▶▶ honor（栄誉）

290 pay tribute to ...
熟 …に献辞を贈る、敬意を払う

例 The chairman will now **pay tribute to** the greatest achievers in our company's history.
（今から会長が、わが社の歴史における最大の功績者に献辞を贈ります）
▶▶ tribute（賛辞、献辞）

291 commemorate ...
[kəmémərèit]
動 …を記念する

例 Thank you for joining us to **commemorate** the launch of our new business.
（われわれの新規事業の開始を記念するためにご同席くださり、ありがとうございます）

292 recognize ...
[rékəgnàiz]
動 …を認める
名 recognition 認識、評価

例 Mr. Quest's great efforts in improving the efficiency of data processing should be **recognized**.
（データ処理の効率改善におけるクエスト氏の多大なる努力は、認められるべきです）

UNIT 4 Part 4 説明文

● 前回の単語覚えてる？　　**merger**

293　establish ...
[istǽbliʃ]

動 …を設立・確立する
名 establishment 設立、確立

例▶ GY Bio Ltd. is already well **established** in the biotechnology industry.（GYバイオ社は、バイオテクノロジー産業ですでにしっかりとした地位を確立しています）

establishment は「店舗」などを表すこともある。

294　awards ceremony

授賞式

例▶ It is a great honor for me to host our company's annual **awards ceremony** today.
（本日は、わが社の年に一度の授賞式の司会を務めさせていただき光栄に存じます）

295　be dedicated to ...

熟 …に献身している
類 be [devoted / committed] to

例▶ The organization has **been dedicated to** endors**ing** economic democracy.
（その組織は、経済民主主義を支持することに献身してきました）

be [dedicated / devoted / committed] to の後は **-ing** 形か名詞が来るのが原則。to doing が間違いとは限らない（鉄則5 →p. 311）。

296　outstanding
[àutstǽndiŋ]

形 抜きんでた

例▶ Mr. Hong received an award for his **outstanding** achievement.
（ハン氏は彼のずばぬけた業績で受賞した）

パーティ

Set 2

297 complimentary
[kàmpləméntəri]

形 無償の、賞賛の
名 compliment 賛辞

例 There are **complimentary** drinks over there.
（無料の飲み物が向こうにありますよ）

298 refreshment
[rifréʃmənt]

名 飲み物、軽食

例 After the opening speech, some **refreshments** will be served.（開会のスピーチの後、飲み物がいくらか出されるでしょう）

299 help oneself to ...

熟 …を自由に取る

例 Please **help yourself to** the refreshments.
（ご自由に飲み物や料理をお取りください）

300 token
[tóukən]

名 しるし、形見

例 The president gave me a gold watch as a **token** of recognition.（社長は評価のあかしとして私に金時計をくれた）

メモリーチェック！ 今回のセットの終わりに、1.〜15.の意味を30秒以内で言ってみよう。

- [ ] 1. be dedicated to
- [ ] 2. token
- [ ] 3. awards ceremony
- [ ] 4. help oneself to
- [ ] 5. outstanding
- [ ] 6. complimentary
- [ ] 7. refreshment
- [ ] 8. establish
- [ ] 9. pay tribute to
- [ ] 10. achievement
- [ ] 11. commemorate
- [ ] 12. recognize
- [ ] 13. on behalf of
- [ ] 14. privilege
- [ ] 15. in honor of

UNIT 4 Part 4 説明文

UNIT 4

Part 4 によく出る単語

Set 3　コマーシャル・録音メッセージ

CDで意味と発音、例文を確認したら、繰り返し声に出して読もう。

---

301 launch [lá:ntʃ] 英[lɔ́:ntʃ]
- 動 開始する、打ち上げる
- 名 開始、打ち上げ

例 We've **launched** a new sales campaign.
（われわれは新しい販売キャンペーンを始めました）

---

302 take advantage of ...
- 熟 …を利用する、（親切など）につけこむ

例 You should **take advantage of** your privileges as a preferred customer.
（あなたは得意客としての特権を利用するべきです）

▶▶ advantage 有利（なこと）　反 disadvantage 不利（なこと）

---

303 expertise [èkspərtí:z]
- 名 専門技術、知識

例 All our counselors have extensive knowledge and **expertise** in this field.（弊社のすべてのカウンセラーは、この分野での広範な知識と専門技術を持っています）

---

304 hesitate [hézətèit]
- 動 ためらう
- 名 hesitation ためらい

例 Please do not **hesitate to** contact us if you have any questions.（ご質問がありましたら、ご遠慮なくご連絡ください）

💡 後に続くのは不定詞。hesitate **to do** …○　hesitate doing …×

● 前回の単語覚えてる？　**complimentary**

305 **innovative** [ínəvèitiv]
- 形 革新的な
- 動 innovate 刷新する
- 名 innovation 革新

例 You'll be more than satisfied with our **innovative** ideas and expertise.
（われわれの革新的なアイデアと専門知識には、十二分にご満足いただけるでしょう）

セットで覚えよう！　innovation 革新　renovation 改装

306 **inquiry** [inkwáiəri]
- 名 問い合わせ
- 動 inquire 問い合わせる

例 We've had a lot of **inquiries** about our innovative software.
（われわれの革新的なソフトウエアに関して、多くのお問い合わせをいただいています）

307 **invention** [invénʃən]
- 名 発明
- 動 invent ... …を発明する

例 We're now applying for a patent for this **invention**.
（この発明の特許を今申請しているところです）

308 **recall ...** [rikɔ́ːl]
- 動 …を回収・回想する
- 名 回収、回想

例 We regret to announce that we've decided to **recall** the defective engine model No. M-119.
（遺憾ながら、不良エンジンモデル No. M-119 の回収を決定したことを発表致します）

UNIT 4　Part 4　説明文

●前回の熟語覚えてる? ( ) behalf of

309 solution
[səlúːʃən]
名 解決(策)
動 solve 解決する

例 In this book, you can find many **solutions** to your problems. (この本で、皆さんの問題に対するたくさんの解決策を見つけることができますよ)

310 subscribe (to ...)
[səbskráib]
動 (…を)購読する
名 subscription 購読

例 Most of Gallison's residents **subscribe to** *the Daily Gallison*.
(ギャリソンのほとんどの住民が『デーリー・ギャリソン』を購読している)

311 liquidation
[lìkwidéiʃən]
名 清算、閉店
動 liquidate 清算する

例 Don't miss this **liquidation** sale! Save money.
(この閉店セールをお見逃しなく! お金を節約しましょう)

312 voucher
[váutʃər]
名 割引券、無料券

例 Please note this **voucher** is valid only at our retail shops.
(この割引券は当店の小売店でのみ有効ですのでご注意ください)

動詞の用法も重要 → vouch for ... (…を保証する)

コマーシャル・録音メッセージ **Set 3**

313 last [lǽst]
動 続く、持ちこたえる、(…を)持ちこたえさせる

例 This liquidation sale will **last** for one week.
(この閉店セールは一週間続きます)

314 hang up
熟 (電話を)切る

例 Please **hang up** the phone and our representative will call you back.
(お電話をお切りいただければ、私どもの営業が折り返しお電話致します)

315 hold … [hóuld]
動 (電話を)切らずに待つ、(行事を)催す

例 If you want to talk to our operator, please **hold**.
(オペレーターとお話になりたい場合は、そのまま切らずにお待ちください)

hold の活用を言ってみよう。
原形 hold　過去形 held　過去分詞形 held

メモリーチェック！
今回のセットの終わりに、1.〜15.の意味を30秒以内で言ってみよう。

- 1. subscribe
- 2. hang up
- 3. hold
- 4. last
- 5. voucher
- 6. liquidation
- 7. solution
- 8. recall
- 9. innovative
- 10. expertise
- 11. inquiry
- 12. take advantage of
- 13. hesitate
- 14. launch
- 15. invention

UNIT 4　Part 4 によく出る単語

Set 4　ニュース・天気予報

CDで意味と発音、例文を確認したら、繰り返し声に出して読もう。

---

316 weather forecast　天気予報
forecast [名][動] 予測[する]

例▶ Please stay tuned for the **weather forecast**.
（チャンネルはそのままで、天気予報をご覧ください）

▶▶ stay ＋形容詞は、「…の状態のままでいる」という意味。ここでは tune の過去分詞が形容詞の働きをしている。tune は「（チャンネルなどを）合わせる」。

---

317 call for ...　[熟]（天気予報で）…と予想する

例▶ The weather forecast **calls for** light showers this afternoon.（天気予報は、今日の午後を軽いにわか雨と予想しています）

　call for ...（…を要求する）と call for A to do（A が…することを要求する）の意味も重要 → We **called for** the store to give us a refund.（われわれは店に払い戻しを要求した）

---

318 meteorologist
[mì:tiərálədʒist]　[名] 気象学者

例▶ The **meteorologist** forecasts a clear sky over the state.
（気象学者は州全土にわたって晴天と予報しています）

---

319 heat wave　熱波

例▶ The meteorologists predict a **heat wave**.
（気象学者は熱波を予報しています）

●前回の単語覚えてる？　　　**launch**

---

320 ☐ **high pressure front**　　◯ 高気圧前線

例▶ Because of the **high pressure front**, the forecast calls for another dry and fine day.
（高気圧前線のため、予報では乾燥した晴天がさらに今日も続くとしています）

---

321 ☐ **region** [ríːdʒən]　　◯ 名 地方
形 regional 地方の

例▶ The high pressure front looks likely to stay over the **region** another week.
（高気圧前線は、この地方上空にさらに１週間とどまる模様です）

▶▶ look likely to do は、「…のように見える」の意味。この likely は形容詞で、likely to do は Jack looks happy.（ジャックは幸せそうに見える）の happy と同じ働きをしている。ちなみに、look like の後には名詞が来る。Jack looks like a star.（ジャックはスターのように見える）

---

322 ☐ **blizzard** [blízərd]　　◯ 名 猛吹雪

例▶ The **blizzard** delayed many flights and disrupted traffic.
（猛吹雪のため多くのフライトが遅れ、交通が混乱しました）

---

323 ☐ **hail** [héil]　　◯ 名 ひょう

例▶ **Hail** is expected throughout the region tonight.
（その地域一帯では今晩、ひょうが降ると予測されています）

UNIT 4　Part 4　説明文

● 前回の単語覚えてる？　　**innovative**

324 freezing rain
氷晶雨

例▶ There is **freezing rain** this morning, so please be very careful if you cannot avoid driving today.
（今朝は氷晶雨になっていますので、今日、やむを得ず車を運転される方はよく注意してください）

▶▶ freezing rain は、シャーベットのような、氷の結晶が降ってくる雨のこと。

325 flood
[flʌ́d]

名 洪水
動 （河川などを）はんらんさせる、洪水になる

例▶ The authorities issued a **flood** warning for the low lying area.
（当局は低平地域に洪水警報を発令しました）

326 humid
[hjúːmid]

形 湿った
名 humidity 湿気

例▶ This hot and **humid** spell will surely increase the use of electricity.
（この暑くてじめじめした期間、確かに電気使用量は増えるでしょう）

▶▶ spell は名詞では「ひと続きの期間」を意味する。

327 inclement
[inklémənt] 豪 [ínklémənt]

形 悪天候の

例▶ Due to **inclement** weather the aerial show has been postponed.
（悪天候のため、空中ショーは延期されました）

ニュース・天気予報 Set 4

328. temperature
[témpərətʃər]
名 温度

例 The **temperature** during the afternoon is predicted to rise to a record high.
（午後の気温は、記録的な高さまで上昇すると予測されています）

329. abate
[əbéit]
動 (風などが)弱まる

例 All aircraft will be grounded until the blizzard **abates**.
（猛吹雪が収まるまで、すべての飛行機の離陸は中止されるでしょう）

330. evacuate
[ivǽkjuèit]
動 避難する、(…を)避難させる

例 The city authority and the meteorologist had a dispute about whether residents should be **evacuated**.
（当局と気象学者は、住民を避難させるべきか否かで議論をしました）

メモリーチェック！ 今回のセットの終わりに、1.～15.の意味を30秒以内で言ってみよう。

- 1. hail
- 2. evacuate
- 3. flood
- 4. abate
- 5. freezing rain
- 6. humid
- 7. inclement
- 8. temperature
- 9. high pressure front
- 10. heat wave
- 11. region
- 12. call for
- 13. weather forecast
- 14. blizzard
- 15. meteorologist

UNIT 4

Part 4 によく出る単語　学習日 1回目 ／　2回目 ／　3回目 ／

Set 5　空港・機内放送

CDで意味と発音、例文を確認したら、繰り返し声に出して読もう。

331　aisle [áil]　名 通路

例 Please clear the **aisles** so the crew can serve refreshments.
（乗務員が飲み物をお出しできますよう、通路をお空けください）

▶▶ so の後には、目的を表す so that 構文の that が省略されている。

332　altitude [ǽltətjùːd]　名 高度

例 We are now flying **at** an **altitude** of about 15,000 feet.
（現在高度1万5000フィートで飛行しております）

💡 高度・温度（**at** 35℃）・速度（**at** 80 miles an hour「時速80マイルで」）は **at** で表す。

333　bound for ...　熟 …行きの

例 This express train is **bound for** London and will stop five times.（この急行はロンドン行きで、5つの駅に停車致します）

334　passenger [pǽsəndʒər]　名 乗客

例 One of our **passengers** has a medical problem.
（お客さまの一人が具合が悪くなられました）

前回の単語覚えてる？　　　　　humid

335 fasten ...
[fǽsn]
動 …を締める

例 Attention please, passengers. Please **fasten** your seatbelts.
（乗客の皆さま、シートベルトをお締めください）

336 land
[lǽnd]
動 着陸する

例 We will be **landing** at Los Angeles International Airport in one hour.
（1時間後にロサンゼルス国際空港に着陸致します）

337 delay ...
[diléi]
動 …を遅らせる
名 遅延

例 We are sorry to announce that Flight 227 will be **delayed** for at least an hour because of the bad weather.
（申し訳ございませんが、悪天候のため、227便は少なくとも1時間遅れる見込みです）

338 stopover
[stápòuvər]
名 途中下車

例 We are having a **stopover** in Detroit on our way to New York.
（ニューヨークへ向かう途中、デトロイトに寄港致します）

UNIT 4 Part 4 説明文

●前回の単語覚えてる？　　　**region**

339 transit
[trǽnsit]

名 動 通過[する]

例 **Transit** passengers to Denver, please go to Gate 67.
（デンバー行きへお乗り換えのお客さまは、67番ゲートまでお越しください）

関連語も覚えておこう。
layover / stopover（乗り継ぎ）　connection flight（接続便）

340 emergency exit

非常口

例 We might have to ask passengers sitting near the **emergency exits** to help others leave the air craft in the event of an emergency.
（非常口の近くにお座りのお客さまには、緊急時にほかの方が飛行機から脱出するお手伝いをお願いしなければならないかもしれません）

341 refrain from ...

熟 …を控える

例 Please **refrain from** using any electrical devices when the airplane is departing and landing.
（飛行機の離着陸の際には、一切の電子機器の使用をお控えください）

342 round-trip ticket

往復チケット

例 One privilege of being a frequent flier is that you can get a half-priced **round-trip ticket** to any domestic destination.（お得意様であることのひとつの特典は、国内のどの目的地へでも半額の往復チケットをご購入いただけるということです）

空港・機内放送

Set 5

343 turbulence
[tə́ːrbjuləns]

名 乱気流
形 turbulent 大荒れの

例 At a higher altitude you might be asked to fasten your seatbelts again in the event of **turbulence**.
(より高度の高い所では、乱気流の際に再びシートベルトの着用をお願いすることがあるかもしれません)

344 departure
[dipáːrtʃər]

名 出発
動 depart 出発する

例 Please return to Gate 14, at least 30 minutes before **departure**.
(少なくとも出発30分前には、14番ゲートへお戻りください)

345 customs clearance

通関手続 (customs はこの意味では通常複数形)

例 You'll need the declaration form when going through **customs clearance**.
(通関の手続きをする時には、申告書が必要になります)

メモリーチェック！

今回のセットの終わりに、1.~15.の意味を30秒以内で言ってみよう。

- [ ] 1. turbulence
- [ ] 2. customs clearance
- [ ] 3. refrain from
- [ ] 4. transit
- [ ] 5. departure
- [ ] 6. stopover
- [ ] 7. round-trip ticket
- [ ] 8. emergency exit
- [ ] 9. delay
- [ ] 10. passenger
- [ ] 11. aisle
- [ ] 12. bound for
- [ ] 13. fasten
- [ ] 14. land
- [ ] 15. altitude

UNIT 4

Part 4 によく出る単語　学習日 1回目 ／ 2回目 ／ 3回目 ／

Set 6 ● 劇場・ガイドツアー

CD 1-43　CDで意味と発音、例文を確認したら、繰り返し声に出して読もう。

---

346 □ **box office**　入場券売り場

例 You don't need to wait in line at the **box office**, if you have complimentary tickets.
（招待券をお持ちの場合には、入場券売り場で列に並んで待つ必要はありません）

---

347 □ **exhibition** [èksəbíʃən]
名 展示
動 exhibit 展示する

例 Guided tours are available in the **exhibition** rooms.
（展示室ではガイド付きのツアーをご利用になれます）

💡 もうひとつの名詞も重要 → exhibit（展示品）

---

348 □ **usher** [ʌ́ʃər]
名 案内係
動 案内する

例 The **usher** will take you to a table as soon as one is available.
（テーブルが空き次第、案内係がテーブルまでご案内致します）

---

349 □ **venue** [vénjùː]
名 開催地

例 The **venue** for the exhibition has not been decided yet.
（展示会の場所はまだ決まっていない）

● 前回の単語覚えてる？　　　　delay

350 masterpiece
[mǽstərpìːs]
名 傑作

例 Some **masterpieces** borrowed from other museums will be exhibited this month.
（今月、ほかの美術館から借りてきた何点かの傑作が展示される予定です）

---

351 booklet
[búklit]
名 小冊子
類 brochure (→p. 58)

例 According to the **booklet**, there are two emergency exits on this floor.
（その小冊子によると、この階にはふたつの非常口があります）

---

352 ruin
[rúːin]
名 遺跡
動 (…を)破壊させる、だめになる

例 You can make a stopover in Athens to see the famous **ruins**.
（有名な遺跡を見るために、アテネで途中下車もできますよ）

---

353 renovation
[rènəvéiʃən]
名 改装
動 renovate … …を改装する

例 The south wing is now under **renovation** and is estimated to be completed by September.
（南棟は現在改装中で、9月までには完成する見通しです）

　セットで覚えよう！　innovation 革新　renovation 改装

UNIT 4　Part 4　説明文

● 前回の単語覚えてる?　　　**aisle**

354 **excavate ...**
[ékskəvèit]

- 動 …を発掘する
- 名 excavation 発掘
- 類 dig (→ p. 20)

例▶ The ancient masterpiece was **excavated** near the ruin.
（遺跡近くで古代の傑作が発掘されました）

---

355 **precaution**
[prikɔ́ːʃən]

- 名 用心

例▶ Before starting the tour I would like to tell you about some safety **precautions**.
（ツアーを始める前に、いくつかの安全対策についてお話ししたいと思います）

---

356 **distinguished**
[distíŋgwiʃt]

- 形 際立った
- 形 distinguishable 区別できる

例▶ In the next room we can see some works by one of the most **distinguished** sculptors of the 19th century.
（次の部屋では、19世紀の最も際立った彫刻家のうちの一人による作品を何点か見ることができます）

動詞の用法も重要。
distinguish A from B（A を B から区別する）
distinguish between A and B（A と B を区別する）

---

357 **restore ...**
[ristɔ́ːr]

- 動 …を復元する
- 名 restoration 復元

例▶ The owner gave up **restoring** the old hotel for reasons of hygiene.
（オーナーは、衛生上の理由から古いホテルの復元をあきらめました）

劇場・ガイドツアー

Set 6

358 protective garment

防護服 [protective 防御の + garment 衣服]

例 As a safety precaution please be sure to wear one of the **protective garments** throughout this tour.
（安全予防措置として、このツアー中は防護服のうちの一つを必ず身に着けておいてください）

359 restricted
[ristríktid]

形 制限された
動 restrict 制限する
名 restriction 制限

例 Unauthorized persons cannot enter this **restricted** area.
（許可のない人はこの制限地区には入れません）

360 ventilation
[vèntəléiʃən]

名 換気
動 ventilate ... …を換気する

例 Because the **ventilation** is so poor, it is very humid inside the exhibition hall.
（換気があまりに悪いので、展示場の中はとてもじめじめしていますね）

メモリーチェック！

今回のセットの終わりに、1.〜15.の意味を30秒以内で言ってみよう。

- [ ] 1. renovation
- [ ] 2. distinguished
- [ ] 3. restricted
- [ ] 4. precaution
- [ ] 5. restore
- [ ] 6. excavate
- [ ] 7. ventilation
- [ ] 8. protective garment
- [ ] 9. usher
- [ ] 10. exhibition
- [ ] 11. venue
- [ ] 12. ruin
- [ ] 13. box office
- [ ] 14. masterpiece
- [ ] 15. booklet

UNIT 4

全単語 総チェック

Practice Test の前に再確認してみよう！　　正答数　　/ 90 個

Set 1 会議
- [ ] **summary** 要約
- [ ] **workshop** セミナー
- [ ] **annual** 毎年の
- [ ] **minute** 議事録
- [ ] **agenda** 議題
- [ ] **merger** 合併
- [ ] **controversy** 論議
- [ ] **argue** 議論する
- [ ] **dividend** 配当
- [ ] **debt** 負債
- [ ] **enhance . . .** …を高める
- [ ] **implement . . .** …を実施する
- [ ] **vote** 投票する
- [ ] **audit** 会計監査
- [ ] **reject . . .** …を拒絶する

Set 2 パーティ
- [ ] **privilege . . .** …に特権を与える
- [ ] **on behalf of . . .** …を代表して
- [ ] **achievement** 達成
- [ ] **in honor of . . .** …をたたえて
- [ ] **pay tribute to . . .** …に献辞を贈る
- [ ] **commemorate . . .** …を記念する
- [ ] **recognize . . .** …を認める
- [ ] **establish . . .** …を設立する
- [ ] **awards ceremony** 授賞式
- [ ] **be dedicated to . . .** …に献身している
- [ ] **outstanding** 抜きんでた
- [ ] **complimentary** 無償の
- [ ] **refreshment** 飲み物
- [ ] **help oneself to . . .** …を自由に取る
- [ ] **token** しるし、形見

Set 3 コマーシャル・録音メッセージ
- [ ] **launch** 開始する
- [ ] **take advantage of . . .** …を利用する
- [ ] **expertise** 専門技術
- [ ] **hesitate** ためらう
- [ ] **innovative** 革新的な
- [ ] **inquiry** 問い合わせ
- [ ] **invention** 発明
- [ ] **recall . . .** …を回収する
- [ ] **solution** 解決（策）
- [ ] **subscribe** 購読する
- [ ] **liquidation** 清算
- [ ] **voucher** 割引券
- [ ] **last** 続く
- [ ] **hang up** （電話を）切る
- [ ] **hold** （電話を）切らずに待つ

Set 4 ニュース・天気予報
- [ ] **weather forecast** 天気予報
- [ ] **call for . . .** （天気予報で）…と予想する
- [ ] **meteorologist** 気象学者
- [ ] **heat wave** 熱波
- [ ] **high pressure front** 高気圧前線
- [ ] **region** 地方
- [ ] **blizzard** 猛吹雪
- [ ] **hail** ひょう
- [ ] **freezing rain** 氷晶雨
- [ ] **flood** 洪水
- [ ] **humid** 湿った
- [ ] **inclement** 悪天候の
- [ ] **temperature** 温度
- [ ] **abate** （風などが）弱まる
- [ ] **evacuate** 避難する

Set 5 空港・機内放送
- [ ] **aisle** 通路
- [ ] **altitude** 高度
- [ ] **bound for . . .** …行きの
- [ ] **passenger** 乗客
- [ ] **fasten . . .** …を締める
- [ ] **land** 着陸する
- [ ] **delay . . .** …を遅らせる
- [ ] **stopover** 途中下車
- [ ] **transit** 通過
- [ ] **emergency exit** 非常口
- [ ] **refrain from . . .** …を控える
- [ ] **round-trip ticket** 往復チケット
- [ ] **turbulence** 乱気流
- [ ] **departure** 出発
- [ ] **customs clearance** 通関手続

Set 6 劇場・ガイドツアー
- [ ] **box office** 入場券売り場
- [ ] **exhibition** 展示
- [ ] **usher** 案内係
- [ ] **venue** 開催地
- [ ] **masterpiece** 傑作
- [ ] **booklet** 小冊子
- [ ] **ruin** 遺跡
- [ ] **renovation** 改装
- [ ] **excavate . . .** …を発掘する
- [ ] **precaution** 用心
- [ ] **distinguished** 際立った
- [ ] **restore . . .** …を復元する
- [ ] **protective garment** 防護服
- [ ] **restricted** 制限された
- [ ] **ventilation** 換気

UNIT 4
Set 7 ● Practice Test

Part 4 説明文問題

> **得点アップの秘訣**
>
> Part 4は、英文を聞き、その内容に関する質問について最も適切な答えを選ぶ問題だ。解法ポイントは Part 3 と同じ。先に質問を読んでおき、英文が流れている間は問われていることに集中して聞こう。

以下の手順で、問題を先読みしながら解いてみよう。(基本的な流れはPart 3と同じ)

---

1. 実際のテストでは、問題の解き方を説明する約25秒のアナウンスがある。ここでは、自分で25秒を測って、その間に1〜3の質問及び、できるだけたくさんの選択肢に目を通す。

---

2. CD を再生する。答えを探りながら英文を聞いて、答えが分かり次第、解答欄を塗りつぶす。解答時間として与えられている時間をできる限りたくさん残して次の4〜6の質問文と選択肢を読む。7〜9も同様に取り組む。

Set 7

1. Why was this meeting called?
   (A) To report on a company's business progress
   (B) To announce the opening of a new office
   (C) To celebrate a profitable deal
   (D) To pay tribute to retirees

2. Who is the speaker addressing?
   (A) Employees
   (B) Chemists
   (C) Stockholders
   (D) Executives

3. What will happen next?
   (A) A toast will be made.
   (B) The attendees will vote.
   (C) Awards will be presented.
   (D) The financial results will be explained.

解答欄

1. (A) (B) (C) (D)   2. (A) (B) (C) (D)   3. (A) (B) (C) (D)

UNIT 4

Practice Test

CD 02

☐ **4.** Which of the following was most likely to have caused the delay?
   (A) The wind was too violent.
   (B) The engine had some problems.
   (C) Someone tried to carry knives on board.
   (D) They were at too high an altitude.

☐ **5.** Why were the passengers asked to go back to their seats?
   (A) To watch a film
   (B) To check their safety belts
   (C) To be searched
   (D) To prepare for unsteady flying conditions

☐ **6.** Why are passengers asked to stay in their seats after the signs are turned off?
   (A) It will still be dangerous to walk around.
   (B) To keep the aisles clear
   (C) They will soon arrive at their destination.
   (D) To enjoy the scenery

解答欄

4. (A) (B) (C) (D)　　**5.** (A) (B) (C) (D)　　**6.** (A) (B) (C) (D)

Set 7

7. Where is this announcement most likely to be made?
   (A) At the airport
   (B) At a business meeting
   (C) On the radio
   (D) In a theater

8. Why is this sale being held?
   (A) The store plans to relocate.
   (B) The owner wants to remodel the store.
   (C) The store is opening a new branch.
   (D) The owner wants to retire from business.

9. On what item can customers get the greatest discount?
   (A) Cutting tools
   (B) Wall fixtures
   (C) Flooring tiles
   (D) Storage equipment

解答欄

7. (A) (B) (C) (D)   8. (A) (B) (C) (D)   9. (A) (B) (C) (D)

UNIT 4 Practice Test

Practice Test ● Part 4 説明文問題 スクリプトと解答

*解答のポイントとなる語句に色が付いている

Questions 1-3

Questions 1 through 3 refer to the following speech.

On behalf of the board of executives I'd like to thank all of you for attending our annual meeting. If you've had a chance to look at our financial statements, which we distributed earlier, I believe you will be satisfied with our business achievements in the last fiscal year and the considerable amount of dividends you will be receiving. But before I give you further details of our performance, as chairperson of the KT Group, I'm privileged to announce that we have successfully merged with Evergreen Chemical. I'm convinced that this merger fills an important niche in the chemical industry and makes us a truly perfect global business organization. Thus, as you will recognize, our business is expected to continue expanding year by year. To commemorate this landmark development we're going to have a big celebration on April 10. All of you are invited to that occasion, and you will receive detailed information soon. OK, let's get started.

[訳] 質問1から3は次のスピーチに関するものです。
　取締役会を代表致しまして、年次総会への皆さまのご参加に御礼を申し上げます。先ほどお配りしました決算報告書をご覧いただく機会がございましたら、わが社の前事業年度の営業成績および、お受け取り予定の相当な額の配当にご満足いただけるものと存じます。ですが、わが社の業績の詳細を申し上げる前に、KTグループの会長として次の発表をさせていただく光栄に浴したいと存じます。エバーグリーン化学と無事に合併致しました。この合併は化学産業市場の重要なすき間を埋めるもので、これによりわが社は真に完全な世界的企業組織になることができると確信しております。従いまして、皆さまお分かりのように、わが社の事業は年々拡大し続けていくと予想されております。この画期的な進展を記念すべく、4月10日に盛大な祝賀会を催す予定でございます。その節には皆様そろってのお越しをお待ちしております。詳しいことは追ってお知らせ申し上げます。では、始めましょう。

TOEIC 対策プラスアルファ　　　　　　　　　　　構文・語句のヒント

第2文 If you've ... の結論を表す後半 I belive ... 以下の構造は、our business achievements と the considerable amount of dividends がふたつ並び、satisfied with（満足している）の目的語となっている。

Set 7

1.【正解】(A)

[設問の訳] なぜこの会議は招集されたのですか？
(A) 会社の事業の進展について報告するため　(B) 新しい事務所の開設を発表するため
(C) 利益の上がる取引を祝うため　　　　　　(D) 退職者たちに賛辞を贈るため

【解説】 スピーチの問題で、集まりの目的が問われたら、スピーチの最初にヒントがあることが多い。冒頭部分を聞き逃さないように注意しよう。ここでは、annual meeting「年次(株主)総会」(→ p. 122) や financial statements「決算報告書」(→ p. 124 の debt の例文) などのキーワードから、決算報告を目的とした会議だと考えられる。それを包括的に述べている (A) が正解。(B) と (D) については全く言及されていない。(C) の deal は、Evergreen Chemical との合併のことだと考えられるが、それを「祝う」可能性があるのは4月10日であり、この会議ではない。

2.【正解】(C)

[設問の訳] 話し手は誰に話しかけていますか？
(A) 従業員たち　(B) 化学者たち　(C) 株主たち　(D) 重役たち

【解説】 冒頭で「役員」を代表して、年次株主総会への出席者(株主)に感謝を述べていることから、(C) が正解となる。ここだけでは自信を持って選べない場合は、全体からキーワードを拾って判断する。第2文の最後 dividends you will be receiving から、you は、dividend「配当」(→ p. 124) を受け取るとあるので、(C) か (D) かに絞られる。また、終わり部分の All of you are invited to that occasion から、you は会社が主催する会に招待される立場にあることが分かるので、聴衆は会社側の「役員」ではなく「株主」だと考えられる。

3.【正解】(D)

[設問の訳] 次に何が起こりますか？
(A) 乾杯がなされる。　(B) 出席者が投票する。
(C) 賞が授与される。　(D) 決算が報告される。

【解説】 英文の後の展開を問う質問だ。会議の目的や、スピーチの半ばで before I give you further details of our performance と、これから会社の業績を報告することを予告していることから、最も可能性の高い (D) が選べる。ほかの選択肢が正解になるためには、それに関するより具体的な言葉が述べられているはずだ。

UNIT 4 — Practice Test

Practice Test ● Part 4 説明文問題 スクリプトと解答

＊解答のポイントとなる語句に色が付いている

Questions 4-6

Questions 4 through 6 refer to the following announcement.

This is your captain speaking. Thank you for using ATK airlines. We hope you're enjoying a comfortable flight with us. We are currently flying over the Rocky Mountains and are expected to arrive at Denver Airport at 11:15, thirty minutes behind schedule. I'd like to apologize again for the delay in departure from Los Angeles airport due to some security problems. At this altitude we may experience some turbulence in a few minutes, so I'd like to ask you to go back to your seats and fasten your seatbelts. In the meantime, you can continue to enjoy our in-flight entertainment. Even after the seatbelt signs are turned off, I'd like to ask you to stay in your seats so that our flight attendants can better serve you some refreshments. Thank you.

［訳］質問4から6は次のアナウンスに関するものです。
　こちら機長です。ATK航空をご利用いただきありがとうございます。皆さま、私どもと共に快適な空の旅をお楽しみいただいておりますでしょうか。当機は現在、ロッキー山脈上空を飛行しており、デンバー空港には、定刻より30分遅れの11時15分に到着の予定です。保安上の問題により、ロサンゼルス空港からの出発が遅れましたことを再度おわび申し上げます。この高度では、数分のうちに若干の乱気流に遭遇することがあるかもしれません。お席にお戻りになり、シートベルトをお締めくださいますようお願い申し上げます。今しばらくは引き続き機内エンターテインメントをお楽しみいただけます。シートベルト着用のサインが消えました後も、客室乗務員が皆さまにお飲み物をお出ししやすいよう、ご着席くださいますようお願い申し上げます。ありがとうございました。

TOEIC 対策プラスアルファ　　　　構文・語句のヒント

behind schedule　予定より遅れて
in the meantime　その間に、一方では、そうこうするうちに
in-flight . . .　機内の …
so that A (主語) (can / may) do . . .　A が … できるように（この that はよく省略され、so だけで目的を表す節を導くことがある）

Set 7

4. 【正解】(C)

[設問の訳] 次のどれが遅延の原因となった可能性が最も高いですか？

(A) 風が激し過ぎた。　　　　　　　　　(B) エンジンに何らかの問題があった。
(C) 誰かがナイフを機内に持ち込もうとした。(D) 高度が高過ぎた。

【解説】 飛行機の「遅延」(delay→p. 139) 理由を尋ねる問題では、due to ...（…による）や because など、理由を説明する部分に答えのヒントがある。また、この問題のように apologize などのおわびの表現の前後で、その理由が述べられることも多い。ここでは、アナウンスの中盤で、security problems（保安上の問題）と説明している。それに該当する選択肢は (C) のみ。なお、security problems は、「保安」や「警備」上の問題を指し、(B) のような機械の問題は safety problems、または mechanical problems と言う。

---

5. 【正解】(D)

[設問の訳] なぜ乗客たちは席に戻るよう求められたのですか？

(A) 映画を見るため　　　　(B) 安全ベルトを点検するため
(C) 身体検査を受けるため　(D) 不安定な飛行状態に備えるため

【解説】 アナウンス中盤 we may experience some turbulence ... so（乱気流に遭遇するかもしれないので）から、それを言い換えている (D) が正解。そのほかは、英文に出てきた表現から連想しやすい単語を使った「引っ掛け」の選択肢。(A) は entertainment（娯楽）、(B) は seatbelt、(C) は security problems を断片的に聞いた人を惑わせようとしている。To be searched は「（危険物を所持していないか）身体検査される」ことを表す。turbulence (→p. 141) が聞き取れなかった場合には、常識を働かせて (D) のような答えを選んでおこう。

---

6. 【正解】(B)

[設問の訳] なぜ乗客たちは、サインが消えた後も席にとどまるよう求められているのですか？

(A) 歩き回るのがまだ危険だと思われるため。(B) 通路を空けておくため。
(C) まもなく目的地に着くため。　　　　　　(D) 景色を楽しむため。

【解説】 座席にとどまっていてほしい理由は、Even after ... I'd like to ask you to stay in your seats に続く so that ...（… のために）以下で述べられている。our flight attendants can better serve you some refreshments をそのまま言い換えている選択肢はないが、飲み物を配りやすくすることと関連がある (B) が正解。

UNIT 4

Practice Test

Practice Test ● Part 4 説明文問題 スクリプトと解答

＊解答のポイントとなる語句に色が付いている

Questions 7-9　CD 03

Questions 7 through 9 refer to the following announcement.

Clearance for renovation! Pete Brothers' sale begins on March 1. From bathroom fixtures, pots, and shovels, to canned paints and flooring material — we're offering discounts of 30 percent. The biggest excitement can be found with the electric saws and drills, all slashed by 40 percent! Preferred customers can use their vouchers during this exciting week too, which means you'll be allowed an amazing 50 percent discount! The discounts are so huge that you might think this is a liquidation sale! Don't worry. We're not closing down. We're just being reborn with a bright new look! DIY folks will be coming from all across the state. We have plenty of parking spaces for everyone but our fantastic products will only be sold on a first-come-first-served basis. So hurry to Pete Brothers! 150 Bluestreak Boulevard, just one mile from the Plywood Ballpark. The sale ends this Sunday, March 7. Don't miss it!

[訳] 質問7から9は次のアナウンスに関するものです。
　改装のための一掃セール！ ピート・ブラザーズのセールが3月1日に始まります。浴室備品、植木鉢、シャベルから缶入り塗料、床素材まで―すべて30パーセント引きにてご提供致します。一番の目玉商品は電動のこぎりとドリルで、すべて40パーセントの値下げです！ 優待顧客の方は、このワクワクする週の間でもお手持ちの割引券をご利用いただけます。つまり、なんと50パーセントの値引きになるということです！ こんなに大きな値引きなので、これは閉店セールだと思われるかもしれませんね！ 大丈夫。閉店は致しません。装いを全く新しくして、生まれ変わるだけです。日曜大工愛好家の皆さんが、州全土から集まってくるでしょう。皆さんのための駐車場は十分にありますが、いい商品は先着順での販売のみとなります。さあピート・ブラザーズまでお急ぎください！ プライウッド球場からたった1マイル先、ブルーストリーク大通り150番地です。このセールは3月7日、日曜日で終わります。お見逃しなく！

TOEIC対策プラスアルファ　　　　　　　　　　　　　　　構文・語句のヒント

From bathroom fixtures, pots and shovels, to canned paints and flooring material
このフレーズの骨組みは、from A to B（A から B まで）。A にあたるのが bathroom fixtures, pots and shovels、B にあたるのが canned paints and flooring material。fixtures は「据え付け式の備品」の意味。bathroom fixtures で具体的には「バスタブ」などを表す。

Set 7

7. 【正解】(C)

[設問の訳] このアナウンスが流れる可能性が最も高いのはどこですか？

(A) 空港で　(B) ビジネスの会議で　(C) ラジオで　(D) 劇場で

【解説】 アナウンス問題では、冒頭で聞き手に対する呼び掛けがあれば、それがヒントになってアナウンスが流れている場所が分かることが多い。冒頭で特定できない場合は、全体からキーワードを拾って判断する。ここでは、冒頭部分で店のセールの案内ということがすぐに分かり、(C) が選べる。

8. 【正解】(B)

[設問の訳] このセールは、なぜ行われるのですか？

(A) 店が移転予定である。　　　　　(B) 店主が店舗を改装したがっている。
(C) 店が新店舗を開く予定である。　(D) 店主が事業から引退したがっている。

【解説】 セールの理由は、冒頭の Clearance for renovation!「改装のための一掃セール！」とあるので、renovation「改装」(→ p. 143) を remodel で言い換えている (B) が選べる。また、中盤で We're just being reborn with a bright new look! と言っているところからも、再確認できる。ほかの選択肢については全く述べられていない。

9. 【正解】(A)

[設問の訳] 客はどの品物を最大の値引きで購入できますか？

(A) 切削工具　　　(B) 壁面備え付け式備品
(C) 床用タイル　　(D) 収納設備

【解説】 Part 4 では、英文全体に関する設問の後に、このような具体的な情報を問う設問が続くパターンが多い。質問を先に読んでおけば、聞かれているのは greatest discount（最大の値引き）であることが分かる。最上級を表す形容詞に注意して聞いていこう。中盤で the biggest excitement の後に electric saws and drills（電動のこぎりとドリル）が出てくる。その中の electric saws の言い換えとなる (A) が正解。

UNIT 4　Part 4　説明文

UNIT 1-4

9割正解を目標に！

リスニング・セクション総復習

CD2 04

Step 1 ハイレベル・チャレンジ

チェックシートをテキストにかぶせ、CDを聞きながら、ポーズの間に素早く日本語の意味を言ってみよう。

Step 2 スタンダードレベル・チャレンジ

Step 1 で意味が言えなかった単語については、つづりを見て思い出そう。

1. incentive ( )
2. applaud ( )
3. submit ( )
4. vendor ( )
5. inventory ( )
6. winding ( )
7. reflect ( )
8. invest ( )
9. accommodate ( )
10. detour ( )
11. assign ( )
12. launch ( )
13. warehouse ( )
14. agenda ( )
15. benefit ( )
16. reimburse ( )
17. budget ( )
18. designate ( )
19. endorse ( )
20. bid ( )
21. recommend ( )

Step 3 ベーシックレベル・チャレンジ

それでも思い出せないときは、各単語に相当する日本語を選び、上の( )に記入してみよう。

(A) 露天商人
(B) 倉庫
(C) 反映する
(D) 裏書する
(E) 指定する
(F) 予算
(G) 推薦する
(H) 開始する
(I) 提出する
(J) 迂回
(K) 議題
(L) 手当
(M) 入札
(N) 報奨
(O) 収容する
(P) 在庫
(Q) 投資する
(R) 配属する
(S) 曲がりくねった
(T) 拍手する
(U) 払い戻す

Step 4 スーパーチャレンジ！

Step 3 の日本語を英語で言ってみよう。

解答

1. (N) 2. (T) 3. (I) 4. (A) 5. (P) 6. (S) 7. (C) 8. (Q) 9. (O) 10. (J) 11. (R) 12. (H) 13. (B) 14. (K) 15. (L) 16. (U) 17. (F) 18. (E) 19. (D) 20. (M) 21. (G)

UNIT 5

Part 5、6 〈短文・長文穴埋め問題〉 によく出る単語（1）

Part 5 は短い文にあるひとつの空所、Part 6 は長文にある 3 つの空所に入る適切な語句を選ぶ問題だ。本当に難解な単語が正解の鍵となるのは、1 回の試験で 1、2 問しかない。この UNIT 5、6 に登場する語句を覚えるだけで、かなりの範囲の出題ポイントが押さえられるはずだ。

Set 1 可算or不可算が問われる名詞

Set 2 単語（1）

Set 3 単語（2）

Set 4 熟語（1）

Set 5 熟語（2）

Set 6 熟語（3）

Set 7 Practice Test Part 5
（短文穴埋め問題）

UNIT 5

Part 5, 6 によく出る単語(1)　学習日 1回目／ 2回目／ 3回目／

Set 1　可算 or 不可算が問われる名詞

可算（数えられる）名詞の複数形には、語尾に -s や -es が付く。不可算（数えられない）名詞には複数形はなく、通常、-s や -es が付かない。

361　baggage
[bǽgidʒ]
- U （旅行の）荷物
- 類 U luggage

例▶ Passengers are only allowed to bring on board two pieces of **baggage**.
（乗客はふたつの手荷物のみ飛行機に持ち込むことが許されている）

▶▶ only が修飾しているのは two pieces of baggage だが、置く位置は動詞の前が一般的。

362　information
[ìnfərméiʃən]
- U 情報
- 動 inform 知らせる

例▶ For further **information** please call our customer service center.（詳しい情報をお知りになりたい方は、カスタマーサービスセンターまでお電話ください）

　動詞の語法も重要 → inform 人 of / about ...（人に…を知らせる）

363　clothing
[klóuðiŋ]
- U 衣類（フォーマルな表現）
- 類 C clothes（日常表現）

例▶ In the event that there are any changes in the prices of the men's **clothing**, we'll only have to revise the first page of our brochure.
（紳士物衣料の価格に何らかの変更がある場合は、カタログの最初のページを修正するだけでよいだろう）

　clothes はいつも複数形で使う。a clothe とは言わない。

● 前回の単語覚えてる？ **usher**

364 equipment
[ikwípmənt]

- ⓤ 装置、装備
- 動 equip 装備する

例▶ As long as the old **equipment** works properly, we don't need to replace it.
（その古い装置が正しく動いている限りは、取り換える必要はない）

365 traffic
[trǽfik]

- ⓤ 交通、通行（量）〔金曜の夜から日曜まで〕

例▶ In general there is less **traffic** on weekends in the center of the city.（一般的に、都市の中心部では週末は交通量が少ない）

366 stationery
[stéiʃənèri]

- ⓤ 事務用品（stationary 形「静止した」との混同に注意）

例▶ Individual employees are not supposed to buy or order any **stationery** directly.（個々の従業員は、いかなる事務用品であれ、直接購入や注文をしないことになっている）

367 tuition
[tjuːíʃən]

- ⓤ 授業料
- 類 ⓒ fee (school fees 学費)

例▶ **Tuition** depends on the number of courses you take.
（授業料は選択するコースの数による）

368 workplace
[wɚ́ːrkplèis]

- ⓒ 職場

例▶ Smoking is prohibited at most **workplaces**.
（喫煙はほとんどの職場で禁止されている）

● 前回の単語覚えてる？　　**precaution**

369 fund
[fʌ́nd]
©　資金、基金

例▶ Due to overinvestment in developing new medicine, the pharmaceutical company faces a serious shortage of **funds**.（新薬開発への過剰投資のため、その製薬会社は深刻な資金不足に直面している）

> 動詞 raise とともによく使われる→raise funds（資金を集める）

370 opportunity
[ὰpərtjúːnəti]
© Ⓤ　機会

例▶ You can find a lot of business **opportunities** at trade fairs.
（見本市では、多くのビジネスの機会を見つけることができる）

371 profit
[práfit]
© Ⓤ　利益
形 profitable 利益のある

例▶ This year's big **profits** ensured good dividends.
（今年の大きな利益は高配当を保証した）

> 意味から考えると不可算のような印象があるが、可算名詞としても使われる。profits と -s が付いていると間違いだと思ってしまう人が多いので特に注意。

372 source
[sɔ́ːrs]
©　源
類 © resource 資源

例▶ The bond manager takes advantage of his diverse **sources** of information.
（その債券ディーラーは、自分の多様な情報源をうまく利用している）

可算or不可算が問われる名詞　Set 1

373 human [hjú:mən]
- C 人間
- 類 C human being 人類

例 Using **humans** as test subjects is strictly prohibited.
（人間を被験者として使うことは、固く禁じられている）

374 means [mí:nz]
- C 方法、手段（単複同形）
- 類 C way / method（→p.212）

例 The mechanic said there was a **means** of fixing the ventilation system.
（修理工は、その換気システムを修理する方法があると言っていた）

- 「意味」という単語は **meaning**。混同に注意しよう。
- 例のように単数でも最後に -s が付く。series や species も同じ。

375 variety [vəráiəti]
- C 種類
- 形 varied / various さまざまな

例 A **variety** of hand tools were excavated at the site.
（さまざまな工具が遺跡から発掘された）

- 動詞 vary（さまざまである）も重要。very と間違わないように。

メモリーチェック！
今回のセットの終わりに、1.～15.の意味を30秒以内で言ってみよう。

- [ ] 1. profit
- [ ] 2. equipment
- [ ] 3. source
- [ ] 4. traffic
- [ ] 5. stationery
- [ ] 6. opportunity
- [ ] 7. workplace
- [ ] 8. information
- [ ] 9. clothing
- [ ] 10. baggage
- [ ] 11. variety
- [ ] 12. human
- [ ] 13. fund
- [ ] 14. tuition
- [ ] 15. means

UNIT 5
Set 2 ● 単語 (1)

Part 5、6 によく出る単語(1)

CDで意味と発音、例文を確認したら、繰り返し声に出して読もう。

---

376 **admit ...** [ædmít]
- 動 …を認める、入院させる
- 名 admission 入場、入学

例 This insurance covers the cost of all treatment from the day you are **admitted to** a medical institution.
（この保険は、医療施設に入院した当日からのすべての治療費を補償する）

💡「…への入院」のように場所を示す場合、to を用いる。

---

377 **analyze ...** [ǽnəlàiz]
- 動 …を分析する
- 名 analysis 分析

例 The dedicated inspectors **analyzed** all the evidence relating to the crime.
（熱心な捜査官は、その犯罪にかかわるすべての証拠を分析した）

---

378 **assume ...** [əsúːm]
- 動 …と想定する
- 名 assumption 想定

例 The exporter **assumed** that installment shipments would be acceptable.
（その輸出業者は、分割積みが受け入れられるだろうと想定していた）

---

379 **ban ...** [bǽn]
- 動 …を禁止する
- 類 prohibit / forbid

例 Disposal of the hazardous chemical into the river has been **banned**.（河川への危険化学物質の廃棄は禁止されている）

前回の単語覚えてる？　　**profit**

380 complete ...
[kəmplíːt]
- 動 …を完成させる
- 形 完全な
- 名 completion 完成

例▶ The contractor asked for a week's extension to **complete** the renovation.
（請負業者は、改装を完成するために1週間の延長を求めた）

381 dispatch ...
[dispǽtʃ]
- 動 …を送り出す
- 名 派遣、迅速

例▶ We **dispatched** the specimen by courier for your evaluation.
（あなたに評価していただくために、標本を宅配で発送しました）

💡 名詞の用法も重要 → with dispatch（急ぎで）

382 ensure ...
[inʃúər]
- 動 …を確実にする

例▶ To **ensure** safe operation we implement annual overhauls of all the equipment in this facility.
（安全操業を確実にするために、この施設のすべての設備に対し、年に一度の総点検を実施している）

383 generate ...
[dʒénərèit]
- 動 …を生み出す

例▶ The company has invested a large amount of money to develop a device which can **generate** clean energy.
（その会社は、汚染を引き起こさないエネルギーを生み出すことができる装置の開発に多額の投資をしている）

● 前回の単語覚えてる?　　**variety**

384 **possess ...**
[pəzés]
- 動 …を所有する
- 名 possession 所有

例 The successful candidate must **possess** good computer skills. (採用される候補者は、優れたコンピューター技術を有していなければならない)

385 **prevent ...**
[privént]
- 動 …を妨げる
- 名 prevention 防止

例 The inclement weather **prevented** our flight **from** departing on time.
(悪天候でわれわれのフライトの定刻通りの出発が妨げられた)

- prevent A from doing (A が…することを妨げる) と同じ使い方をする、「…させない」という意味を持つ動詞を覚えておこう。
  [keep / ban / prohibit] A from doing
- 形容詞も重要 → preventive (予防の)

386 **pursue ...**
[pərsúː]
- 動 …を追求する
- 名 pursuit 追求
- 類 quest

例 In capitalism, **pursuing** a profit is encouraged.
(資本主義では、利益の追求が奨励される)

387 **reveal ...**
[rivíːl]
- 動 …を明らかにする
- 名 revelation 暴露

例 The thorough investigation **revealed** that EVL Ltd. had long used a banned substance.
(徹底捜査によって、EVL社が禁止薬物を長く使っていたことが明らかになった)

単語 (1)

Set 2

388 revise ...
[riváiz]
- 動 …を改訂する
- 名 revision 改訂

例 The editor told us that the **revised** draft is due next Thursday.
(編集者はわれわれに、次の木曜日までに原稿を改訂するようにと言った)

389 specialize (in ...)
[spéʃəlàiz]
- 動 (…を)専門とする

例 The company **specializes in** transporting and storing frozen food.
(その会社は、冷凍食品の輸送と貯蔵を専門としている)

390 verify ...
[vérəfài]
- 動 …を証明する
- 名 verification 証明

例 Please submit a certificate of origin **verified** by a notary.
(公証人によって証明された原産地証明書を提出してください)

メモリーチェック！ 今回のセットの終わりに、1.～15.の意味を30秒以内で言ってみよう。

- 1. reveal
- 2. verify
- 3. possess
- 4. specialize
- 5. pursue
- 6. revise
- 7. prevent
- 8. generate
- 9. dispatch
- 10. complete
- 11. ban
- 12. assume
- 13 analyze
- 14. ensure
- 15. admit

UNIT 5 Part 5・6 短文・長文穴埋め

UNIT 5 — Part 5, 6 によく出る単語(1)

Set 3 ● 単語(2)

CDで意味と発音、例文を確認したら、繰り返し声に出して読もう。

---

391 individual [ìndəvídʒuəl]
- 形 個々の
- 名 個人
- 副 **individually** 個別に

例 Negotiations about contract renewal are held between the management and **individual** employees.
（契約更新の交渉が、経営側と個々の従業員との間で行われる）

---

392 precedent [présədənt]
- 名 先例
- 形 **precedented** 先例のある
- 反 **unprecedented**

例 Mr. Lyn set a **precedent** by being the first part-timer to be named "Employee of the Year." （リンさんは「年間最優秀社員」に指名された最初のパート従業員となり、先例を作った）

---

393 extraordinary [ikstrɔ́ːrdənèri]
- 形 非凡な
- 副 **extraordinarily** 非常に

例 Restoring such an old building in just two weeks was an **extraordinary** feat.
（あんな古い建物をたった2週間で修復したのは、非凡な離れ業だった）

---

394 hazardous [hǽzərdəs]
- 形 危険な
- 類 **harmful**
- 名 **hazard** 危険

例 No one is allowed to handle **hazardous** chemicals without permission.
（誰も許可なしに危険化学物質を扱うことはできない）

●前回の単語覚えてる？　**verify**

395 **intensive** [inténsiv]
- 形 集中的な
- 名 intensiveness 激しさ

例▶ New employees undergo an **intensive** on-the-job training before being assigned to each section.
（新入社員は、各部署に配属される前に集中的な実地訓練を受ける）

派生語も重要 → 名 intensity（強烈さ）
形 intense（激しい、強い）(intense light「強い日差し」)

396 **enormous** [inɔ́ːrməs]
- 形 膨大な
- 類 huge / immense

例▶ Many financial institutes are suffering from **enormous** amounts of bad loans.
（多くの金融機関が、膨大な額の不良債権に苦しんでいる）

397 **conflict** (with ...)
- 名 [kánflikt]（…との）対立
- 動 [kənflíkt]（…と）対立する

例▶ **Conflict** among workers can affect their efficiency and productivity.
（従業員間の対立は、能率性と生産性に影響を与えることがある）

398 **extremely** [ikstríːmli]
- 副 極端に、非常に
- 形 extreme 極端な

例▶ Our aggressive sales strategy went **extremely** well.
（われわれの積極的な販売戦略は、非常にうまくいった）

● 前回の単語覚えてる?　　　**admit**

399 counterpart
[káuntərpà:rt]
名 相当する人・物

例 Our president demanded direct talks with his **counterpart** in the organization which is trying to take over our company.
(わが社の社長は、わが社を乗っ取ろうとしている組織のトップとの直接の話し合いを要求した)

400 revolutionize ...
[rèvəlú:ʃənàiz]
動 …に革命を起こす
名 revolution 革命

例 The doctor's invention **revolutionized** cosmetic surgery.
(その医師の発明は美容整形に革命を起こした)

関連語 revolve（回転する）も重要。

401 evolution
[èvəlú:ʃən]
名 進化
動 evolve 進化する

例 Genetic science serves to study the **evolution** of living things.
(遺伝子科学は生物の進化の研究に役立つ)

402 extinct
[ikstíŋkt]
形 絶滅した
名 extinction 絶滅

例 What made the species **extinct** has not been revealed yet.
(何がその種を絶滅させたかということは、まだ明らかにされていない)

extinct は形容詞。動詞や名詞と誤解している人が多いので、再確認しておこう。

単語 (2)

Set 3

403 obligation
[àbləgéiʃən]

名 義務
動 oblige 余儀なくさせる

例 Anyone who neglects **obligations** agreed to in the contract risks being sued.
(契約書で同意した義務を怠る者は誰でも、訴えられる危険がある)

▶ who から contract は Anyone を修飾している。また、agreed の前には which are が省略されていると考えると分かりやすい。

oblige は受身でよく使われる→ be obliged to do (…する義務がある)

404 consecutive
[kənsékjutiv]

形 連続した
副 consecutively 連続して

例 The company's stock price has continued to grow for three **consecutive** weeks.
(その会社の株価は3週間連続で上昇している)

405 steadily
[stédili]

副 着実に
形 steady 着実な

例 The reputation of the company has been **steadily** enhanced. (その会社の評判は着実に高まってきている)

メモリーチェック！

今回のセットの終わりに、1.～15.の意味を30秒以内で言ってみよう。

- [ ] 1. evolution
- [ ] 2. steadily
- [ ] 3. consecutive
- [ ] 4. obligation
- [ ] 5. extremely
- [ ] 6. revolutionize
- [ ] 7. extinct
- [ ] 8. counterpart
- [ ] 9. conflict
- [ ] 10. intensive
- [ ] 11. hazardous
- [ ] 12. precedent
- [ ] 13. individual
- [ ] 14. extraordinary
- [ ] 15. enormous

UNIT 5 Part 5・6 短文・長文穴埋め

Set 4 熟語(1) 訳を見て英語が言えるようになろう！

CDで意味と発音、例文を確認したら、繰り返し声に出して読もう。

406 according to ... 〔熟〕…によると、…に従って

例 **According to** the newspaper, train fares will be raised next year.（新聞によると、電車賃が来年上げられる予定だ）

407 in accordance with ... 〔熟〕…に従って

例 **In accordance with** the contract, we have to complete the construction by the 31st.
（契約に従って、われわれは工事を31日までに完了しなければならない）

※ according to との違いに注意！ 前置詞は to ではない！

408 aside from ... 〔熟〕…のほかに、…は別として
〔類〕in addition to / besides

例 **Aside from** planning our itinerary, the agent booked hotels at all the destinations.（旅程の作成のほかに、その代理店はすべての目的地でのホテルを予約してくれた）

409 be apt to do 〔熟〕…する傾向にある
〔類〕[tend / be inclined] to do

例 On the winding and slippery road, drivers **are apt to** have accidents.
（曲がりくねった滑りやすい道路では、運転者は事故を起こしやすい）

●前回の単語覚えてる？　**consecutive**

410 be based on ...
熟 …に基づいている

例 The medical report **was based on** an analysis of 3,000 sufferers' symptoms.
（その医療報告書は、3000人の患者の症状の分析に基づいていた）

411 be composed of ...
熟 …から構成される
類 be made up of ...

例 BOOM Securities' personnel department **is composed of** two divisions.
（BOOM証券の人事部はふたつの部門で構成されている）

consist of ... は能動態で使われる。
BOOM Securities' personnel department **consists of** two divisions.

412 in opposition to ...
熟 …に反対して

例 Most of the executives are **in opposition to** the merger.
（ほとんどの重役が合併に反対している）

413 conform to ...
熟 …に従う
類 comply with ...

例 The sales strategy does not **conform to** the company's policy.
（その販売戦略は会社の方針に従っていない）

● 前回の単語覚えてる?　　**steadily**

---

414 **in progress**　熟 進行中で

例▶ The investigation is still **in progress**, but so far the inspector has not been able to determine the cause of the explosion. (調査はまだ進行中だが、今のところ調査官は爆発の原因を特定できていない)

---

415 **be eligible for ...**　熟 …の資格がある

例▶ Not all employees **are eligible for** the welfare plan.
(すべての従業員に福利制度の資格があるわけではない)

💬 不定詞が続くこともある。

Only stockholders **are eligible to** vote at the annual stockholders' meeting. (株主だけが、年次株主総会で投票する資格がある)

---

416 **be likely to do**
熟 …しそうである
反 be unlikely to do …しそうにない

例▶ According to the weather forecast, the temperature **is likely to** rise again in this region.
(天気予報によると、この地方で気温が再び上がりそうだ)

---

417 **be taken into [consideration / account]**　熟 考慮に入れられる

例▶ An employee's qualifications should **be taken into consideration** when he is assigned to a different division. (社員が持っている資格は、ほかの部署に配属される時に考慮に入れられるべきだ)

熟語 (1)

Set 4

418 make up for ...
熟 …の埋め合わせをする
類 compensate (→p. 241)

例 The accountant worked overtime to **make up for** his colleague's mistakes.
(その会計士は、同僚のミスを埋め合わせるために残業した)

419 carry out ...
熟 …を実行する

例 The government representative **carried out** the investigation.
(政府代行機関がその調査を行った)

420 depend on ...
熟 …に依存する、頼る
類 [rely / rest / count] on ...

例 A manufacturer's success can **depend on** its ability to improve its productivity.
(製造業者の成功は、生産性を向上させる能力に依存し得る)

メモリーチェック!

今回のセットの終わりに、1.～15.の( )を埋めて熟語を思い出そう。

- 1. be taken ( ) consideration
- 2. be likely ( ) do
- 3. depend ( )
- 4. carry ( )
- 5. be eligible ( )
- 6. conform ( )
- 7. ( ) progress
- 8. make up ( )
- 9. aside ( )
- 10. in accordance ( )
- 11. be apt ( ) do
- 12. be based ( )
- 13. in opposition ( )
- 14. according ( )
- 15. be composed ( )

UNIT 5 Part 5、6 によく出る単語(1)

Set 5 熟語(2) 訳を見て英語が言えるようになろう！

CDで意味と発音、例文を確認したら、繰り返し声に出して読もう。

421 in effect 熟 事実上

例 Our pharmaceutical department is, **in effect**, going to be taken over by the Australian company.
（わが社の製薬部門は事実上オーストラリアの会社に合併される予定だ）

422 indifferent to ... 熟 …に無関心である

例 No one in this industry can afford to be **indifferent to** the preferences of middle-aged consumers.（この業界では、中年消費者のし好に無関心でいられる余裕のある者などいない）

423 key to ... 熟 …への秘けつ

例 One **key to** success as a sales representative is not to be too aggressive when selling.（営業マンとして成功するひとつの秘けつは、売り込みの際にあまり積極的になり過ぎないことだ）

424 look to ... 熟 …を当てにする
類 turn to ...

例 Subsidiary companies can not always **look to** their parent companies for funds.
（子会社はいつも親会社の資金を当てにできるとは限らない）

●前回の熟語覚えてる? **conform ( )**

425
refer to A as B 〔熟〕AをBと呼ぶ

例 A wealthy and very influential businessman is sometimes **referred to as** a "tycoon."
(富裕でとても影響力のあるビジネスマンは時々「大物」と呼ばれる)

426
account for ... 〔熟〕…を占める、説明する

例 Female electricians **account for** less than 3 percent in this company.
(この会社で女性の電気技師が占める割合は3パーセントに満たない)

427
on account of ... 〔熟〕…の理由で
〔類〕due to ... / because of ...

例 Once you buy the insurance, the premium will not increase **on account of** your age. (いったんその保険を購入すれば、年齢を理由に保険料が上がるということはない)

 account for と混同して on account for も OK だと錯覚しないようにしよう。

428
set aside ... 〔熟〕…を積み立てる、取っておく

例 If you **set aside** a small amount in your savings account every month, it will accumulate to a considerable sum in ten years.
(もし普通預金に毎月小額でも積み立てていけば、10年後にはかなりの金額がたまるだろう)

● 前回の熟語覚えてる？　　( ) progress

429　suitable for ...
熟 …に合う

例 Your attire is not **suitable for** today's formal business occasion.
（あなたの服装は、今日のような公式なビジネスの場にはふさわしくない）

430　superior to ...
熟 …より優れている
名 superiority 優越性

例 The quality of contemporary plastic is far **superior to** that of plastic in its early history.（現代のプラスチックの品質は、出始めのころのプラスチックよりずっと優れている）

> 反意語も重要 → inferior to ...（…より劣っている）
> superior は比較の意味を含むので、more superior とはならない。また、対象を表すには than ではなく to を使う。
> more superior ... ×　superior than ... ×

431　go through ...
熟 …を体験する、通り抜ける

例 In order to survive the recession, the company **went through** a drastic restructuring process.
（不況に生き残るために、その会社は劇的な組織再編成を行った）

432　take [steps / measures]
熟 対策を講じる

例 Lawmakers know they have to **take steps** to curb the rising unemployment rate.（議員たちは、失業率の上昇を抑止するためには対策を講じなければならないと分かっている）

熟語 (2) Set 5

433 under consideration
熟 考慮中で

例 Mr. Coen's expansion plan is now **under consideration**.
(コーエン氏の拡張計画は現在考慮中だ)

434 range from A to B
熟 AからBの範囲にわたる

例 The causes of the high incidence of disease in that area **range from** poor hygiene **to** crowded housing conditions.
(その地区で病気の発生率が高い原因は、粗悪な衛生状態から密集した住居環境にわたっている)

435 be credited for ...
熟 …に功績がある

例 The scientist admitted that, in effect, his assistant had **been credited for** the discovery.
(その科学者は、実際には、彼の助手がその発見に功績があったことを認めた)

メモリーチェック!

今回のセットの終わりに、1.～15.の( )を埋めて熟語を思い出そう。

- [ ] 1. indifferent ( )
- [ ] 2. refer ( ) A as B
- [ ] 3. look ( )
- [ ] 4. account ( )
- [ ] 5. key ( )
- [ ] 6. ( ) effect
- [ ] 7. on account ( )
- [ ] 8. range ( ) A to B
- [ ] 9. go ( )
- [ ] 10. ( ) consideration
- [ ] 11. take ( )
- [ ] 12. set ( )
- [ ] 13. superior ( )
- [ ] 14. be credited ( )
- [ ] 15. suitable ( )

UNIT 5　Part 5, 6 によく出る単語(1)　学習日 1回目 ／　2回目 ／　3回目 ／

Set 6　熟語 (3) 訳を見て英語が言えるようになろう！

CDで意味と発音、例文を確認したら、繰り返し声に出して読もう。

436
in terms of ... 熟 …の観点から、…に関して

例▶ The new president tries to evaluate each section's performance only **in terms of** money.
(新しい社長は、各部の成績を金銭的な観点からしか評価しようとしない)

437
put A through to B 熟 Aの電話をBにつなぐ

例▶ After holding the line for five minutes Ms. Walso was finally **put through to** the person in charge. (電話で5分間待たされた後、ワルソーさんはやっと担当者につないでもらえた)

438
with regard to ... 熟 …に関して

例▶ **With regard to** the reimbursement policy, please refer to the handbook. (払い戻しの方針に関しては小冊子をご覧ください)

439
regardless of ... 熟 …にかかわらず

例▶ Through this service, a certain fixed amount is charged per month **regardless of** the number of calls you make.
(このサービスでは、かけた電話の数にかかわらず毎月ある一定の金額が請求される)

⚠ regardless **with** ... は間違い！

前回の熟語覚えてる?　account (　　)

440 be subject to ...
熟 …の対象となる、…を免れない

例 The prices in this table **are subject to** change without advance notice.
(この表の価格は事前の通知なしに変更されることがある)

441 take ... for granted
熟 …を当然と思う

例 People **take** it **for granted** that they do not earn any interest when depositing money in their checking accounts.
(当座預金にお金を預けても利息を得られないのは当然だと人々は思っている)

442 congratulate A on B
熟 AをBのことで祝う

例 All of Ben's colleagues **congratulated** him **on** his record sales.
(ベンの同僚全員が、彼の記録的な売り上げに対して彼に祝福を述べた)

443 comment on ...
熟 …に関して論評する

例 The minister **commented on** the consecutive accidents in the power plant.
(大臣はその発電所での連続事故について談話を発表した)

● 前回の熟語覚えてる？　refer ( ) A as B

444 come up with ...
熟 …を工夫して思い付く

例 The young computer engineer was credited for **coming up with** the innovative solution to the order processing problem.
（その若いコンピューター技師には、注文処理問題に対する革新的な解決法を生み出した功績があった）

445 come down with ...
熟 …に倒れる、(病気に)なる

例 The factory workers **came down with** the infectious disease one after another.
（工場の作業員は、次から次へと伝染病に倒れていった）

446 in advance
熟 前もって

例 In accordance with the employment contract, you have to submit your resignation at least one month **in advance**.（雇用契約書に従って、辞職願は少なくとも1カ月前に提出しなければならない）

447 in particular
熟 特に
類 among others / especially

例 The accountant specializes in tax laws, **in particular**, how to get tax breaks.
（その会計士は税法、特に税の優遇措置を受ける方法を専門としている）

⚠ in particular**ly** は間違い！

熟語 (3)

Set 6

448　in general　熟 一般的に、全体として

例 **In general**, shops are reluctant to give refunds for perishables. (一般的に、店は生鮮食品に対しての払い戻しを渋る)

449　on average　熟 平均して

例 **On average** the company has given a 3 to 5 percent dividend every year for the last five years. (その企業はここ5年間、平均して毎年3～5パーセントの配当を出している)

　in averageは間違い！

450　among others　熟 とりわけ、中でも
類 above all / in particular

例 We have some urgent items on the agenda this morning, **among others**, how to deal with users' complaints about the new model.
(今朝の議題では緊急項目がいくつかあります。とりわけ新型モデルに対するユーザーの苦情処理の仕方です)

メモリーチェック！
今回のセットの終わりに、1.～15.の ( ) を埋めて熟語を思い出そう。

- 1. comment ( )
- 2. ( ) average
- 3. ( ) general
- 4. ( ) others
- 5. ( ) advance
- 6. come down ( )
- 7. ( ) particular
- 8. come up ( )
- 9. congratulate A ( ) B
- 10. regardless ( )
- 11. take ... ( ) granted
- 12. put A ( ) to B
- 13. ( ) terms of
- 14. be subject ( )
- 15. ( ) regard to

UNIT 5

全単語 総チェック

Practice Test の前に再確認してみよう！　　正答数　　/ 90個

Set 1 可算 or 不可算が問われる名詞
- [ ] **baggage** 荷物
- [ ] **information** 情報
- [ ] **clothing** 衣類
- [ ] **equipment** 装置
- [ ] **traffic** 交通
- [ ] **stationery** 事務用品
- [ ] **tuition** 授業料
- [ ] **workplace** 職場
- [ ] **fund** 資金
- [ ] **opportunity** 機会
- [ ] **profit** 利益
- [ ] **source** 源
- [ ] **human** 人間
- [ ] **means** 方法
- [ ] **variety** 種類

Set 2 単語 (1)
- [ ] **admit . . .** …を認める
- [ ] **analyze . . .** …を分析する
- [ ] **assume . . .** …と想定する
- [ ] **ban . . .** …を禁止する
- [ ] **complete . . .** …を完成させる
- [ ] **dispatch . . .** …を送り出す
- [ ] **ensure . . .** …を確実にする
- [ ] **generate . . .** …を生み出す
- [ ] **possess . . .** …を所有する
- [ ] **prevent . . .** …を妨げる
- [ ] **pursue . . .** …を追求する
- [ ] **reveal . . .** …を明らかにする
- [ ] **revise . . .** …を改訂する
- [ ] **specialize** 専門とする
- [ ] **verify . . .** …を証明する

Set 3 単語 (2)
- [ ] **individual** 個々の
- [ ] **precedent** 先例
- [ ] **extraordinary** 非凡な
- [ ] **hazardous** 危険な
- [ ] **intensive** 集中的な
- [ ] **enormous** 膨大な
- [ ] **conflict** 対立
- [ ] **extremely** 極端に
- [ ] **counterpart** 相当する人
- [ ] **revolutionize . . .** …に革命を起こす
- [ ] **evolution** 進化
- [ ] **extinct** 絶滅した
- [ ] **obligation** 義務
- [ ] **consecutive** 連続した
- [ ] **steadily** 着実に

Set 4 熟語 (1)
- [ ] **according to . . .** …によると
- [ ] **in accordance with . . .** …に従って
- [ ] **aside from . . .** …のほかに
- [ ] **be apt to do** …する傾向にある

- [ ] **be based on ...** …に基づいている
- [ ] **be composed of ...**
  …から構成される
- [ ] **in opposition to ...** …に反対して
- [ ] **conform to ...** …に従う
- [ ] **in progress** 進行中で
- [ ] **be eligible for ...**
  …の資格がある
- [ ] **be likely to do** …しそうである
- [ ] **be taken into [consideration / account]**
  考慮に入れられる
- [ ] **make up for ...**
  …の埋め合わせをする
- [ ] **carry out ...** …を実行する
- [ ] **depend on ...** …に依存する

Set 5 熟語 (2)
- [ ] **in effect** 事実上
- [ ] **indifferent to ...**
  …に無関心である
- [ ] **key to ...** …への秘けつ
- [ ] **look to ...** …を当てにする
- [ ] **refer to A as B** AをBと呼ぶ
- [ ] **account for ...** …を占める
- [ ] **on account of ...** …の理由で
- [ ] **set aside ...** …を積み立てる
- [ ] **suitable for ...** …に合う
- [ ] **superior to ...** …より優れている
- [ ] **go through ...** …を体験する
- [ ] **take [steps / measures]**
  対策を講じる
- [ ] **under consideration** 考慮中で
- [ ] **range from A to B**
  AからBの範囲にわたる
- [ ] **be credited for ...**
  …に功績がある

Set 6 熟語 (3)
- [ ] **in terms of ...** …の観点から
- [ ] **put A through to B**
  Aの電話をBにつなぐ
- [ ] **with regard to ...** …に関して
- [ ] **regardless of ...** …にかかわらず
- [ ] **be subject to ...** …の対象となる
- [ ] **take ... for granted**
  …を当然と思う
- [ ] **congratulate A on B**
  AをBのことで祝う
- [ ] **comment on ...**
  …に関して論評する
- [ ] **come up with ...**
  …を工夫して思い付く
- [ ] **come down with ...** …に倒れる
- [ ] **in advance** 前もって
- [ ] **in particular** 特に
- [ ] **in general** 一般的に
- [ ] **on average** 平均して
- [ ] **among others** とりわけ

UNIT 5
Set 7 ● Practice Test

Part 5 短文穴埋め問題   制限時間5分

> **得点アップの秘訣**
>
> Part 5はまず選択肢を読み、問題パターンを見極めよう。選択肢に「同じ語句のさまざまな形」が並んでいたら文法問題、「異なった語句」が並んでいたら語彙問題だ。文法問題では、接続詞以外は「空所の前後だけ見れば解ける」ものがほとんどだ。語彙問題にしても、前後のつながりだけで答えが判断できることが多いので、なるべく少ない範囲を見て答えを選んでいく習慣をつけよう。

選択肢（A）〜（D）の中から空所に入る最も適切なものを選び、解答欄にマークしてください。

☐ 1. Farmers in this area have few ------- for off-farm employment and for otherwise generating income.
 (A) profits
 (B) information
 (C) opportunities
 (D) baggage

☐ 2. The restoration work on the building has been ------- carried out, and some of the building is now operable.
 (A) extraordinarily
 (B) steadily
 (C) extremely
 (D) hazardously

解答欄　1. (A)(B)(C)(D)　2. (A)(B)(C)(D)

3. Whether you are ------- for the benefits or not depends on how long you have worked for this company.
(A) ensured
(B) admitted
(C) based
(D) eligible

4. Many residents are ------- opposition to building a nuclear plant.
(A) in
(B) at
(C) on
(D) for

5. To learn about the state-of-the-art equipment very quickly, the trainees have to take a two-week ------- course at the headquarters.
(A) intensely
(B) intense
(C) intensive
(D) intensiveness

6. How much ------- the site has should be taken into account in assessing the need for a crossing.
(A) source
(B) traffic
(C) equipment
(D) vehicle

UNIT 5 — Practice Test

☐ **7.** Under the pressure of increased competition, the management began to dismiss some unskilled workers in order to ------- efficiency.
 (A) prevent
 (B) assume
 (C) conflict
 (D) pursue

☐ **8.** The workshop will be carried out next month ------- of the number of people who sign up.
 (A) in terms
 (B) in accordance
 (C) regardless
 (D) indifferent

☐ **9.** The wholesaler refused to pay for the shipment, insisting that it didn't ------- to the specification required.
 (A) according
 (B) conform
 (C) comply
 (D) look

☐ **10.** Loan approval is ------- to the credibility of the individual applicant.
 (A) subject
 (B) likely
 (C) superior
 (D) apt

解答欄　**7.** (A) (B) (C) (D)　**8.** (A) (B) (C) (D)　**9.** (A) (B) (C) (D)　**10.** (A) (B) (C) (D)

Practice Test ● Part 5 短文穴埋め問題 解答

1.【正解】(C)
【訳】 この地域の農民たちは、農場以外での雇用及び、それ以外で収入を生みだす機会がほとんどない。

(A) 利益　(B) 情報　(C) 機会　(D) 荷物

【解説】 空所の直前にある few が修飾する名詞は必ず可算名詞の複数形なので (A) profits (→ p. 162)、(C) opportunities (→ p. 162) が残る。for off-farm employment (農場外での雇用に対しての) につながって意味をなすのは (C)。

2.【正解】(B)
【訳】 建物の復元作業は着々と行われてきており、いくらかの部分はもう操業可能になっている。

(A) 異常に　(B) 着実に　(C) 極端に　(D) 危険に

【解説】 語彙問題でも適切な副詞を選ぶ問題は多い。修飾する動詞に注意して、大きく骨格の意味を取る。「作業は…に行われて今は使える」という空所には肯定的な意味が来るので (B) steadily (→ p. 171) が適切。

3.【正解】(D)
【訳】 その手当をもらう資格があるかどうかは、あなたがこの会社でどれくらい長く働いているかによる。

(A) 保証された　(B) 認められた　(C) 基づかれた　(D) 資格がある

【解説】 空所の後ろの for に注目し、意味が成り立ち、かつ後ろに for がつながるものを選ぶ。この条件を満たす (D) be eligible for (→ p. 174) が正解。(B) admit (→ p. 164) は、後ろに [to ＋場所] が来るので不適切。

4.【正解】(A)
【訳】 多くの住民が原子力発電所の建設に反対している。

(A) …の中に　(B) …に　(C) …の上に　(D) …のために

【解説】 前置詞の判別問題では、まずは空所の前後だけを見て選んでみる。opposition to の前に付くのは in (→ p. 173) なので (A) が正解。この to は不定詞の to

ではなく純粋な前置詞なので、後には原形の do ではなく動名詞の doing が続くことも覚えておきたい。

5.【正解】(C)

【訳】最新式の装置について迅速に学ぶため、研修生は本部で2週間の集中コースを受けなければならない。

(A) 激しく (B) 激しい (C) 集中的な (D) 激しさ

【解説】品詞の判別問題。空所が名詞の前にあることから、名詞を修飾する形容詞である可能性が高いので、副詞の (A) と名詞の (D) は落とす。ふたつの形容詞のうち、(B) の「激しいコース」では意味が通らない。従って (C) intensive (→ p. 169) が正解。

6.【正解】(B)

【訳】その場所にどれぐらい交通量があるかということは、横断歩道の必要性を査定するときに考慮に入れるべきである。

(A) 源 (B) 交通 (C) 装置 (D) 車両

【解説】空所の直前に much があるので、空所には不可算名詞の (B) traffic (→ p. 161) か (C) equipment (→ p. 161)。the need for a crossing (横断歩道の必要性) と関連する名詞としては、(B) が適切。

7.【正解】(D)

【訳】激化する競争のプレッシャーの下、効率性を追及するため、経営陣は何人かの非熟練労働者を解雇し始めた。

(A) 妨げる (B) 想定する (C) 対立する (D) 追求する

【解説】語彙問題だが、まずは次に来ている言葉 efficiency (効率性) (→ p. 196) に注目して、「効率性」を目的語として続けておかしくない動詞を選ぶ。「効率性を…ために技術のない人を解雇する」の空所に当てはまる適切な語は、(D) pursue (→ p. 166) のみ。

8. 【正解】(C)

【訳】 登録する人の数にかかわらず、そのセミナーは来月実施されるだろう。

(A) 観点から　(B) 合致して　(C) 関係なく　(D) 無関心で

【解説】 イディオムの問題だ。後に前置詞 of が来るものは何かを考えると、(A) in terms of (→p. 180) と (C) regardless of (→p. 180) に絞られる。文脈から (C) が適切。

---

9. 【正解】(B)

【訳】 その卸売業者は、荷物が要求した仕様に適合していないと主張して、支払いを拒否した。

(A) …による　(B) 従う　(C) 従う　(D) 見る

【解説】 後ろに to が続き、かつ文脈に合うものを探す。didn't の後には動詞の原形が必要なので、(A) は文法的に即落とせる。文脈から「…に合う」という意味の単語が求められていることが分かり、(D) look to ... (…を当てにする [→p. 176])は外れる。(C) は前置詞が with だったら正解となる。意味も形も正しいのは (B) conform to (→p. 173)。

---

10. 【正解】(A)

【訳】 貸付の承認は個々の申込者の信用度に基づいている。

(A) 対象となって　(B) しそうだ　(C) 優れている　(D) しがちだ

【解説】 どの選択肢も空所の後の to とつなげることは可能なので、to の後に注目しよう。ここでは [to ＋名詞] になっているが、(B)(D) は [to do] しか続かないので、このふたつは即落とせる。後は100パーセント意味に頼るしかない。(C) superior (→p. 178) では「承認が信用度より優れている」となり意味を成さない。従って正解は (A)。ここでは be subject to ... は、「…の対象となる」(→p. 181) という本義から発展し、「…に左右される」という意味で用いられている。

UNIT 6

Part 5、6
〈短文・長文穴埋め問題〉
によく出る単語 (2)

Part 5 と 6 には、「語法」(語句の使い方) を問う問題も多い。UNIT 6 では、語法問題の出題ポイントごとに頻出表現を学ぶ。ここに収録した定番表現を覚えておけば、試験本番でこのふたつのパートの解答スピードを上げることが可能になり、Part 7 により多くの時間を確保できるようになる。

Set 1　品詞の判別によく出る形容詞

Set 2　品詞の判別によく出る副詞

Set 3　節や句を導く語句

Set 4　現在分詞 or 過去分詞が問われる動詞

Set 5　動名詞 or 不定詞が問われる語句

Set 6　自動詞 or 他動詞が問われる動詞

Set 7　Practice Test Part 6
　　　　（長文穴埋め問題）

UNIT 6 — Part 5, 6 によく出る単語(2)

Set 1　品詞の判別によく出る形容詞

形容詞は、名詞の前後に置かれて名詞を修飾したり、補語の働きをする（文法用語 → p. 313）。副詞や名詞、動詞との判別問題に頻出する形容詞を覚えておこう。

451　accurate　[ǽkjurət]
- 形 正確な
- 名 accuracy 正確さ
- 副 accurately 正確に

例▶ We required the supplier to submit a more **accurate** estimate.
（われわれは、納入業者にもっと正確な見積もりを提出するよう要求した）

452　precise　[prisáis]
- 形 正確な
- 名 precision 正確さ
- 副 precisely 正確に

例▶ The witness's description was very **precise** and concise.
（その目撃者の説明はとても正確で簡潔だった）

💡「精密工具」は **precision** tool。[名詞＋名詞] の形でOK。

453　available　[əvéiləbl]
- 形 入手できる
- 名 availability 入手できること

例▶ Complimentary tickets are **available** at the reception desk.（招待券は受付の所で入手できる）

💡 鉄則1　補語には形容詞を選ぶ。be 動詞の後は名詞 availability ではなく形容詞 available が続く（補足説明→p. 316）。

454　effective　[iféktiv]
- 形 効果的な
- 名 effect 効果
- 副 effectively 効果的に

例▶ The **effective** advertisement generated big profits.
（その効果的な広告が大きな利益を生み出した）

○前回の熟語覚えてる？　regardless (　)

455 diverse
[daivə́ːrs]
- 形 多様性のある
- 動 divert そらす、転換する

例 It is difficult to perfectly accommodate the **diverse** needs of consumers.
（消費者の多様なニーズに完ぺきに応えるのは難しい）

ふたつの名詞の違いに注意→diversion（転換）、diversity（多様性）

456 significant
[signífikənt]
- 形 特筆すべき
- 名 significance 重大性、意義

例 The executive board doesn't predict any **significant** increase in next year's revenue.
（重役会は、来年の収益に何ら特筆すべき増益を見込んでいない）

457 necessary
[nésəsèri]
- 形 必要な
- 動 necessitate 必要とする

例 Bob is not eligible for the reimbursement as he is missing some of the **necessary** documents.
（ボブは必要な書類の一部がないので払い戻してもらう資格がない）

458 substantial
[səbstǽnʃəl]
- 形 かなりの、実質的な
- 動 substantiate 実証する

例 Despite its **substantial** loss in the last quarter, Morven Tire's stock price has been rising.（先の四半期のかなりの損失にもかかわらず、モーベン・タイヤの株価は上昇し続けている）

名詞の意味にも注意→substance 物質（chemical substance 化学物質）

UNIT 6　Part 5・6　短文・長文穴埋め

●前回の熟語覚えてる？　(　) advance

459 confident
[kánfədənt]
- 形 自信がある
- 名 confidence 自信、信頼

例▶ We are quite **confident** in the superiority of our instrument.
(われわれは、わが社の器具の優秀性に大変自信がある)

派生語にも注意→ 形 confidential 機密・親展の

460 consistent
[kənsístənt]
- 形 一貫性がある
- 類 coherent
- 名 consistency 一貫性

例▶ The witness's testimony was **consistent**, which convinced the police that he was telling the truth.
(目撃者の証言には一貫性があり、それが警察に彼が真実を述べていると確信させた)

461 efficient
[ifíʃənt]
- 形 効率的な
- 名 efficiency 効率性

例▶ The unsophisticated treatment process turned out to be very **efficient**.
(その単純な治療法が非常に効率的であることが分かった)

462 predictable
[pridíktəbl]
- 形 予測できる
- 名 predictability 予測可能性
- 反 unpredictable

例▶ As the story became more and more **predictable**, the drama serial lost its edge.
(話の先がだんだんと予測できるようになるにつれ、その連続ドラマは競争力を失った)

品詞の判別によく出る形容詞　Set 1

463 prompt
[prámpt]
- 形 迅速な
- 動 …を引き起こす
- 副 promptly 迅速に

例 Our efficient shipment system ensures **prompt** delivery.
（弊社の効率的な出荷システムは、迅速なお届けを保証します）

動詞としてもよく使われるので覚えておこう。
What **prompted** this conversation?（何がこの会話を引き起こしたのか？）

464 durable
[djúərəbl]
- 形 耐久性のある
- 類 lasting
- 名 durability 耐久性

例 We should have purchased more **durable** tires for our truck.（トラックにはもっと耐久性のあるタイヤを購入すべきだった）

465 thorough
[θə́ːrou]
- 形 徹底した、完ぺきな
- 副 thoroughly 徹底して、完ぺきに

例 Any medicine has to go through an extremely **thorough** testing process before getting approved.
（いかなる医薬品も、承認される前には非常に徹底したテスト過程を経なければならない）

メモリーチェック！

今回のセットの終わりに、1.〜15.の意味を30秒以内で言ってみよう。

- [ ] 1. effective
- [ ] 2. prompt
- [ ] 3. efficient
- [ ] 4. durable
- [ ] 5. predictable
- [ ] 6. substantial
- [ ] 7. thorough
- [ ] 8. confident
- [ ] 9. available
- [ ] 10. significant
- [ ] 11. precise
- [ ] 12. necessary
- [ ] 13. accurate
- [ ] 14. consistent
- [ ] 15. diverse

UNIT 6　Part 5・6　短文・長文穴埋め

UNIT 6 Part 5, 6 によく出る単語(2)
Set 2 ● 品詞の判別によく出る副詞

副詞は動詞や形容詞を修飾するが、名詞は修飾しない。ほとんどの副詞は、形容詞＋ -ly の形をしている。

466 adequately [ǽdikwətli]
- 副 適切に
- 形 adequate 適切な
- 名 adequacy 妥当性

例 It's difficult to **adequately** describe the concept with words alone. (その概念を言葉だけで適切に表現するのは難しい)

467 sufficiently [səfíʃəntli]
- 副 十分に
- 形 sufficient 十分な
- 名 sufficiency 充足

例 All the museum guides are **sufficiently** provided with information about the exhibits. (すべての博物館のガイドは、展示物についての情報を十分に与えられている)

468 diligently [dílədʒəntli]
- 副 勤勉に
- 形 diligent 勤勉な
- 名 diligence 勤勉さ

例 After working **diligently** for 20 years, Mr. Hillman is well recognized as one of our most dedicated workers. (20年間勤勉に働いた後、ヒルマン氏はわが社の最も献身的な社員の一人だとはっきり認められている)

469 currently [kə́:rəntli]
- 副 現在は
- 名 currency 通貨
- 形 current 現在の

例 The warehouse downtown is not **currently** being used and its phone has been disconnected. (商業地区の倉庫は現在使われておらず、電話は不通となっている)

●前回の単語覚えてる？　　**available**

470 previously
[príːviəsli]
- 副 以前は
- 形 previous 前の

例 Our department was **previously** composed of four sections, but currently there are only two.（われわれの部署は以前は4つの課から成り立っていたが、現在は2つしかない）

471 temporarily
[tèmpərérəli]
- 副 一時的に
- 形 temporary 一時的な

例 The south entrance is **temporarily** closed for renovation, and vendors are asked to access the mall from the alternate gate.（南口は改装のために一時的に閉鎖しており、納入業者は、そのショッピングセンターには代わりの入り口から入るよう求められている）

> もうひとつの形容詞 **temporal**（時の）との混同に注意。「一時的な」という意味では temporary が一般的。空所補充問題で、選択肢の最後にこのふたつが残ったら、temporary を選ぼう。

472 rapidly
[rǽpidli]
- 副 急速に
- 形 rapid 急な
- 名 rapidity 急速

例 The demand for computer literate personnel is **rapidly** growing in many developing countries.（多くの開発途上国で、コンピューターを使える人材の需要が急速に増えている）

473 exactly
[igzǽktli]
- 副 厳密に
- 名 exactness 正確さ
- 形 exact 正確な

例 We have to conform to the regulations **exactly**; otherwise we may be fined.（規則には厳密に従わなくてはならない。さもなければ罰金を科されるかもしれない）

UNIT 6 Part 5・6 短文・長文穴埋め

● 前回の単語覚えてる？　　**prompt**

474 approximately
[əpráksəmətli]
- 副 約
- 形 approximate おおよその

例 **Approximately** 100,000 people subscribe to the advanced-technology magazine.
（約10万人がその先端技術雑誌を定期購読している）

> 数を表す言葉の前は、形容詞ではなく副詞。
> approximate [exact] 50 people … ×

475 relatively
[rélətivli]
- 副 比較的
- 類 comparatively
- 形 relative 関連した

例 The JFB Bank's transaction fees are **relatively** high.
（JFB銀行の取扱手数料は比較的高い）

> この意味も重要 → 名 relative（親戚）
> 　　　　　　　　動 relate A to B（AをBに関係させる）

476 eventually
[ivéntʃuəli]
- 副 ついには、やがて
- 類 finally

例 The irresponsible development of the wilderness destroyed many habitats of the species and **eventually** led to its extinction.（原野の無責任な開発は、その種の多くの生息地を破壊し、ついにはその絶滅を導いた）

477 exclusively
[iksklú:sivli]
- 副 独占的に
- 形 exclusive 独占的な
- 動 exclude 除く

例 The goods are available **exclusively** to our privileged customers.
（その品物は、優待顧客だけが独占的に入手できるものである）

品詞の判別によく出る副詞　Set 2

478 vaguely [véigli]
- 副 ぼんやりと
- 形 vague ぼんやりとした

例 The new employee only **vaguely** knows what kinds of benefits he is eligible for.
(その新入社員は、自分がどんな手当をもらう資格があるかについてぼんやりとしか知らない)

479 profoundly [prəfáundli]
- 副 深く
- 形 profound 深遠な

例 Workers' morale was **profoundly** affected by their supervisor's evaluation.
(労働者の士気は監督者の評価に深く影響された)

480 simultaneously [sàiməltéiniəsli]
- 副 同時に
- 形 simultaneous 同時の

例 It was quite a feat for Mr. Hill to proceed with the two projects **simultaneously**. (ヒル氏がそのふたつの企画を同時に進めたというのは、かなりの離れ業だった)

メモリーチェック！

今回のセットの終わりに、1.〜15.の意味を30秒以内で言ってみよう。

- 1. exactly
- 2. simultaneously
- 3. vaguely
- 4. approximately
- 5. profoundly
- 6. exclusively
- 7. relatively
- 8. eventually
- 9. currently
- 10. rapidly
- 11. sufficiently
- 12. temporarily
- 13. diligently
- 14. adequately
- 15. previously

UNIT 6

Part 5、6 によく出る単語(2)　学習日 1回目／　2回目／　3回目／

Set 3 ● 節や句を導く語句

CDで意味と発音、例文を確認したら、繰り返し声に出して読もう。

481　consequently
[kánsəkwèntli]

[副] 結果的に
[名] consequence 結果

例 The inspector found only one defect. **Consequently** only the steering wheel was replaced.（検査官はひとつだけ欠陥を見つけた。結果的にハンドルのみが付け替えられた）

482　nevertheless
[nèvərðəlés]

[接続副詞] にもかかわらず

例 Mr. Hans' evaluation was good; **nevertheless** he didn't get a raise.
（ハンズ氏の評価は良かった。にもかかわらず、彼には昇給がなかった）

⚠ 鉄則2　文頭の空所に、**Nevertheless** は選ばない（補足説明→ p. 316）。

483　furthermore
[fə́ːrðərmɔ̀ːr]

[接続副詞] さらに

例 Water was overflowing from the fountain; **furthermore** it began to flood the driveway.
（水は噴水から溢れ出ていた。そしてさらに車道を水浸しにし始めた）

484　moreover
[mɔːróuvər]

[接続副詞] さらに

例 Tom was assigned to the important project, and **moreover** was promoted to chief.
（トムは重要なプロジェクトに配属された。そしてさらに主任へと昇進した）

> ● 前回の単語覚えてる?   previously

485 otherwise
[ʌ́ðərwàiz]

接続副詞 さもなければ

例▶ The government managed to curb inflation; **otherwise** the country's economy would have completely collapsed.
（政府はなんとかインフレを抑えた。さもなければ、国の経済は完ぺきに破たんしていたであろう）

486 except ...
[iksépt]

前 接 …を除いては

例▶ Nothing **except** the wheelbarrow was left on the construction site.
（手押し車を除いては、建設現場には何も残されていなかった）

487 despite ...
[dispáit]

前 …にもかかわらず
類 in spite of

例▶ **Despite** a good incentive, the job didn't attract many competent applicants.（良い報奨にもかかわらず、その仕事は多くの有能な応募者を引きつけなかった）

488 in case (that) S + V

熟 …が〜する場合に備えて

例▶ Try to take along a shade, **in case** you have to display your produce outside.（戸外で農作物を並べなければならない場合に備えて、日よけを持っていくようにしなさい）

　　💡 後ろに[主語＋動詞]ではなく、語句が来るときは in case of ... を使う。
　　　 in case of rain　雨の場合は

● 前回の単語覚えてる？　　**exclusively**

---

489 □ **in order that S＋V** 〔熟〕…が〜するように

例 **In order that** no drug users join their company, some employers ask job applicants to undergo a drug test.
（薬物使用者が入社しないように、応募者に薬物検査を受けるよう要請する会社もある）

490 □ **in the event of …** 〔熟〕…の場合は

例 **In the event of** an emergency, you should follow your supervisor's instructions.
（非常時には、監督者の指示に従わなければならない）

491 □ **as far as S＋V** 〔熟〕…が〜する限り（範囲を表す）

例 **As far as** we could see, the crowd was kneeling down and praying.（見渡す限り、群衆がひざまずいて祈っていた）

　As far as I know（知っている限り）
　As far as I'm concerned（私に関する限り）

492 □ **as long as S＋V** 〔熟〕…が〜する限り（条件を表す）

例 **As long as** the farmer plows some of the landowner's field, he will be allowed to stay on his land.
（農夫は地主の土地のいくらかを耕している限り、その土地にとどまれるだろう）

節や句を導く語句

Set 3

493 once S+V [wʌ́ns]
接 ひとたび…が〜すれば
副 かつて、1回

例 **Once** the winding country road is paved, the dust will be reduced. (ひとたびその曲がりくねった田舎道が舗装されれば、ほこりは減るだろう)

494 provided (that) S+V [prəváidid]
接 …が〜するという条件で
動 provide ... …を供給する

例 Vendors may park on the site **provided that** they park in the designated area.
(指定地域内に駐車するという条件で、納入業者は敷地内に駐車してもよい)

495 unless S+V [ənlés]
接 もし…が〜しなければ

例 **Unless** accompanied by receipts, your expense reimbursement requests will not be processed. (もし領収書が添付されていなければ、経費の払い戻し依頼書は処理されないだろう)

上の accompanied の前に主語 requests と are が省略されている。
同じ用法がある接続詞→ if / though / when / while / until / once

メモリーチェック！

今回のセットの終わりに、1.〜15.の意味を30秒以内で言ってみよう。

- 1. as far as
- 2. in case
- 3. in order that
- 4. unless
- 5. provided
- 6. once
- 7. as long as
- 8. in the event of
- 9. consequently
- 10. despite
- 11. nevertheless
- 12. moreover
- 13. except
- 14. otherwise
- 15. furthermore

UNIT 6 — Part 5, 6 によく出る単語(2)

Set 4 現在分詞 or 過去分詞が問われる動詞

動詞の現在分詞 [-ing] と過去分詞 [-ed] は形容詞の働きをすることがある。「意味上の主語」から考えて（鉄則3 p. 310、318）、どちらを使うか判別できるようにしておこう。

496 annoy ...
[ənɔ́i]
- 動 …を悩ませる、不快にさせる
- 名 annoyance 迷惑

例 ▶ This spray keeps **annoying** insects away from you outside, such as at a camping site.
（このスプレーは、キャンプ場のような戸外で、不快な虫を寄せ付けない）
▶▶ annoy**ed** insects だと、「虫が不快に感じている」ということになる。

497 disappoint ...
[dìsəpɔ́int]
- 動 …を失望させる
- 名 disappointment 失望

例 ▶ Customers were generally **disappointed** by the narrow range of commodities the new store offered.（顧客は皆、その新しい店が提供する商品の範囲が狭いことに失望させられた）

498 confuse ...
[kənfjúːz]
- 動 …を混乱させる
- 名 confusion 混乱

例 ▶ The supervisor's description of the accountant's obligations was very **confusing**.
（会計士の義務についての上司の説明は、とても分かりにくかった）

499 discourage ...
[diskə́ːridʒ]
- 動 …をくじけさせる
- 名 discouragement 落胆

例 ▶ The **discouraging** analysis of Phoenix's financial situation was soon reflected in its stock price.（フェニックス社の財政状況に関する落胆的な分析は、すぐに株価に反映された）

前回の単語覚えてる？ **nevertheless**

500 satisfy ...
[sǽtisfài]
動 …を満足させる
形 satisfactory 満足な

例 We can expand our business through our network of **satisfied** customers. (満足した顧客のネットワークを通じて、われわれは事業を拡大することができる)

501 exhaust ...
[igzɔ́ːst]
動 …を疲れ切らせる、消耗し尽くす
名 排ガス

例 The construction worker found his job too **exhausting** to continue.
(その仕事はあまりにきつくて続けていくことができないと、その建設労働者は思った)

502 depress ...
[diprés]
動 …を落ち込ませる
名 depression 不況、うつ病

例 Looking at the **depressing** sales figures, the manager decided to launch an aggressive sales campaign.
(気のめいるような売り上げを見て、マネージャーは積極的なセールスキャンペーンの着手を決意した)

503 complicate ...
[kɑ́mpləkèit]
動 …を複雑にする
類 形 complex 複雑な

例 The software for word processing has become unnecessarily **complicated**.
(文書処理のソフトウエアは、不必要に複雑になってきている)

software が何かを複雑にするわけではないので、complicating は間違い (→ p. 320)。

UNIT 6 Part 5・6 短文・長文穴埋め

● 前回の単語覚えてる？　　**despite**

504 frustrate ...
[frʌ́streit]
- 動 …をいらいらさせる
- 名 frustration 欲求不満

例▶ After the exhausting flight, the passengers became **frustrated** with the slow security check procedure.
（疲れるフライトの後で、乗客はのろい手荷物検査の手続きにいらいらしてきた）

505 encourage ...
[inkə́ːridʒ]
- 動 …を勇気づける
- 名 encouragement 激励

例▶ All the supporters started clapping when they heard the **encouraging** news that the candidate had won enough votes. （その候補者が十分な票を獲得したという心強い知らせを聞いて、支持者は皆拍手し始めた）

506 impress ...
[imprés]
- 動 …を感動させる
- 名 impression 印象

例▶ All the attendees seemed very **impressed** by the inventor's speech.
（出席者は全員、その発明者のスピーチにとても感動しているようだった）

⚠ 「印象的な」という意味を表す場合、impressing より impressive を使うのが一般的。

507 embarrass ...
[imbǽrəs]
- 動 …を当惑させる
- 名 embarrassment 当惑

例▶ The lecturer looked **embarrassed** when he was unable to handle a challenging question very well.
（挑戦的な質問にあまりうまく対処することができなかった時、その講演者は当惑しているようだった）

現在分詞 or 過去分詞が問われる動詞

Set 4

508 compare [kəmpéər]
- 動 比べる
- 形 comparable 匹敵する

例 **Compared with** their female counterparts, male workers are apt to work late more often.
（女性社員と比べると、男性社員はより頻繁に残業する傾向がある）

⚠ compar**ing** with / to は間違い！

509 exist [igzíst]
- 動 存在する
- 名 existence 存在

例 OL Machine decided not to expand its business but to reinforce its **existing** sales network.
（OL機械は事業の拡張はせず、既存の販売網の強化を図ることに決めた）

⚠ 過去分詞 existed が名詞を修飾していたら間違い。（→ p. 320）

510 sophisticate ... [səfístəkèit]
- 動 …を高度にする、洗練する

例 The **sophisticated** machine controls the whole packing and shipping process.
（その高度な機械が、梱包と出荷の全工程を管理している）

メモリーチェック！
今回のセットの終わりに、1.～15.の意味を30秒以内で言ってみよう。

- 1. embarrass
- 2. compare
- 3. sophisticate
- 4. impress
- 5. complicate
- 6. depress
- 7. exist
- 8. frustrate
- 9. exhaust
- 10. disappoint
- 11. annoy
- 12. confuse
- 13. discourage
- 14. encourage
- 15. satisfy

UNIT 6　Part 5, 6 によく出る単語(2)　学習日　1回目　/　2回目　/　3回目　/

Set 5　動名詞 or 不定詞が問われる語句

動名詞 doing か不定詞 to do か、その使い分けがよく問われる語句のほか、動詞の原形を導くのではないかと勘違いしやすい to の用法も覚えておこう。[後に続く形を見出し語の右に（　）で示した]

511　suggest (doing / 名詞 / that S + V) [səɡdʒést]
- 動 …を提案する
- 名 suggestion 提案

例 The management **suggested postponing** negotiations with the union until a later date.
（経営陣は、組合との交渉を後日に延期するよう提案した）

512　avoid (doing / 名詞) [əvɔ́id]
- 動 …を避ける
- 類 evade
- 名 avoidance 回避

例 We have to **avoid embarrassing** our customers even if they are wrong.（たとえ顧客が間違っていたとしても、客に恥をかかせることは避けなければならない）

513　postpone (doing / 名詞) [poustpóun]
- 動 …を延期する
- 類 put off

例 We have **postponed replacing** the old ventilation system until next March.
（その古い換気システムの取り換えを次の3月まで延期した）

514　deny (doing / 名詞 / that S + V) [dinái]
- 動 …を否定する
- 形 deniable 否定できる

例 The athlete **denied using** banned substances but refused to take a test.（その運動選手は禁止薬物を使ったことを否定したが、検査を受けることは拒否した）

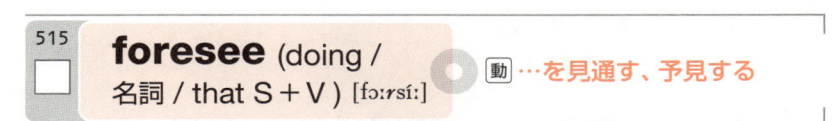

● 前回の単語覚えてる？　　**exhaust**

---

515 **foresee** (doing / 名詞 / that S + V) [fɔːrsíː]
動 …を見通す、予見する

例 The health organization **foresees isolating** more patients infected with the disease.（保健機関は、その病気に感染している、より多くの患者を隔離することになると見通している）

516 **able** (to do) [éibl]
形 (…する) 能力がある
名 ability 能力

例 Mr. Oliver was satisfied because he was **able to achieve** his sales goal for six consecutive months.（オリバー氏は、売り上げ目標を6カ月連続して達成することができたので満足した）

517 **capable** (of doing / of 名詞) [kéipəbl]
形 (…する) 能力がある
名 capability 能力

例 The young researcher may **be capable of coming** up with an innovative idea to solve our problems.
（その若い研究者は、われわれの問題を解決する革新的なアイデアを考案することができるかもしれない）

> 鉄則4 後ろに来る形に注意（→p. 310）。
> able [ability] **to do** ／ capable [capability] **of doing**

518 **the right** (to do) [ráit]
名 (…する) 権利

例 The company has **the right to decide** whether or not to award any bonuses.
（会社は賞与を出すか出さないかを決定する権利がある）

UNIT 6 Part 5・6 短文・長文穴埋め

●前回の単語覚えてる？　　　satisfy

519 **be devoted to** (doing / 名詞)
熟 (…に)献身している

例▶ The governor has been **devoted to improving** the housing conditions.
(知事は住宅事情の改善に献身してきた)

> 鉄則5 **to doing** が間違いとは限らない(→p. 311)。この to は不定詞の to ではなく前置詞なので、後ろには名詞か動名詞が来る。次項の object と prior の後ろも to doing となる。

> 語法が同じ類義語→ be [committed / dedicated] to doing

520 **object** (to doing / to 名詞) [əbdʒékt]
動 (…に)反対する
類 oppose
名 objection 反対

例▶ The manager **objected to having** the machine's specifications modified.
(管理者は機械の仕様を変更させることに反対した)

521 **prior** (to doing / to 名詞) [práiər]
形 (…に)先立って
類 before

例▶ **Prior to signing** the contract, you should go over each item carefully.
(契約書に署名するのに先立って、各項目に注意深く目を通すべきだ)

522 **method** ([of / for] doing / [of / for] 名詞) [méθəd]
名 (…の)手段、方法

例▶ Dr. Shue invented a new **method of analyzing** food compositions.
(シュー博士は食品成分の新しい分析方法を発明した)

動名詞 or 不定詞が問われる語句　　Set 5

523 worth (doing / 名詞) [wə́ːrθ]
- 形 …の価値がある
- 名 価値

例 The popular tourist destination is **worth visiting** no matter how crowded.
(その有名な観光地は、どんなに込んでいても訪ねる価値がある)

💡 派生語も重要 → 形 worthy [to do / of doing] (…に値する)

524 failure (to do) [féiljər]
- 名 (…)しないこと
- 動 fail (to do) …しない

例 The **failure to conform** to company rules may lead to dismissal. (会社の規則に従わないと解雇につながるかもしれない)

525 remain (to do / 形容詞 / 名詞) [riméin]
- 動 (…の)ままである
- 名 remains 遺骨

例 Though the two parties agreed on most points, several issues still **remained to be** resolved.
(両者はほとんどの点で同意したが、いくつかの問題点がまだ未解決のままだ)

⏱ メモリーチェック！
今回のセットの終わりに、1.〜15.の後に不定詞と動名詞のどちらが来るか言ってみよう。

- ☐ 1. remain
- ☐ 2. method
- ☐ 3. the right
- ☐ 4. worth
- ☐ 5. object
- ☐ 6. avoid
- ☐ 7. able
- ☐ 8. postpone
- ☐ 9. failure
- ☐ 10. be devoted to
- ☐ 11. prior
- ☐ 12. foresee
- ☐ 13. capable
- ☐ 14. suggest
- ☐ 15. deny

UNIT 6

Part 5, 6 によく出る単語 (2)

Set 6 ● 自動詞 or 他動詞が問われる動詞

直後に目的語が続かなくても文意が完結する動詞を「自動詞」、目的語が続かないと文意が完結しない動詞を「他動詞」という（補足説明 → p. 320）。

526 anticipate ... [æntísəpèit]
- 他 …を期待する
- 名 anticipation 期待

例▶ We were disappointed because we had **anticipated** a bigger turnout at the party.
（パーティにはもっと人出があると期待していたのでがっかりした）

527 appreciate ... [əprí:ʃièit]
- 他 …を感謝する
- 名 appreciation 感謝

例▶ We **appreciate** your pursuing a better way to handle our orders.（われわれの注文を処理するためのより良い方法を追求してくださったことを感謝します）

528 apologize (to 人 for 理由) [əpálədʒàiz]
- 自 (…に〜で) 謝罪する
- 名 apology 謝罪

例▶ The flight attendant **apologized to** the passengers **for** a further delay in the schedule.
（客室乗務員は乗客にさらなる予定の遅れを謝罪した）

　名詞 apology を動詞と勘違いしないように気を付けよう。

529 attend ... [əténd]
- 他 …に出席する
- 名 attendance 出席
    attendee 出席者

例▶ A lot of reporters **attended** the press conference held by the CEO.
（大勢の記者が、その最高経営責任者の開いた記者会見に出席した）

●前回の熟語覚えてる？　**be devoted (　)**

鉄則6 **discuss / contact / attend** の後は前置詞なし（p. 311）。
attend **at** … ×

530 concern ...
[kənsə́ːrn]
他 …を心配・関係させる
名 関心事

例 The rumor about a merger doesn't seem to **concern** the employees.
（合併のうわさについて従業員たちは心配していないようだ）

受身で使われる場合には、前置詞にも注意。
be concerned **about** ...（…について心配する）
be concerned **with** ...（…に関係している）

531 resign (from / as ...)
[rizáin]
自 （…を）辞任する
名 **resignation** 辞職

例 After the accident the supervisor was obliged to **resign from** his position.
（事故の後、監督官はその役職を辞任せざるを得なかった）

会社・仕事を辞めるとき：**from** ...
特定の役職を辞めるとき：**as**（president など）

532 explain (to 人 about 事柄)
[ikspléin]
自 （…に〜について）説明する

例 The meteorologist **explained to** the audience **about** the method of forecasting weather he had used.
（気象学者は、自分が使ってきた天気予測の方法について聴衆に説明した）

事柄が直後に来るときは他動詞なので前置詞は不要→**explain** the reason（理由を説明する）

● 前回の単語覚えてる？   **suggest**

533 **contact ...** [kάntækt]
- 他 …と連絡を取る
- 類 be in contact with ....

例 As Jay failed to **contact** the airline within 30 days, he forfeited his right to a refund. (ジェイは30日以内に航空会社に連絡を取らなかったので、払い戻しの権利を失った)

534 **regret ...** [rigrét]
- 他 …を遺憾に思う
- 名 遺憾

例 We **regret** the mistake we made in your bill and apologize to you. (請求書の誤りは遺憾であり、お詫び申し上げます)

535 **equal ...** [í:kwəl]
- 他 …と等しい
- 名 equality 平等
- 動 equalize 等しくする

例 No one in this division **equals** Mr. Fox in intelligence.
(フォックス氏に匹敵する頭脳をもつ者は、この部署には誰もいない)

❗ 形容詞として使われる時は to が必要。be equal to ... (…と等しい)

536 **complain** (to 人 [about / of] 事柄) [kəmpléin]
- 自 (…に~について) 苦情を言う

例 The guest **complained to** the manager **about** the inadequate heating.
(客は不十分な暖房について支配人に苦情を言った)

537 **enroll** (for / in ...) [inróul]
- 自 (…に) 登録する
- 名 enrollment 登録

例 Employees are encouraged to **enroll for** the workshop.
(従業員はそのセミナーに登録することを奨励されている)

自動詞 or 他動詞が問われる動詞

Set 6

538 accompany ... [əkˊʌmpəni]
他 …を伴う

例 An authority will have to **accompany** any guests wishing to enter the restricted area.
(立ち入り制限がされている区域への入場を希望するすべての来訪者には、権限を持った人が伴わなければならない)

539 arise [əráiz]
自 (…が)起きる
他 arouse ... …を起こす

例 自 A big controversy **arose** about DNA cloning.
(DNAクローニングについては、大きな論争が起きた)
他 DNA cloning **aroused** a big controversy.
(DNAクローニングは、大きな論争を引き起こした)

540 rise [ráiz]
自 (…が)上がる
名 上昇
他 raise ... …を上げる、集める

例 自 The train fares will **rise**. (電車賃は上がるだろう)
他 Ray will **raise** funds. (レイは資金を集めるだろう)

メモリーチェック！

今回のセットの終わりに、1.〜15.の意味と自動詞か他動詞かを30秒以内で言ってみよう。

- [ ] 1. attend
- [ ] 2. arise
- [ ] 3. explain
- [ ] 4. enroll
- [ ] 5. anticipate
- [ ] 6. accompany
- [ ] 7. complain
- [ ] 8. regret
- [ ] 9. apologize
- [ ] 10. resign
- [ ] 11. concern
- [ ] 12. equal
- [ ] 13. contact
- [ ] 14. rise
- [ ] 15. appreciate

UNIT 6
全単語 総チェック

Practice Test の前に再確認してみよう！　　正答数　　/ 90個

Set 1 品詞の判別によく出る形容詞
- [ ] **accurate** 正確な
- [ ] **precise** 正確な
- [ ] **available** 入手できる
- [ ] **effective** 効果的な
- [ ] **diverse** 多様性のある
- [ ] **significant** 特筆すべき
- [ ] **necessary** 必要な
- [ ] **substantial** かなりの
- [ ] **confident** 自信がある
- [ ] **consistent** 一貫性がある
- [ ] **efficient** 効率的な
- [ ] **predictable** 予測できる
- [ ] **prompt** 迅速な
- [ ] **durable** 耐久性のある
- [ ] **thorough** 徹底した

Set 2 品詞の判別によく出る副詞
- [ ] **adequately** 適切に
- [ ] **sufficiently** 十分に
- [ ] **diligently** 勤勉に
- [ ] **currently** 現在は
- [ ] **previously** 以前は
- [ ] **temporarily** 一時的に
- [ ] **rapidly** 急速に
- [ ] **exactly** 厳密に
- [ ] **approximately** 約
- [ ] **relatively** 比較的
- [ ] **eventually** ついには
- [ ] **exclusively** 独占的に
- [ ] **vaguely** ぼんやりと
- [ ] **profoundly** 深く
- [ ] **simultaneously** 同時に

Set 3 節や句を導く語句
- [ ] **consequently** 結果的に
- [ ] **nevertheless** にもかかわらず
- [ ] **furthermore** さらに
- [ ] **moreover** さらに
- [ ] **otherwise** さもなければ
- [ ] **except . . .** …を除いては
- [ ] **despite . . .** …にもかかわらず
- [ ] **in case (that) . . .** …が〜する場合に備えて
- [ ] **in order that . . .** …が〜するように
- [ ] **in the event of . . .** …の場合は
- [ ] **as far as . . .** …が〜する限り（範囲）
- [ ] **as long as . . .** …が〜する限り（条件）
- [ ] **once . . .** ひとたび…が〜すれば
- [ ] **provided (that) . . .** …が〜するという条件で
- [ ] **unless . . .** もし…が〜しなければ

Set 4 現在分詞 or 過去分詞が問われる動詞
- [ ] **annoy . . .** …を悩ませる
- [ ] **disappoint . . .** …を失望させる

- [ ] **confuse . . .** …を混乱させる
- [ ] **discourage . . .** …をくじけさせる
- [ ] **satisfy . . .** …を満足させる
- [ ] **exhaust . . .** …を疲れ切らせる
- [ ] **depress . . .** …を落ち込ませる
- [ ] **complicate . . .** …を複雑にする
- [ ] **frustrate . . .** …をいらいらさせる
- [ ] **encourage . . .** …を勇気づける
- [ ] **impress . . .** …を感動させる
- [ ] **embarrass . . .** …を当惑させる
- [ ] **compare** 比べる
- [ ] **exist** 存在する
- [ ] **sophisticate . . .** …を高度にする

Set 5 動名詞 or 不定詞が問われる語句

- [ ] **suggest . . .** …を提案する
- [ ] **avoid . . .** …を避ける
- [ ] **postpone . . .** …を延期する
- [ ] **deny . . .** …を否定する
- [ ] **foresee . . .** …を見通す
- [ ] **able to . . .** …する能力がある
- [ ] **capable of . . .** …する能力がある
- [ ] **the right to . . .** …する権利
- [ ] **be devoted to . . .** …に献身している
- [ ] **object to . . .** …に反対する
- [ ] **prior to . . .** …に先立って
- [ ] **method of / for . . .** …の手段
- [ ] **worth . . .** …の価値がある
- [ ] **failure to . . .** …しないこと
- [ ] **remain to . . .** …のままである

Set 6 自動詞 or 他動詞が問われる動詞

- [ ] **anticipate . . .** …を期待する
- [ ] **appreciate . . .** …を感謝する
- [ ] **apologize to . . . for ~** …に~で謝罪する
- [ ] **attend . . .** …に出席する
- [ ] **concern . . .** …を心配させる
- [ ] **resign from / as . . .** …を辞任する
- [ ] **explain to . . . about ~** …に~について説明する
- [ ] **contact . . .** …と連絡を取る
- [ ] **regret . . .** …を遺憾に思う
- [ ] **equal . . .** …と等しい
- [ ] **complain to . . . about / of ~** …に~について苦情を言う
- [ ] **enroll for / in . . .** …に登録する
- [ ] **accompany . . .** …を伴う
- [ ] **arise** (…が) 起きる
- [ ] **rise** (…が) 上がる

UNIT 6
Set 7 ● Practice Test

Part 6 長文穴埋め問題
制限時間3分

得点アップの秘訣

Part 6は、長文読解ととらえずに、Part 5の短文問題が3つ続いているだけと考える。Part 5と同じく、まず、選択肢を見て、問題パターンを察知し、必要な個所のみ見て答えを選ぶというやり方で対処して、余分な時間をかけないようにしよう。

選択肢の中から、空所に当てはまる最も適当なものを選び解答欄にマークしてください。

Questions 1-3 refer to the following advertisement.

Five Star Fund

Great performances on stage are created from a union of flexibility, control and somewhat ------- movement.

1. (A) unpredictable
   (B) unpredicting
   (C) unpredictably
   (D) unpredictability

The same is true for investing. ------- to helping investors

2. (A) Concerning
   (B) Capable
   (C) Prior
   (D) Dedicated

for more than 50 years, KBS Bank now offers an asset allocation plan that is ------- referred to as Five Star Fund.

3. (A) adequacy
   (B) adequate
   (C) adequately
   (D) adequacies

It is based on reliable mutual funds with a long-standing track record.
So for an investment plan that can help you reach your goals, rely on KBS.

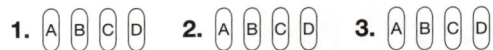

UNIT 6

Practice Test

Questions 4-6 refer to the following e-mail.

To Ms. Betty Anderson

Thank you very much for giving me the chance to speak with you and to see your ------- collection of papers relating to the

    ☐ **4.** (A) impressing
        (B) impressed
        (C) impressively
        (D) impressive

history of Bridge Town.

I know you had just come back from a long journey in Europe and been very busy. ------- you not only were willing to meet

    ☐ **5.** (A) Consequently
        (B) Despite
        (C) Nevertheless
        (D) Provided

me, but you also showed me around the town, visiting each significant historical place. I certainly appreciate the time you spent with me, and I applaud the work that you and your staff are doing to preserve these valuable materials. If you have any chance to come to my place, please do not hesitate to -------

    ☐ **6.** (A) speak
        (B) contact
        (C) admit
        (D) explain

me at any time.

Thank you again.

Joel Cotten

解答欄   **4.** Ⓐ Ⓑ Ⓒ Ⓓ   **5.** Ⓐ Ⓑ Ⓒ Ⓓ   **6.** Ⓐ Ⓑ Ⓒ Ⓓ

Set 7

Practice Test ● Part 6 長文穴埋め問題 解答

[問題文の訳] 質問1-3は次の広告に関するものです。

ファイブ・スターファンド

舞台での素晴らしい演技は柔軟性と、統制と、やや予測不可能な動きの組み合わせから創られます。投資も同じことです。50年以上にわたって投資家の支援に献身してまいりましたKBS銀行は今、その名もふさわしいファイブ・スターファンドと呼ばれる財産管理プランをご提案申し上げております。
このプランは長年の信頼できる実績を持つ投資信託を基盤としています。よって、目標達成を助ける投資プランをお求めならKBSにお任せください。

---

1. 【正解】(A)

[選択肢の訳]

(A) 予測できない
(B) 予測しないでいる
(C) 予測不可で
(D) 予測不可

【解説】 まず、選択肢から品詞の問題と判別し、空所の前後だけ見てみよう。and somewhat ------- movement の空所には形容詞が来るので、副詞の (C) unpredictably と名詞の (D) unpredictability は外れる。純粋な形容詞があれば、分詞に優先して用いるのが原則なので、(B) unpredicting ではなく (A) unpredictable (→ p. 196) が正解。

---

2. 【正解】(D)

[選択肢の訳]

(A) …に関して
(B) 有能な
(C) 先立つ
(D) 献身して

【解説】 1を選んだら、即2の選択肢を見よう。異なった言葉が並んでいる語彙問題だが、まずは空所の前後だけ見てみる。後ろに to -ing が続くことができるのは (C) Prior (→ p. 212) と (D) Dedicated (→ p. 212)。 (C) では、「50年以上助けるのに先立って、今申し出る」となり意味を成さない。意味を成すのは (D)。

UNIT 6 Practice Test

3. 【正解】(C)

[選択肢の訳]

(A) 適切さ
(B) 適切な
(C) 適切に
(D) 適切さ

【解説】 3の選択肢から品詞の問題と分かる。空所の前後を見るとthat is ------ referred to となっており、受動態の動詞を修飾する副詞の(C) adequately (→ p. 198) が即選べる。この先はもちろん読む必要はない。

[問題文の訳] 質問4-6は次のeメールに関するものです。

> ベティー・アンダーソンさま
> ブリッジタウンの歴史に関する文書の素晴らしいコレクションを拝見できる機会と、お話しする機会をいただき誠にありがとうございました。長いヨーロッパ旅行から帰られたところで、大変お忙しかったことを存じております。にもかかわらず、こころよくお会いくださっただけでなく、各々の重要な歴史的な場所を訪ねながら、街をご案内くださいました。私のためにお時間を割いていただき、誠に感謝しております。またこれらの貴重な資料を保存するために、あなたとあなたのスタッフがなさっているお仕事にも感嘆いたしました。もし、当地にいらっしゃる機会がありましたら、いつでもご遠慮なくご連絡ください。重ねてお礼を申し上げます。
> ジョエル・コットン

4. 【正解】(D)

[選択肢の訳]

(A) 印象づけている
(B) 印象づけられた
(C) 印象的に
(D) 印象的な

【解説】 your ------ collection の空所には形容詞が来るので、まず副詞の(C) impressivelyは除外。修飾されている名詞collection から考えると「collectionが感銘を受けている」と言う意味になる(B) impressed も不可。純粋な形容詞(D) impressive は、現在分詞のimpressingより優先されるので、これが正解(→ p. 208)。

5. 【正解】(C)

[選択肢の訳]

(A) 結果的に
(B) …にもかかわらず
(C) にもかかわらず
(D) …とすれば

【解説】 空所の直後に節（主語＋動詞）が来ているので、前置詞の(B) Despite は不可。後ろに but があるので、接続詞としての Provided も不可。前文の I know からの意味を考えると「多忙にもかかわらず進んで会う」とするのが適切。従って、逆接の意味の (C) Nevertheless（→ p. 202）が正解。

6. 【正解】(B)

[選択肢の訳]

(A) 話す
(B) 連絡する
(C) 認める
(D) 説明する

【解説】 語彙問題だが、とりあえず空所の前後だけ見てみると、please do not hesitate to ------ me となっている。選択肢の中で前置詞を用いずに me と続けて意味を成すのは (B) contact（→ p. 216）のみ。

UNIT 7

Part 7
〈読解問題〉
によく出る単語

Part 7は、さまざまな種類の長文を読み、内容に関するふたつ以上の質問に答える問題だ。UNIT 7では、長文の出題パターンごとに頻出表現を学ぶ。長文の中で答えのヒントとなる個所は、選択肢では別の言葉で言い換えられていることが多い。見出し語と一緒に類義語も覚えるようにしよう。

Set 1 社内メモ・告示文
Set 2 手紙・Eメール
Set 3 商業広告
Set 4 求人広告
Set 5 フォーム（申込書など）
Set 6 記事
Set 7 Practice Test Part 7
　　　　（読解問題）

UNIT 7　Part 7 によく出る単語

Set 1 ● 社内メモ・告示文

CDで意味と発音、例文を確認したら、繰り返し声に出して読もう。

---

541 **administration**
[ədmìnəstréiʃən]

名 管理、政権
動 administer 管理する

例▶ Employee handbooks, outlining individual staff members' responsibilities, are available in the **administration** office.
（個々の職員の職務概要を説明した従業員規定は、総務部で入手できます）

---

542 **payroll department**

給与課
[payroll 給与台帳]

例▶ Please submit your monthly time sheets to the **payroll department** by the 15th instead of the 20th this month.
（今月は、20日ではなく15日までに月間勤務時間記録表を給与課に提出してください）

---

543 **deregulation**
[dirègjuléiʃən]

名 規制緩和・撤廃
反 regulation 規制、法規

例▶ We have to take advantage of this **deregulation** in the market. （われわれは、市場におけるこの規制緩和をうまく利用しなければなりません）

---

544 **dress code**

服装規定
[code 規約、暗号]

例▶ Our **dress code** bans jeans and shorts in the workplace.
（わが社の服装規定は、職場でのジーンズと短パンを禁止しています）

●前回の単語覚えてる？　　**resign**

---

545 **paid holiday**
有給休暇
類 paid leave

例 Now that you are a second year employee, you are eligible for 11 days of **paid holiday**. (今やあなたも入社２年目となりましたので、11日間の有給休暇を取る資格があります)

---

546 **mandatory** [mǽndətɔ̀:ri]
形 義務的な
名 動 mandate 命令[する]

例 Attending the workshop is **mandatory** for all employees. (そのセミナーに参加することは、従業員全員の義務です)

---

547 **notify ...** [nóutəfài]
動 …に通知する
類 inform
名 notification 通知

例 PEO Co. has **notified** us of the annual audit at its headquarters.
(PEO社から、本社での年次監査についてわれわれに連絡がありました)

　語法も重要。「AにBを通知・連絡する」(Aには「人」「組織」が来る)
　notify / inform A [連絡先(人、会社など)] of / about B [事柄]
　notify / inform A [連絡先(人、会社など)] that B (主語＋動詞)[事柄]

---

548 **notice** [nóutis]
名 (事前)通知、告知
動 気付く
形 noticeable 目立つ

例 Employees have to give at least two months' **notice** when resigning.
(従業員は退職する際、少なくとも２カ月前に通知しなければなりません)

　give を使うことも覚えておこう！　give a notice ([事前に]通知する)

UNIT 7　Part 7　読解

● 前回の単語覚えてる?　　**appreciate**

549
purchase ...
[pə́ːrtʃəs]

動 …を購入する
名 購入（物）

例▶ The administration department is in charge of **purchasing** all supplies.
（総務部がすべての必需品の購入を担当しています）

550
session
[séʃən]

名 講座、集まり、会期

例▶ Half of the division's members are participating in the morning **session** and the other half in the afternoon.
（その部の職員の半数は午前中の講座に参加し、残り半数は午後に参加します）

551
sign up for ...

熟 …に申し込む、登録する

例▶ All of you are encouraged to **sign up for** the company pension plan.
（皆さん全員に、会社の年金制度に申し込むことをお勧めします）

552
turn in ...

熟 …を提出する
類 hand in / submit
（→p. 64）

例▶ Please **turn in** your request forms to the administration office.
（依頼書は総務部に提出してください）

社内メモ・告示文

Set 1

553 negligence [néglɪʒəns]
- 名 過失、怠慢
- neglect ... 動 …を怠る / 名 放置

例 Employees will be required to pay for any damage to company property caused by their own **negligence**.
(社員は、自らの過失により生じさせた、会社の資産へのいかなる損害に対しても、弁償をするよう求められるでしょう)

554 appraisal [əpréɪzəl]
- 名 査定、考課
- 動 appraise ... …を査定する

例 Supervisors are supposed to fill out **appraisal** forms for each trainee and turn them in to the personnel office by March 20. (監督者は、各研修生の考課表を記入して、3月20日までに人事部に提出することになっています)

555 dismiss ... [dɪsmís]
- 動 …を解雇する
- 類 動 fire
- 名 dismissal 解雇

例 We had to **dismiss** several line workers for their negligence. (われわれは、組み立てラインの作業員数人を彼らの過失のため解雇しなければなりませんでした)

メモリーチェック！

今回のセットの終わりに、1.～15.の意味を30秒以内で言ってみよう。

- 1. dress code
- 2. mandatory
- 3. notify
- 4. paid holiday
- 5. appraisal
- 6. deregulation
- 7. administration
- 8. dismiss
- 9. payroll department
- 10. purchase
- 11. session
- 12. negligence
- 13. sign up for
- 14. turn in
- 15. notice

UNIT 7 Part 7 読解

UNIT 7 Set 2 ● 手紙・Eメール

Part 7 によく出る単語

CDで意味と発音、例文を確認したら、繰り返し声に出して読もう。

---

556 recipient [risípiənt]
- 名 受取人
- 動 receive 受け取る
- 名 receipt 受領(書)

例 What is the **recipient** of this e-mail asked to do?
(このメールの受信者は、何をするように求められていますか?)

---

557 shipment [ʃípmənt]
- 名 荷物、出荷
- 動 ship ... …を出荷する

例 The **shipment** arrived at our office this morning.
(その荷物は弊社の事務所に今朝到着しました)

---

558 remittance [rimítəns]
- 名 送金
- 動 remit (金などを)送る
- 類 動 transfer (→p. 51)

例 Upon receipt of your **remittance** we will ship the goods.
(御社からの送金を受領次第、品物を出荷します)

▶▶ [upon / on +動作を表す名詞]で「…したすぐ後に」という意味を表す。

---

559 appropriate [əpróupriət]
- 形 適切な
- 反 inappropriate 不適切な

例 Regrettably the packing was not **appropriate** for overseas shipment.
(残念ながら、その梱包は海外向け出荷に適切なものではありませんでした)

動詞の意味も重要 → **appropriate** a budget for ... (…に予算を割り当てる)

●前回の単語覚えてる？　　　**mandatory**

560 **substitute**
[sʌ́bstətjùːt]

- 形 代替の
- 名 代わりをする人・物
- 動 置き換える

例 The **substitute** parts will be dispatched on your request.
（代替部品はご要望に応じて発送されます）

💡 セットで覚えよう！

substitute A for B	AをBの代わりとする	(Aが残る)
replace A [by / with] B	AをBに取り換える	(Bが残る)
exchange A for B	AをBに交換する	(Bが残る)

561 **indispensable**
[ìndispénsəbl]

- 形 不可欠の
- 動 dispense ... …を分配する

例 As they are **indispensable** to our production, please ship the replacement parts promptly.（それらは弊社の生産に不可欠のものですので、代替部品を早急に出荷してください）

562 **relevant**
[réləvənt]

- 形 該当する
- 反 irrelevant 関連のない
- 名 relevance 関連性

例 As soon as you receive our payment, please send us the **relevant** shipping documents by courier.
（弊社の代金を受け取り次第、当該出荷書類を国際宅配便でお送りください）

563 **overdue**
[òuvərdjúː]

- 形 期日が過ぎた、期限切れの

例 We regret to inform you that your account is two weeks **overdue**.（遺憾ながら、御社のお支払いが期限を2週間過ぎていることをご連絡申し上げます）

UNIT 7　Part 7　読解

● 前回の単語覚えてる?　　**dismiss**

564 acknowledge ...
[æknάlidʒ]

動 （…の受け取りを）確認する

例 We hereby **acknowledge** your remittance of $12,340 on April 19 with many thanks. （4月19日付で1万2340ドルのご送金をいただき、ここに感謝をもって受領をご確認申し上げます）

> 名詞も重要 → acknowledgement（受領確認、謝辞）

565 enclose ...
[inklóuz]

動 …を同封する
名 enclosure 同封物

例 We **enclose** herewith our estimate and our latest brochure. （ここに見積書と最新カタログを同封させていただきます）

566 decline
[diklάin]

動 断る、減少する
名 減少、衰退

例 The director **declined** to comment on the recalling of the defective refrigerators.
（重役は、欠陥のある冷蔵庫の回収についてコメントするのを断りました）

> decline の過去分詞 declined は、形容詞のように名詞の前に来ることはない。
>
> 減少している数・数値　　the **declined** number …×
> 　　　　　　　　　　　the **declining** number …○

567 reply
[riplάi]

名 返事
動 reply to ... …へ返事をする

例 We really appreciate your prompt **reply** to our inquiry. （弊社の問い合わせに対して迅速なお返事をいただき、ありがとうございます）

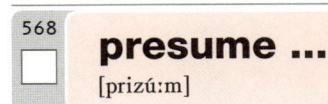

手紙・Eメール　　　　　　　　　　　　　　　　　　　　**Set 2** CD 2-18

568　presume ...
[prizú:m]
動 …と推定する
名 presumption 推定

例▶ We **presume** that the mistake was caused by an inputting error.
（その間違いは入力ミスが原因で起きたと推定しています）

　consume 消費する　assume 想定する　resume 再開する

569　urge ...
[ə́:rdʒ]
動 …をせきたてる
名 衝動
形 urgent 至急の

例▶ We **urge** you to take prompt and appropriate action against this claim.
（この要求に対し迅速かつ適切な対応をしていただけるよう、要請致します）

570　withhold ...
[wiðhóuld]
動 …を控える

例▶ Unless your overdue account is settled, we will have to **withhold** further shipments.
（期日が過ぎている支払いを済ませていただかない限り、弊社はさらなる出荷を控えさせていただかねばなりません）

UNIT 7　Part 7　読解

メモリーチェック！　今回のセットの終わりに、1.～15.の意味を30秒以内で言ってみよう。

- [ ] 1. indispensable
- [ ] 2. enclose
- [ ] 3. relevant
- [ ] 4. acknowledge
- [ ] 5. decline
- [ ] 6. presume
- [ ] 7. overdue
- [ ] 8. withhold
- [ ] 9. appropriate
- [ ] 10. urge
- [ ] 11. remittance
- [ ] 12. reply
- [ ] 13. shipment
- [ ] 14. substitute
- [ ] 15. recipient

UNIT 7 — Part 7 によく出る単語

Set 3 ● 商業広告

CDで意味と発音、例文を確認したら、繰り返し声に出して読もう。

---

571 advertisement
[ædvərtáizmənt] (英)[ədvə́ːtismənt]

名 広告(物)
動 advertise 宣伝する

例 The coupon at the bottom of this **advertisement** is valid until May 31.
(この広告の下にある割引券は、5月31日まで有効です)

広告会社は [advertising / advertisement] agency ともに使われる。

---

572 real estate agency

不動産業者 [real estate 不動産 + agency 代理店]

例 We are the most reliable **real estate agency** in this region, with vast expertise.
(当社は幅広い専門知識を持った、この地域で最も信頼されている不動産業者です)

---

573 asset
[ǽset]

名 財産、強み

例 Committed exclusively to socially responsible investing, we are happy to handle your **asset** management.
(弊社は社会的責任投資にのみ従事しており、あなたの資産運用を喜んでお引き受け致します)

▶▶ socially responsible investing (SRI) 社会への責任を果たそうとする企業を対象とする投資

可算・不可算名詞の問題で出ることもある。asset は可算名詞(複数形は assets)

● 前回の単語覚えてる？　　**acknowledge**

574 property
[prápərti]
- 名 財産、地所
- 形 proper 適切な
- 副 properly 適切に

例 If you are thinking of selling your **property**, please don't hesitate to contact us for a free value estimate.
（不動産の売却をお考えであれば、無料のお見積もりについてご遠慮なく弊社にご連絡ください）

575 down payment
- 頭金

例 You are eligible to apply for the **down payment** and closing cost assistance program if you are a low income, first home buyer.
（低所得者の方で初めて住宅を購入される場合には、頭金と権利移転費用の援助プログラムの申し込みをする資格があります）

▶▶ closing cost　権利移転費用（不動産取引の手続き完了時に払う費用）

576 rural
[rúərəl]
- 形 田園の、田舎の
- 類 rustic / country
- 反 urban 都会の

例 This search engine allows you to view **rural** property listings by region and value.（この検索エンジンで、地域、価格別に田園地帯の不動産一覧がご覧になれます）

577 atmosphere
[ǽtməsfìər]
- 名 雰囲気、大気
- 形 atmospheric 大気の

例 Cozy Real Estate is a family-run business with a friendly **atmosphere**.（コージー不動産は、親しみやすい雰囲気を持った家族経営の会社です）

UNIT 7　Part 7　読解

前回の単語覚えてる？ **withhold**

578 customize ...
[kʌ́stəmàiz]
動 …を特別仕様にする、特注生産する

例 For just a small investment, you can have your vehicles **customized**.
（少しばかりの投資で、あなたの車を特別仕様にすることができます）

579 assessment
[əsésmənt]
名 査定、評価
動 assess ... …を査定・評価する

例 This business **assessment** is free, with no obligation to purchase any services.
（このビジネス査定は無料で、どのサービスも購入の義務は一切ありません）

580 merchandise
[mə́ːrtʃəndàiz]
名 U 商品
類 C goods

例 If you need promotional **merchandise**, you'll find a supplier here.（販売促進用商品がご入り用でしたら、当社にご用命ください）

581 adaptable
[ədǽptəbl]
形 適合できる
動 adapt 適合させる
名 adaptation 適合

例 This device is **adaptable** to a variety of coatings.
（この装置は、さまざまな塗装に対応できます）

582 quality
[kwáləti]
名 品質、性質
形 良質の

例 We offer high **quality** products within a fair price range.
（高品質の製品を適正な価格帯で提供致します）

商業広告

Set 3

583 quantity
[kwɑ́ntəti]
名 数量

例 Price reductions for **quantities** greater than those shown on this advertisement may be available.（この広告に表示されている以上の数量には、値引きがご利用になれることがあります）

584 warranty
[wɔ́ːrənti]
名 保証
warrant ... 動 …を保証する
名 令状

例 The **warranty** for all electrical appliances is valid for two years from the date of purchase.
（すべての電気製品の保証は、購入日から2年間有効です）

585 stimulate ...
[stímjulèit]
動 …を刺激する
形 stimulating 刺激的な
名 stimulation 刺激すること

例 This self-improvement workshop will **stimulate** your potential.（この自己改善セミナーは、あなたの潜在能力を刺激します）

名 stimulus（刺激するもの [something to stimulate]）
複数形は stimuli [stímjulài]

メモリーチェック！ 今回のセットの終わりに、1.〜15.の意味を30秒以内で言ってみよう。

- 1. property
- 2. quality
- 3. adaptable
- 4. atmosphere
- 5. stimulate
- 6. rural
- 7. down payment
- 8. warranty
- 9. customize
- 10. merchandise
- 11. quantity
- 12. real estate agency
- 13. assessment
- 14. advertisement
- 15. asset

UNIT 7 Part 7によく出る単語

Set 4 ● 求人広告

CDで意味と発音、例文を確認したら、繰り返し声に出して読もう。

---

586 ☐ classified ad

求人・三行広告
[classified 分類された＋ad (advertisement) 広告]

例▶ If you are interested in this **classified ad**, please visit our home page for more details.
(この求人広告にご興味がおありでしたら、詳細は弊社ホームページをご覧ください)

---

587 ☐ candidate
[kǽndidèit]

名 候補者
名 candidacy 立候補

例▶ Successful **candidates** must have at least three years of experience in this field.
(採用となる候補者は、この分野で少なくとも3年の経験がなければなりません)

⚠ 引っ掛けに注意。candidacy は「人」を表さない。

---

588 ☐ account executive

取引先担当責任者、営業担当者

例▶ This rapidly growing investment company is seeking an experienced **account executive**.
(急成長しているこの投資会社は、経験を積んだ取引先担当責任者を求めています)

⚠ 引っ掛けに注意。account executive は「重役」でもないし、「会計」とも関係がない！ Part 4、7の選択肢で、director (重役) や accountant (会計士) を account executive との言い換えの表現に選ばないようにしよう。

● 前回の単語覚えてる?　　　**property**

589 **interview** [íntərvjùː]
名 面接
動 (…と) 面接する

例 Please call us to make an appointment for an **interview**.
(面接の予約は電話でお願いします)

590 **job opening**
欠員、仕事のあき

例 We have some **job openings** in the cafeteria.
(食堂に何人かの欠員があります)
　opening だけで「欠員」の意味で用いられることもある。

591 **commensurate** (with …) [kəménsərət]
形 (…と) 比例した、(…に) 応じた

例 Salary is **commensurate with** experience and performance. (給与は経験と実績に応じます)

592 **compensation** [kàmpənséiʃən]
名 報酬、補償
動 compensate 償う

例 We offer an attractive **compensation** package.
(わが社は魅力的な報酬パッケージを提供しております)

593 **remuneration** [rimjùːnəréiʃən]
名 給与、報酬

例 We pay equal **remuneration** for men and women workers. (わが社は男女の従業員に平等な給与を支払っています)

UNIT 7 Part 7 読解

● 前回の単語覚えてる?　　**assessment**

594 **certificate**

名 [sərtífikət] 証明書
動 [sərtífəkèit] 証明書を与える

例 If you are a CPA, please send a copy of your **certificate** with the application. (公認会計士の資格がある方は、資格証明書の写しを応募書類と一緒にお送りください)

▶▶ CPA (certified public accountant) (アメリカの)公認会計士

💡 もうひとつの名詞も重要 → certification (証明書)

595 **résumé**

名 [rézumèi] 履歴書
動 resume [rizúːm] 再開する
(名と動の語源は別)

例 Please send us your **résumé** along with three letters of recommendation. (履歴書を推薦状3通と一緒にお送りください)

💡 セットで覚えよう！
　　consume 消費する　assume 想定する　presume 推定する

596 **degree**
[digríː]

名 学位、程度、温度

例 Candidates must have a university **degree** and be ready to be assigned to East Asia.
(候補者は大卒で、東アジアへの赴任に応じられなければなりません)

💡 このイディオムも重要 → to some degree (ある程度まで)

597 **desirable**
[dizáiərəbl]

形 望ましい
desire 動 (強く)望む
　　　　名 願望

例 An MBA degree is **desirable** but not essential.
(経営学修士の学位は望ましいですが、必須ではありません)

▶▶ MBA (Master of Business Administration)　経営学修士

求人広告　　　　　　　　　　　　　　　　　　　　　　　Set 4

598 hands-on　　熟 実践の、直接手を触れる

例 **Hands-on** experience in designing multimedia processing systems is a huge plus.（マルチメディア処理システムの設計での実践経験は、非常に有利となります）

599 report to ...　　熟 …の下で働く、…に報告する

例 This position will **report** directly **to** the vice-president.（この仕事は副社長直属となります）

600 screening [skríːniŋ]　　名 選考すること
　　　　　　　　　　　　　　　　動 screen ... …をふるいにかける

例 The **screening** process will involve evaluating applicants to determine which applicants best meet the requirements for the various positions.（選考過程では、どの応募者が、さまざまな仕事の必須要件を最も満たしているかを決めるために、応募者の評価を行います）

メモリーチェック!　今回のセットの終わりに、1.～15.の意味を30秒以内で言ってみよう。

- 1. remuneration
- 2. candidate
- 3. résumé
- 4. job opening
- 5. desirable
- 6. classified ad
- 7. compensation
- 8. interview
- 9. certificate
- 10. commensurate
- 11. hands-on
- 12. account executive
- 13. screening
- 14. report to
- 15. degree

UNIT 7　Part 7　読解

UNIT 7 — Part 7 によく出る単語

Set 5 ● フォーム（申込書など）

CDで意味と発音、例文を確認したら、繰り返し声に出して読もう。

---

601 indicate ...
[índikèit]
動 …を示す
名 indication　表示

例 Please **indicate** an alternate course to be taken in the event that your first choice is unavailable.
（第一希望が満席の場合に、代わりに取るコースを記しておいてください）

---

602 premium
[príːmiəm]
名 保険料金、割増料金
類 rate　料金
形 高級な

例 Box 7 shows the **premium** total for this insurance.
（欄7が、この保険の保険料の合計を示しています）
▶ box　（申込用紙などの）囲み、欄

---

603 duplicate
形 [djúːplikət]　複製の、控えの
名 [djúːplikət]　複製
動 [djúːpləkèit]（…を）複製する

例 A **duplicate** copy of our insurance policy is not acceptable.
（弊社の保険証書の複写は受け付けられません）

---

604 contingency
[kəntíndʒənsi]
名 偶発事故
contingent　形 不測の
名 派遣団

例 Please indicate the kind of **contingency** against which you want to be insured.
（あなたが保険を掛けておきたい偶発事故の種類を示してください）

◎前回の単語覚えてる？　**commensurate**

605 fill out ...
熟 （用紙などに）記入する
類 complete

例▶ Please **fill out** this contingency insurance application form and send it to us.
（この偶発事故保険申込書に記入して弊社へお送りください）

606 questionnaire
[kwèstʃənéər]
名 アンケート

例▶ We would appreciate it if you could take the time to fill out this **questionnaire**.
（このアンケートのご記入にお時間をいただければ幸いです）

607 census
[sénsəs]
名 国勢調査（書）

例▶ Please complete this **census** using a black or blue pen.
（この調査書は黒か青のペンを使って記入してください）

608 survey
名 [sə́ːrvei] 調査
動 [sərvéi] （…を）調査する、見渡す

例▶ This **survey** looks at 1,000 start-up businesses which have been established over the last two years.
（この調査では、ここ2年間に設立された1000の新規事業を考察します）

UNIT 7　Part 7　読解

245

●前回の単語覚えてる？　　**candidate**

609 **invoice** [ínvɔis]
- 名 請求書、送り状
- 動 （…に）請求書を送る

例 If you have any questions about this **invoice**, please contact us at the number below.
（この請求書について何かご質問がございましたら、下記番号までご連絡ください）

610 **item** [áitəm]
- 名 品目、項目、条項
- 動 itemize ... …を項目別にする

例 The total quantity of all the **items** is shown below.
（全品目の合計数量は下記に表示されています）

611 **print ...** [prínt]
- 動 …を活字体で書く、印刷する
- 名 印刷

例 Please **print** all information except your signature.
（署名以外のすべての情報は活字体で書いてください）

612 **subtract ...** [səbtrækt]
- 動 …を差し引く
- 名 subtraction 引くこと

例 **Subtract** the amount in Column 20 from that in Column 24.
（欄24の金額から欄20の金額を差し引いてください）

▶▶ column　（表の）欄、縦の列

⚠ 四則計算の表現を覚えておこう。
　　足す plus / add　　引く minus / subtract
　　割る divide　　掛ける multiply

フォーム（申込書など）

Set 5

613 carry over ...
熟 …を繰り越す、持ち越す

例 Column 6 indicates the balance **carried over** from the previous month. （欄6は前月から繰り越した残高を示しています）

▶▶ carried over（繰り越された）は、the balance を後ろから修飾している。前に [which / that] is を補うと分かりやすい。

614 miscellaneous
[mìsəléiniəs]
形 その他もろもろの、雑多な

例 The expense for such items as coffee, fragrances or detergents should be included in "**miscellaneous**."
（コーヒー、芳香剤、洗剤などの品目の経費は、「その他」に含まれるべきです）

615 exempt
[igzémpt]
形 免除された
動 (…を)免除する
名 exemption 免除

例 Only corporations are tax **exempt**.
（法人企業のみが免税の対象となる）

⚠ この表現も重要 → be exempt from ... （…から免除されている）

メモリーチェック！

今回のセットの終わりに、1.〜15.の意味を30秒以内で言ってみよう。

- 1. contingency
- 2. invoice
- 3. fill out
- 4. miscellaneous
- 5. carry over
- 6. exempt
- 7. census
- 8. item
- 9. duplicate
- 10. print
- 11. premium
- 12. subtract
- 13. survey
- 14. questionnaire
- 15. indicate

UNIT 7 Part 7 読解

UNIT 7 Part 7 によく出る単語　学習日 1回目 ／ 2回目 ／ 3回目 ／

Set 6 ● 記事

CDで意味と発音、例文を確認したら、繰り返し声に出して読もう。

---

616 **bankruptcy**
[bǽŋkrʌptsi]

名 倒産
形 bankrupt 倒産した

例 The two renowned textile companies filed for **bankruptcy** almost simultaneously.
（2社の有名な繊維会社が、ほとんど同時に破産申請をした）

> 倒産する [go / become] bankrupt または go out of business / fail

---

617 **affect ...**
[əfékt]

動 …に影響する
名 affection 愛情

例 That company doesn't seem to realize that its failure to pay the overdue loan will **affect** its credibility.
（あの会社は、延滞ローンの支払い不履行が自社の信用に影響するということを認識していないようだ）

---

618 **restructuring**
[riːstrʌ́ktʃəriŋ]

名 リストラ、再建
動 restructure 再建する

例 Stockholders urged the executive board to implement effective **restructuring** plans.
（株主たちは、効果的なリストラ計画を実行するよう重役会をせきたてた）

---

619 **involve ...**
[inválv]

動 …を巻き込む、関与させる
名 involvement 関与

例 The survey **involved** 500 executives in this region.
（その調査は、この地域の500人の重役を対象に行われた）

● 前回の単語覚えてる？　　**exempt**

620 **layoff**
[léiɔ(:)f]

- 名 一時解雇
- 動 lay off ... …を一時解雇する

例 It is presumed that **layoffs** will be an indispensable part of the restructuring. （一時解雇はそのリストラの不可欠な部分になるだろうと推定されている）

621 **circumstance**
[sə́ːrkəmstæns]

- 名 状況、事情

例 In such difficult **circumstances** the governor had no choice but to resign.
（そのような困難な状況下では、知事には辞任しか選択の余地はなかった）

この表現も重要 → under no circumstances（決して…ない）

622 **contaminate ...**
[kəntǽmənèit]

- 動 …を汚染する
- 名 contamination 汚染

例 Diet Drinks was accused of selling **contaminated** beverages. （ダイエットドリンク社は、汚染された飲料を販売していたことで告発された）

類義語 pollute ...（…を汚染する）も重要。

623 **prospect**
[práspekt]

- 名 見通し
- 動 探し求める
- 形 prospective 見込みのある

例 There is the **prospect** of greater greenhouse gas emissions in the future.
（将来、より多くの温室効果ガスが排出されるとの見通しがある）

▶▶ greenhouse gas　地球温暖化を引き起こすガス

● 前回の単語覚えてる？　　**contingency**

624 **breakthrough**
[bréikθrù:]
名 大発見、大躍進

例 The **breakthrough** by the YS research team stimulated investment.（YS研究チームによる大発見は、投資を刺激した）

625 **feat**
[fí:t]
名 離れ技、功績

例 The contortionist's remarkable **feat** was applauded by the audience.（曲芸師の見事な離れ技は、観客から拍手を受けた）

626 **violate ...**
[váiəlèit]
動 …に違反する
名 violation 違反

例 The traveler was not aware that what he did **violated** the law in this country.（その旅行者は、自分のしたことがこの国では法律に違反すると認識していなかった）

627 **run the risk**
熟 危険を冒す

例 The man **ran the risk** of being sued for illegally duplicating a copyrighted photo.（その男性は、著作権のある写真を違法に複製して告訴されるという危険を冒した）

628 **allegedly**
[əlédʒidli]
副 申し立てによると
動 allege ... …を申し立てる

例 The politician **allegedly** tried to run away after violating a traffic law.（その政治家は、申し立てによると、交通違反をした後に逃走しようとした）

記事

Set 6

629 suspect
名 [sʌ́spekt] 容疑者
動 [səspékt] 疑う
形 suspicious 怪しげな

例 Even after intensive investigation, the police still only have circumstantial evidence against their main **suspect**.（徹底調査の後でさえ、警察は主犯容疑者に対してまだ状況証拠しかつかめていない）

- もうひとつの名詞も重要 → suspicion（疑念）
- doubt との用法の違いに注意。
  I **doubt** that Roy stole the car.（ロイが車を盗んだのではないと疑っている）[否定的] に疑う。
  I **suspect** that Roy stole the car.（ロイが車を盗んだと疑っている）[肯定的] に疑う。

630 recession
[riséʃən]
名 不況、後退
recess 名 動 休憩 [する]

例 The ongoing severe **recession** left the company no means by which to survive.（引き続く厳しい不況は、その会社に、生き残る手立てを何ひとつ残さなかった）

▶▶ この by which to do は [関係代名詞＋不定詞] の用法。which の先行詞は means（手段）。

メモリーチェック！
今回のセットの終わりに、1.〜15.の意味を30秒以内で言ってみよう。

- [ ] 1. prospect
- [ ] 2. contaminate
- [ ] 3. suspect
- [ ] 4. feat
- [ ] 5. bankruptcy
- [ ] 6. violate
- [ ] 7. circumstance
- [ ] 8. involve
- [ ] 9. layoff
- [ ] 10. allegedly
- [ ] 11. recession
- [ ] 12. affect
- [ ] 13. breakthrough
- [ ] 14. run the risk
- [ ] 15. restructuring

UNIT 7 Part 7 読解

UNIT 7

全単語 総チェック

Practice Test の前に再確認してみよう!　　正答数　　/ 90個

Set 1 社内メモ・告示文
- [ ] **administration** 管理
- [ ] **payroll department** 給与課
- [ ] **deregulation** 規制緩和
- [ ] **dress code** 服装規定
- [ ] **paid holiday** 有給休暇
- [ ] **mandatory** 義務的な
- [ ] **notify . . .** …に通知する
- [ ] **notice** (事前)通知
- [ ] **purchase . . .** …を購入する
- [ ] **session** 講座
- [ ] **sign up for . . .** …に申し込む
- [ ] **turn in . . .** …を提出する
- [ ] **negligence** 過失
- [ ] **appraisal** 査定
- [ ] **dismiss . . .** …を解雇する

Set 2 手紙・Eメール
- [ ] **recipient** 受取人
- [ ] **shipment** 荷物
- [ ] **remittance** 送金
- [ ] **appropriate** 適切な
- [ ] **substitute** 代替の
- [ ] **indispensable** 不可欠の
- [ ] **relevant** 該当する
- [ ] **overdue** 期日が過ぎた
- [ ] **acknowledge . . .** (…の受け取りを)確認する
- [ ] **enclose . . .** …を同封する
- [ ] **decline** 断る
- [ ] **reply** 返事
- [ ] **presume . . .** …と推定する
- [ ] **urge . . .** …をせきたてる
- [ ] **withhold . . .** …を控える

Set 3 商業広告
- [ ] **advertisement** 広告
- [ ] **real estate agency** 不動産業者
- [ ] **asset** 財産
- [ ] **property** 財産
- [ ] **down payment** 頭金
- [ ] **rural** 田園の
- [ ] **atmosphere** 雰囲気
- [ ] **customize . . .** …を特別仕様にする
- [ ] **assessment** 査定
- [ ] **merchandise** 商品
- [ ] **adaptable** 適合できる
- [ ] **quality** 品質
- [ ] **quantity** 数量
- [ ] **warranty** 保証
- [ ] **stimulate . . .** …を刺激する

Set 4 求人広告
- [ ] **classified ad** 求人広告
- [ ] **candidate** 候補者

- [ ] **account executive** 取引先担当責任者
- [ ] **interview** 面接
- [ ] **job opening** 欠員
- [ ] **commensurate** 比例した
- [ ] **compensation** 報酬
- [ ] **remuneration** 給与
- [ ] **certificate** 証明書
- [ ] **résumé** 履歴書
- [ ] **degree** 学位
- [ ] **desirable** 望ましい
- [ ] **hands-on** 実践の
- [ ] **report to . . .** …の下で働く
- [ ] **screening** 選考すること

Set 5 フォーム（申込書など）
- [ ] **indicate . . .** …を示す
- [ ] **premium** 保険料金
- [ ] **duplicate** 複製
- [ ] **contingency** 偶発事故
- [ ] **fill out . . .** （用紙などに）記入する
- [ ] **questionnaire** アンケート
- [ ] **census** 国勢調査（書）
- [ ] **survey** 調査
- [ ] **invoice** 請求書
- [ ] **item** 品目
- [ ] **print . . .** …を活字体で書く
- [ ] **subtract . . .** …を差し引く
- [ ] **carry over . . .** …を繰り越す
- [ ] **miscellaneous** その他もろもろの
- [ ] **exempt** 免除された

Set 6 記事
- [ ] **bankruptcy** 倒産
- [ ] **affect . . .** …に影響する
- [ ] **restructuring** リストラ
- [ ] **involve . . .** …を巻き込む
- [ ] **layoff** 一時解雇
- [ ] **circumstance** 状況
- [ ] **contaminate . . .** …を汚染する
- [ ] **prospect** 見通し
- [ ] **breakthrough** 大発見
- [ ] **feat** 離れ技
- [ ] **violate . . .** …に違反する
- [ ] **run the risk** 危険を冒す
- [ ] **allegedly** 申し立てによると
- [ ] **suspect** 容疑者
- [ ] **recession** 不況

UNIT 7
Set 7 ● Practice Test

Part 7 読解問題

制限時間18分

得点アップの秘訣

Part 7では、パッと見て文の種類の見当をつけたら質問を読み、質問への答えを抜き取るつもりで問題文を最初から見ていく。質問に関係のない部分まで読む必要はない。正解となる選択肢のほとんどは、本文での表現が別の言葉で言い換えられている。これまでに覚えてきた類義語の知識を役立てよう。

長文を読み、選択肢の中から最も適当なものを選び解答欄にマークしてください。

Questions 1-2 refer to the following advertisement.

A leading pharmaceutical company is seeking an account executive. Our office-based sales professionals are responsible for selling our product line to specialists in our key therapeutic areas — cardiovascular disease, diabetes, central nervous system, and vaccines.
Successful candidates must have the following:
- four-year science degree (MBA desirable)
- two years of pharmaceutical sales experience with documented track record of success
- readiness to travel to meetings/training (additional travel may be required within assigned territory)
- suitable background (complete check is a must)
- driver's license and car insurance

We offer an attractive compensation package — salary commensurate with the candidate's experience and background — plus full benefits, and opportunities for advancement. Send your résumé by the 10th with at least one letter of recommendation from your current or a previous employer. After screening all documents we'll call the candidates to confirm interview appointments.

1. What is NOT required of an applicant?
 (A) Automobile insurance
 (B) Preparedness for occasional travel
 (C) An MBA
 (D) Hands-on experience working in the same field

2. How will the successful candidate's remuneration be determined?
 (A) Based on assignments
 (B) According to work done previously
 (C) By performance appraisals
 (D) Depending on the company revenue

解答欄

1. (A) (B) (C) (D)　**2.** (A) (B) (C) (D)

Practice Test

Questions 3-5 refer to the following memorandum.

Memorandum

Bright Star Securities
Ann Mackingy
Administration Office

To all sales representatives

As you know, we conducted our annual customer satisfaction survey last month. Regrettably it was revealed that fewer customers than last year gave us a good appraisal. By analyzing their responses to our questionnaire, we've found many clients are less confident in us because of our attitude and attire.

Some clients actually mentioned that certain representatives didn't look professional at all and that this made them feel uncomfortable when talking about investment. The executive board is taking this matter very seriously and has told our department to hold a workshop to give you some advice on how to be better professionals, how to handle customers, and what to wear. You will be reminded of our dress code.

Mr. Hartman from the personnel department will lead four sessions on May 5 and 7 — from 10 a.m. to noon and from 1 p.m. to 3 p.m. each day. Please arrange your schedule and sign up for one of them. Attending this workshop is mandatory and so neglecting this notice could lead to dismissal.

☐ **3.** What prompted this memorandum?
   (A) Changes in the company's dress code
   (B) A postponed seminar
   (C) Violation of the purchase regulations
   (D) Depressing evaluations

☐ **4.** How long will the seminar last?
   (A) Two hours
   (B) Four hours
   (C) Two days
   (D) Three days

☐ **5.** What are the attendees most likely to do at the session?
   (A) Neglect the supervisor's instructions
   (B) Dismiss their customers' comments
   (C) Listen to Mr. Hartman
   (D) Fill out a questionnaire

解答欄

3. (A) (B) (C) (D)   **4.** (A) (B) (C) (D)   **5.** (A) (B) (C) (D)

Questions 6 - 8 refer to the following advertisement.

CM Brothers

**Looking for a property?
Then look no further.
CM Brothers offers you a great range of commercial and home properties. Here is one of the latest and hottest properties:**

The restaurant   #402
Baltimore County, Maryland

This nice restaurant is located in a beautiful rural area but conveniently situated near a busy highway. A landmark establishment within walking distance of JK Hopkins University, it does great lunchtime food business five days a week and has exceptional bar and dinner business seven nights a week. Exposed brick walls and interior design give this establishment an old 60's atmosphere that generates a lot of repeat visitors. The inside has recently been completely renovated.

The owner is retiring from business. Don't miss this great opportunity!

2000sq.ft 70 seats
established in 1989
Asking $240,000. ; will accept half down payment + half installments. Furniture, fixtures and equipment $9,000. (included in the asking price)
Special cooker is fully equipped, with one-year warranty.

6. What is CM Brothers?
 (A) Food service chain
 (B) Home builder
 (C) Real estate agency
 (D) Advertising agency

7. What is the minimum initial cost for the buyer?
 (A) $9,000
 (B) $120,000
 (C) $240,000
 (D) $330,000

8. What is true about this property?
 (A) The current owner became ill.
 (B) It was built in the 1960's.
 (C) It needs remodeling.
 (D) It's away from the center of the city.

解答欄

6. (A) (B) (C) (D)   **7.** (A) (B) (C) (D)   **8.** (A) (B) (C) (D)

Practice Test

Questions 9-13 refer to the following table and letter.

Training Schedule

	Monday, June 25	Tuesday, June 26	Wednesday, June 27
A.M.	-Welcome Orientation Company Policy: *"From Holidays to Dinner Galas"*	-Discussion on *"Keeping the Bond: Customer Loyalty and Public Relations"*	-Presentations Teams C and D
P.M.	-Address from James White, CEO, on *"Serving the Customer"* -Discussion	-Discussion -Presentations Teams A and B	-Receive First Assignment and Briefing from Department Heads

※ On Tuesday night, from 5:45: Cocktail and Dinner Party with the Firm and V.I.P. Customers   (This is a black-tie event: please bring appropriate attire)

Ms. Carrie Paschel
Golden Gate View #201
23 West America Drive
San Francisco, CA 94121   June 16

Dear Ms. Paschel,

It is a true pleasure to welcome you to Pinnacle Trading, the most exclusive trading firm on the West Coast. We pride ourselves in always putting the customer first, creating an atmosphere of utmost professionalism in a stimulating work environment, and ensuring absolute quality and perfection. We were wowed by your qualifications and skills, and we are confident you are the ideal person to help enhance our corporate image through the media. I, for one, know you will be a tremendous asset to our firm, and I am eagerly anticipating working with you.

Enclosed is your training schedule for your first three days on the job. You have been assigned to the C Team for all training tasks and meetings. After completing our training program, you will be fully ready to take your place in our fine organization. Should you have any questions, please feel free to contact me. I look forward to meeting you.

Most Sincerely,

Dominic Hill
Vice President, Personnel

---

9. What department will Ms. Paschel probably belong to?
   (A) P. R.
   (B) Engineering
   (C) Accounting
   (D) Recruitment

10. When will the trainees discuss dress codes and paid vacations?
   (A) Monday morning
   (B) Tuesday morning
   (C) Tuesday afternoon
   (D) Wednesday morning

11. What will Ms. Paschel probably wear Tuesday night?
   (A) A business suit
   (B) An evening gown
   (C) Jeans and a T-shirt
   (D) A skirt and blouse

12. When will Ms. Paschel give a presentation?
   (A) June 16
   (B) June 25
   (C) June 26
   (D) June 27

13. In the letter, the word "stimulating" in paragraph 1, line 4 is closest in meaning to:
   (A) extraordinary
   (B) rapid
   (C) innovative
   (D) exciting

解答欄

9. (A) (B) (C) (D)   10. (A) (B) (C) (D)   11. (A) (B) (C) (D)   12. (A) (B) (C) (D)   13. (A) (B) (C) (D)

Questions 14-18 refer to the order sheet and e-mail.

ORDER SHEET

Advanced Cable Solutions   453 East Main Street, Louisville, KY 41041

Ship to: Pioneer High School, 901 SE Blue Bank, Louisville, KY 41016
Date of Order: April 27   Date of Shipment: April 29
Method of Payment: Electronic Remittance

QUANTITY	ITEM	PRICE (PER ITEM)	TOTAL
2	ABC® BLACK REMOTE CONTROL	$14.00	$28.00
3	DATA ELECTRIC© S-CORD	$10.00	$30.00
5	PLZ™ DVD PLAYER (SILVER)	$110.00	$550.00
			$608.00

To: Henry Jones, principal <hjones@phs.com>
From: Tom Rodriguez, Advanced Cable Solutions <trod@acs.com>
Re: Order of April 27   Date / Time: April 28, 09:42

Dear Mr. Jones,

This e-mail is to notify you that your order from Advanced Cable Solutions of yesterday, April 27, will not be able to be filled as you specified due to a quantity shortage of Silver PLZ DVD Players. Because of heavy demand for this color, we no longer have models of this color in stock. We do, however, have the desired model in black or white. What is your second choice for the item's color? Or, if you prefer, we can place an order with PLZ for additional silver models, but the order will not be shipped to you for two weeks. Please let us know your preference. We apologize for this inconvenience, and we are happy to give you a 10 percent discount on this order. Thank you for your business.

Sincerely,

Tom Rodriguez
Advanced Cable Solutions

14. When was the order placed?
(A) April 27
(B) April 28
(C) April 29
(D) April 30

15. How will Pioneer High School pay Advanced Cable Solutions?
(A) By check
(B) By cash
(C) By wire transfer
(D) By money order

16. Who most likely is Tom Rodriguez?
(A) A principal
(B) A representative
(C) An editor
(D) An engineer

17. What is the problem?
(A) Models are out of stock in the desired color.
(B) The manufacturer discontinued producing the item.
(C) Some items were recently recalled.
(D) The invoice was mistakenly lost.

18. What does Advanced Cable Solutions offer to do?
(A) Charge no shipping fee
(B) Offer a free DVD player
(C) Introduce another supplier
(D) Reduce the price

解答欄

14. (A) (B) (C) (D) **15.** (A) (B) (C) (D) **16.** (A) (B) (C) (D) **17.** (A) (B) (C) (D) **18.** (A) (B) (C) (D)

UNIT 7 Practice Test

Practice Test ● Part 7 読解問題 訳と解答

＊解答のポイントとなる語句に色が付いている

Questions 1-2

[訳] 質問1と2は次の広告に関するものです。

　主要製薬会社の一社が営業担当者を探しています。この在社ベースの営業担当部員には、当社の主要治療対象部門である、循環器疾患、糖尿病、中枢神経系、ワクチンにおける専門家への当社製品ラインの販売に対し責任を負っていただきます。

採用となる候補者は、次の条件を満たさなければなりません。

- 4年制大学での科学分野の学位（経営学修士号はあれば望ましい）
- 成功実績を書面で裏付けした、2年間の製薬販売経験
- 会議や研修で出張できること（これ以外にも担当地域内での出張が必要な場合もあり）
- 適切な経歴（徹底した審査が必ず行われます）
- 運転免許及び自動車保険

当社は魅力的な報酬パッケージ（給与は応募者の経験と経歴に応じる）に加え、完全な福利厚生、昇進の機会も提供しています。10日までに、現在または以前の雇用者からの少なくとも1通の推薦状と、履歴書をお送りください。すべての書類を審査した後、面接の予約を確認するため、候補者にはお電話いたします。

TOEIC対策プラスアルファ　　　　　　　　　　　構文・語句のヒント

設問1.の質問文 What is NOT required of an applicant? は、受動態の否定疑問文。require を「人に物を要求する」という意味で用いるときは、[require ＋人＋物]ではなく [require ＋物＋ of 人] という形を取る。能動態の文にさかのぼって意味を考えると分かりやすいだろう。

能動態　They require a degree of an applicant.
　　　　　　　　　　　　（彼らは応募者に学位を要求している）

受動態　A degree is required of an applicant (by them).
　　　　　　　　　　　　（学位が応募者に要求されている）

疑問文　What is required of an applicant?
　　　　　　　　　　　　（何が応募者に要求されているか？）

1. 【正解】(C)

[設問の訳] 応募者に必要とされて**いない**ものは何ですか?

(A) 自動車保険
(B) 時折出張する準備があること
(C) 経営学修士号
(D) 同分野で働いた実務経験

【解説】「問題文の内容と合っている(もしくは合っていない)ものはどれか?」というタイプの設問は、関連する部分を読みながら、選択肢をひとつずつ本文と照合していく。ここでは「…でないもの」が問われている。問題文の candidate「候補者」(→p. 240) が applicant で言い換えられている。candidates must have ... 以下に挙げられている応募資格を見ていく。(A) は最後の ... car insurance、(B) は3つ目の readiness ... をそれぞれ言い換えている。(C) の MBA については最初に MBA desirable とあるが、desirable (→p. 242) は、「望ましい」だけであって、「必須」というわけではないので、これが正解。(D) は2つ目の two years of pharmaceutical sales experience の言い換えになっている。

2. 【正解】(B)

[設問の訳] 採用される応募者の報酬はどのように決定されますか?

(A) 職務に基づいて
(B) 以前した仕事によって
(C) 業績の評価によって
(D) 会社の収益によって

【解説】本文で、remuneration「報酬」(→p. 241) について述べている部分を探していくと、応募資格のすぐ下の行に compensation (→p. 241) や salary といった単語が見つかる。その辺りに注目して読むと、salary commensurate with the candidate's experience and background (給与は応募者の経験と経歴に応じる) と述べられている。commensurate with ... (→p. 241) は「…と比例する」の意味。(B) は、「以前になされた仕事に従って」、つまりこれまでの「経験や経歴に応じて」の言い換えとなっている。従って (B) が正解。(A) (C) (D) はいかにもあり得そうな内容だが、問題文では書かれていない。

UNIT 7　　　　　　　　　　　　　　　　　　　　Practice Test

Questions 3-5

[訳]　質問3から5は次の通達に関するものです。

通達

ブライト・スター証券
アン・マッキンジー
総務部

営業部員各位

　ご承知の通り、例年の顧客満足度調査を先月行いました。残念ながら、良い評価をしてくださる顧客が前年より少なくなっていることが明らかになりました。アンケートに対する回答を分析したところ、われわれの態度や服装のせいで、多くの顧客の信頼が薄れているということが分かりました。

　ある営業部員たちは全くプロには見えず、そのために投資について話をするときに、不安を感じる、と実際に記入した顧客もいました。重役会はこのことを非常に重く受けとめ、どのようにすればより良いプロになれるか、どのように顧客に応対すべきか、どのようなものを身に着けるべきか、ということについて皆さんに何らかの助言を与えるための研修会を開催するよう、われわれの部署に要請しました。服装規定を再確認していただくことになるでしょう。

　人事部のハートマン氏が、5月5日と7日にそれぞれ、午前10時から正午までと、午後1時から3時までの、4つの講座で指導します。スケジュールを調整し、そのうちの一つに登録してください。この研修会への出席は皆さんの義務であり、この通知を無視することは解雇につながることがあります。

TOEIC対策プラスアルファ　　　　　　　　　　　　構文・語句のヒント

1. 第1パラグラフ第2文の fewer customers than last year（去年より少ない顧客）で、few が使われているが、few が比較級と最上級で用いられるときには、「ほとんど…ない」という否定的な意味にならず、単に「より少ない」（比較級）、「最も少ない」（最上級）という意味になる。

2. 第2パラグラフ第1文の and that this made them . . . about investment は、mentioned の直後の目的語となっている that certain representatives . . . at all の節と並んで、mentioned のもうひとつの目的語の節になっている。もし、and that の that がないと、顧客の述べたことでなく、この通達を書いた人の言葉となってしまう。

3. 2. の文の最後 when talking about . . . は主節と主語が同じなので、when の後の主語＋be動詞（clients were）が省略されている。

Set 7

3. 【正解】(D)

[設問の訳] この通達のきっかけになったことは何ですか？
(A) 会社の服装規定における変更　(B) 延期された研修会
(C) 購入規定に対する違反　(D) 気のめいるような評価

【解説】 この通達の発端となったことは何かが問われている。第1パラグラフの第2文 Regrettably ... 以下で、顧客アンケートの結果が思わしくなかったことが報告され、第2パラグラフの第2文 The executive board ... what to wear. でその結果を受けて、研修会を開催することになったと書かれている。従って、評価が悪かったことを depressing「がっかりさせる、気のめいる」(→ p. 207) で表している (D) が正解。(D) は「顧客による」という具体的な言葉が含まれていない包括的な表現だが、depressing evaluations であることは問題文の内容と合致するので、これが正解になる。

4. 【正解】(A)

[設問の訳] この研修会はどれぐらい続きますか？
(A) 2時間　(B) 4時間　(C) 2日　(D) 3日

【解説】 第3パラグラフの sessions（講座）(→ p. 230) の付近に注目する。質問文の last は「続く、継続する」という意味で、1回の研修会の所要時間を質問している。研修会の開催日数を聞いているわけではないので注意しよう。両日とも研修会は、10時から正午までと、1時から3時までの2回開かれるので、1回の研修会は (A) 2時間である。

5. 【正解】(C)

[設問の訳] 参加者は講座で何をする可能性が最も高いですか？
(A) 監督者の指示を無視する　(B) 顧客のコメントを退ける
(C) ハートマン氏の話を聞く　(D) アンケート用紙に記入する

【解説】 (A) と (B) は、常識的にあり得ず、問題文とも合っていないのですぐに落とせる。講座の内容は第2パラグラフの後半 a workshop to give you ... 以下で述べられているが、それに該当する選択肢はない。(C) か (D) のどちらかだが、第3パラグラフから講師はハートマン氏であることが分かるので、全く触れられていない (D) を落として、(C) を選ぶ。

UNIT 7　　　　　　　　　　　　　　　　　　　　　　Practice Test

Questions 6-8

[訳] 質問6から8は次の広告に関するものです。

CMブラザーズ

不動産をお探しですか？
それならここ以外をお探しになる必要はございません。
CMブラザーズは幅広い事業用、居住用物件をご提供しております。最新の目玉物件の一つがこちらです。

レストラン　#402
メリーランド州バルティモア郡

この素晴らしいレストランは美しい田園地区に位置していますが、交通量の多い高速道路の近くの便利な所にあります。JKホプキンス大学の徒歩圏にある、この地域の目印となるような建物なので、週5日は昼食時に良いフード・ビジネスができ、週に7晩は、非常に良いバーと夕食ビジネスが可能です。むき出しのレンガ造りの壁や内装は、この建物に懐かしい60年代の雰囲気を醸し出し、多くの固定客を生んでいます。内部は最近完全に改装されました。

所有者は事業から引退する予定です。この素晴らしいチャンスをお見逃しなく！

2000平方フィート　70席
創業1989年
希望販売価格　24万ドル　半額は頭金、半額は分割払い可。家具、建具、備品は9000ドル（希望価格に含まれています）
特殊調理器具完備、1年間の保証付き

TOEIC対策プラスアルファ　　　　　　　　　　　　　構文・語句のヒント

1. 第1パラグラフ第2文の look no further は、直訳すれば「さらに先は見るな」となる。つまり、「(必要な情報は)ここにある」という意味を表している。
2. 下から2行目の asking price は、「言い値、希望価格」という意味。
3. 第2パラグラフ第2文 A landmark establishment . . . nights a week では、landmark と it が同格構造になっている。この it は 第1文の This nice restaurant を指している。

Set 7

6. 【正解】(C)

[設問の訳] CMブラザーズは何ですか?

(A)フードサービスチェーン　(B)住宅建設会社
(C)不動産会社　　　　　　(D)広告代理店

【解説】CM Brothers という名前が書かれている個所を探していくと、まず最上段のロゴが目につくが、説明は何も書いていない。そこで本文を上から見ていくと、すぐに CM Brothers offers you . . . properties. と述べられており、CM Brothers は、property(不動産)(→p. 237)を提供することが分かる。(B)と(C)で少し迷うかもしれないが、提供するのは建設ではなく、物件なので(C)を選ぶ。

7. 【正解】(B)

[設問の訳] 買い手が払う初期費用の最低額はいくらですか?

(A)9000ドル　(B)12万ドル　(C)24万ドル　(D)33万ドル

【解説】費用に関する問題なので、本文の金額を述べているところまで読み飛ばす。すると下の方に Asking $240,000 という金額が見つかるので、その後をじっくり読む。「半額が頭金、半額が分割可」とあるので、初めに払うのは24万ドルの半額12万ドルでよいことになる。次の行に $9,000 という金額も出てくるが、これは「asking price に含まれている」とあり、足す必要はないので(B)が正解。

8. 【正解】(D)

[設問の訳] この不動産物件について正しいものはどれですか?

(A)現在の所有者が病気になった。　(B)1960年代に建築された。
(C)改装が必要である。　　　　　　(D)街の中心部から離れている。

【解説】「問題文の内容と合っているものはどれか?」という質問なので、選択肢をひとつずつ本文と照合していく。(A)は、物件情報の中盤に The owner is retiring . . . とあるが、病気が理由なのかは書かれていないので、不適切。(B)については、「60年代の雰囲気」とあるだけで、建築された年代ではないので間違い。(C)は、The inside has recently . . . で「改装済み」とあるので不適切。物件情報の冒頭に rural area「田園地区」(→p. 237)とあり、その言い換え表現になっている(D)が正解。

Practice Test

Questions 9-13

[訳] 質問9から13は次の表と手紙に関するものです。

研修予定

	6月25日月曜日	6月26日火曜日	6月27日水曜日
午前	−歓迎オリエンテーション 社則 "休日から夕食会まで"	−討論会 "絆の維持：顧客の忠誠心と広報"	−プレゼンテーション C、Dチーム
午後	−CEOジェームス・ホワイトの演説 "顧客に仕えること" −討論会	−討論会 −プレゼンテーション A、Bチーム	−各部の部長から最初の任務及びブリーフィングを受ける

※火曜日の夜5時45分から、会社のメンバーとVIPの顧客とのカクテルディナー（これは正装の催しです。適切な服をご持参ください）

キャリー・パスチェル
ゴールデンゲート・ビュー #201
ウエストアメリカドライブ23
カリフォルニア州サンフランシスコ94121　　　　　　　　　　　　　　　　　6月16日

パスチェル様，

あなたをウエストコーストで最も威厳のある企業、ピナクル・トレーディングにお迎えするのは本当に喜ばしいことです。わが社は常に顧客を優先し、刺激的な職場環境の中で最もプロフェッショナルな雰囲気をつくり、絶対的な品質、完成度を確実なものにしていることに誇りをもっています。あなたの資格と技術には感嘆しました。メディアを通じてわが社のイメージアップを図るのに理想的な人材だと確信しています。私個人といたしましても、あなたは、わが社の貴重な財産となると信じております。また、ともに働けることに非常に期待を寄せております。

同封しましたのは、入社後最初の3日間の研修予定です。あなたは全ての研修課題やミーティングにおいてチームCに所属します。研修プログラム終了後は、わが社の素晴らしい組織の中に赴任する完ぺきな準備ができているでしょう。もし何か質問があれば、お気軽に私にご連絡ください。お会いするのを楽しみにしております。
敬具

ドミニク・ヒル
人事副社長

TOEIC対策プラスアルファ　　　　　　　　　　　　　　　　　構文・語句のヒント

Enclosed is Aは、「A以下のものが同封されている」という意味で、Aが主語である倒置構文。同じく、Should you もifが省略されてできた倒置構文。

Set 7

9.【正解】(A)
[設問の訳] パスチェルさんはおそらくどの部署に所属しそうですか？
(A) 広報　(B) エンジニアリング　(C) 経理　(D) 採用
【解説】 パスチェルさんは手紙のあて先となっている人物で、これから新人研修を受ける立場。手紙の中盤で「メディアを通じて企業イメージをアップする」と、入社後の仕事の内容にふれているので、(A)が正解。

10.【正解】(A)
[設問の訳] 研修生はいつ服装規定と有休について話をしますか？
(A) 月曜の朝　(B) 火曜日の朝　(C) 火曜日の午後　(D) 水曜日の朝
【解説】 服装規定や有休などは、月曜朝に話し合われるcompany policy（社則）に含まれるような事柄なので、(A)が正解。

11.【正解】(B)
[設問の訳] 火曜日の夜パスチェルさんはおそらく何を着ますか？
(A) ビジネススーツ　(B) イブニングドレス　(C) ジーンズとTシャツ　(D) スカートとブラウス
【解説】 火曜の夜という言葉を探してスケジュール表を見ると、欄外に正装のパーティの案内があるので、正装を意味する(B)が正解。appropriate（→ p. 232）

12.【正解】(D)
[設問の訳] パスチェルさんはいつプレゼンテーションをしますか？
(A) 6月16日　(B) 6月25日　(C) 6月26日　(D) 6月27日
【解説】 手紙の後半でパスチェルさんがCチームに入れられたことがわかる。スケジュール表を見るとCチームがプレゼンテーションをするのは(D)6月27日となっている。よって正解は(D)。assign（→ p. 51）

13.【正解】(D)
[設問の訳] 手紙文の第一パラグラフ4行目の"stimulating"が意味の上で最も近いのは：
(A) 異常な　(B) 急速な　(C) 革新的な　(D) 興奮するような
【解説】 stimulating（刺激的な → p. 239）に最も近いのは(D)のexciting。

UNIT 7 　　　　　　　　　　　　　　　　　　　　　Practice Test

Questions 14-18

[訳] 質問14から18は次の注文書とeメールに関するものです。

注文書

アドバンスド・ケーブル・ソリューションズ　東大通り453、ルイビル、ケンタッキー州41041
送り先：パイオニア高校　ブルーバンク901SE、ルイビル、ケンタッキー州41016
発注日：4月27日　　　　　　　　　　　　　出荷日：4月29日
支払い方法：電信送金

数量	商品	単価	計
2	ABC® BLACK REMOTE CONTROL	$14.00	$28.00
3	DATA ELECTRIC© S-CORD	$10.00	$30.00
5	PLZ™ DVD PLAYER（SILVER）	$110.00	$550.00
			$608.00

あて先：ヘンリー・ジョーンズ校長 <hjones@phs.com>
送信者：トム・ロドリゲス、アドバンスド・ケーブル・ソリューションズ<trod@acs.com>
4月27日のご注文の件　　　　　日付/時刻：4月28日9時42分

ジョーンズ様

このeメールは昨日4月27日のアドバンスド・ケーブル・ソリューションズへの貴注文がSilver PLZ DVD Playersの品不足のため、ご注文どおりに用意できないことをお知らせするものです。この色の需要が高いため、この色のモデルの在庫がありません。しかし、白か黒であれば、ご希望のモデルがございます。第二希望の色は何色でしょうか？ もしくは、ご希望であればPLZに追加でシルバーを発注できますが、発送まで2週間はかかるでしょう。ご希望をお聞かせください。ご迷惑をおかけしたことのお詫びといたしまして、今回のご注文は10パーセント引きとさせていただきます。ご愛顧ありがとうございます。

敬具
トム・ロドリゲス
アドバンスド・ケーブル・ソリューションズ

TOEIC対策プラスアルファ　　　　　　　　　　　　　構文・語句のヒント

本文5行目のWe do, however, have the 〜のdo はhaveを強調するdo。

Set 7

14. 【正解】(A)

[設問の訳] 注文はいつされましたか？
(A) 4月27日　(B) 4月28日　(C) 4月29日　(D) 4月30日
【解説】注文書に Date of Order: April 27 とあるので (A) が正解。

15. 【正解】(C)

[設問の訳] パイオニア高校はどのようにアドバンスド・ケーブル・ソリューションズに支払いますか？
(A) 小切手で　(B) 現金で　(C) 電信送金で　(D) 為替で
【解説】注文書の Method of Payment が「支払い方法」なので、electronic remittance を言い換えている (C) wire transfer が正解。remittance (→ p. 232)

16. 【正解】(B)

[設問の訳] トム・ロドリゲスはどういう人だと思われますか？
(A) 校長　(B) 営業マン　(C) 編集者　(D) エンジニア
【解説】トム・ロドリゲスはメールの送信者だ。その内容からこの選択肢の中で最も可能性が高いのは、(B) representative (→ p. 60) だとわかる。

17. 【正解】(A)

[設問の訳] 問題は何ですか？
(A) 希望の色のモデルが在庫切れである。　(B) メーカーが商品の生産を打ち切った。
(C) いくつかの商品が最近回収された。　(D) 送り状が過って紛失された。
【解説】メールの第2文、Because of heavy demand...で、注文した色の需要が高く、在庫がないと述べているので (A) が正解。out of stock (→ p. 61)

18. 【正解】(D)

[設問の訳] アドバンスド・ケーブル・ソリューションズは何をすると申し出ていますか？
(A) 出荷手数料を請求しない　(B) 無料のDVDプレーヤーを提供する
(C) 別の納入業者を紹介する　(D) 価格を減額する
【解説】メール最後から2番目の文で、10 percent discount (10パーセントの値引き) を申し出ているので、(D) Reduce the price が正解。reduce (→ p. 87)

UNIT 5-7

9割正解を目標に!

リーディング・セクション総復習

CD2 23

Step 1 ハイレベル・チャレンジ
チェックシートをテキストにかぶせ、CDを聞きながら、ポーズの間に素早く日本語の意味を言ってみよう。

Step 2 スタンダードレベル・チャレンジ
Step 1 で意味が言えなかった単語については、つづりを見て思い出そう。

1. asset ( )
2. mandatory ( )
3. assume ( )
4. remuneration ( )
5. exclusively ( )
6. accompany ( )
7. decline ( )
8. purchase ( )
9. pursue ( )
10. presume ( )
11. dismiss ( )
12. regardless of ( )
13. allegedly ( )
14. verify ( )
15. reveal ( )
16. affect ( )
17. accurate ( )
18. adequately ( )
19. encourage ( )
20. exempt ( )
21. prompt ( )

Step 3 ベーシックレベル・チャレンジ
それでも思い出せないときは、各単語に相当する日本語を選び、上の( )に記入してみよう。

(A) 勇気づける
(B) 明らかにする
(C) 適切に
(D) 伴う
(E) 迅速な
(F) 想定する
(G) 追及する
(H) 影響する
(I) …にかかわらず
(J) 義務的な
(K) 証明する
(L) 購入する
(M) 正確な
(N) 財産
(O) 申し立てによると
(P) 解雇する
(Q) 推定する
(R) 給与
(S) 断る
(T) 免除された
(U) 独占的に

Step 4 スーパーチャレンジ!
Step 3 の日本語を英語で言ってみよう。

解答
1. (N) 2. (J) 3. (F) 4. (R) 5. (U) 6. (D) 7. (S) 8. (L) 9. (G) 10. (Q)
11. (P) 12. (I) 13. (O) 14. (K) 15. (B) 16. (H) 17. (M) 18. (C)
19. (A) 20. (T) 21. (E)

UNIT 8

クイズで覚える語法

Part 5と6では、UNIT 6で取り上げた語句以外にも、意味自体は簡単だが、語句の正確な使い方を知らないと正解を選べない問題が出題される。このUNIT 8では、クイズ形式で語法問題の出題ポイントを学ぶ。

Set 1 基本的な前置詞の用法（1）

Set 2 基本的な前置詞の用法（2）

Set 3 人とその行為を表す名詞の使い分け

Set 4 「現在分詞と過去分詞」、「動名詞と不定詞」それぞれの使い分け

Set 5 選択に迷う単語

Set 6 その他の語法

Set 7 Practice Test（語法問題）

UNIT 8　クイズで覚える語法　学習日 1回目 ／　2回目 ／　3回目 ／

Set 1　● 基本的な前置詞の用法（1）

前置詞の問題では基本的なものもよく出題される。まずは「時」に関する基本的な前置詞の用法を確認しておこう。

1.～15. の文の（　）に入る適切な前置詞を選び、解答欄に記入してください。前置詞が要らない場合は、×印を選んでください。

☐ **1.** The audit will resume (at / in / on / ×) 3 p.m.

☐ **2.** The petition was submitted (at / in / on / to) March 20.

☐ **3.** The epidemic broke out (at / in / on / ×) 1996.

☐ **4.** We started the negotiation (① at / in / on / ×) the morning and finished it late (② at / in / on / ×) night.

☐ **5.** The merger was announced (at / in / on / to) Friday morning.

☐ **6.** The regulation will be implemented (at / in / on / ×) next year.

解答欄

1. _____　2. _____　3. _____

4. ①_____　②_____　5. _____　6. _____

●解答

1. at(監査は午後3時に再開する)：時刻を表すときは at。

2. on(嘆願書は3月20日に提出された)：日にち、曜日の前は on。

3. in(その流行病は1996年に突然発生した)：年、世紀 (in the 21st century)、季節 (in Spring)、月 (in August)、週 (in the week) は in で表す。

4. ① in ② at(われわれは交渉を午前中に始め、夜遅くに終えた)：①午前、午後は in。② night の前は at。

5. on(合併は金曜日の午前中に発表された)：特定の日の午前、午後、夜などは「日にち (day)」の前置詞 on で表す。例) on Monday night (月曜日の夜)

6. ×(その規制は翌年から実施されるだろう)：時を表す名詞の前に next、last、this、that、every が付くときは、前置詞は不要。

次 の 頁 へ 続 く →

UNIT 8

- [ ] **7.** Mr. Cho has been involved in the project (<u>for</u> / <u>in</u>) five years.

- [ ] **8.** We'll remit the money (<u>by</u> / <u>for</u> / <u>in</u>) five days.

- [ ] **9.** Your electric bill has been overdue (<u>since</u> / <u>from</u> / <u>for</u>) April.

- [ ] **10.** The company laid off thirty workers (<u>for</u> / <u>during</u>) the recession.

- [ ] **11.** The book chain went bankrupt one year (<u>before</u> / <u>ago</u> / <u>for</u> / <u>since</u>).

- [ ] **12.** Guests are supposed to check out (<u>until</u> / <u>by</u> / <u>for</u>) 10 a.m.

- [ ] **13.** Guests can stay in the room (<u>until</u> / <u>by</u> / <u>for</u>) 10 a.m.

- [ ] **14.** Yesterday we scheduled our annual stockholders' meeting (<u>on</u> / <u>at</u> / <u>for</u> / <u>to</u>) March 20th.

- [ ] **15.** (<u>Long before</u> / <u>Before long</u>) his retirement, the researcher got a patent for the invention.

解答欄

7. _____   8. _____   9. _____

10. _____ 11. _____ 12. _____

13. _____ 14. _____ 15. _____

Set 1

7. for(チョウ氏は5年間その企画にかかわっている):「…の間〜し続ける」という、ある一定期間中の動作・状態の継続は、[for + **数字で表す期間**]。

8. in(5日後に送金します):「…で〜する」という、期間終了時における動作の完結は、[in + **数字で表す期間**]。
★ in と for の使い分けの詳細は p. 322「期間を表す前置詞」を参照。

9. since(あなたの電気料金は4月から滞納になっています):完了形と一緒に用いて、後ろに「起点」を表す言葉が続くのは since。

10. during(その会社は不況の間に30人の従業員を一時解雇した):特定の期間における動作・状態の継続は、[during + 出来事]で表す。7. のように、数字で表す期間には for を用いる(補足説明→p. 323)。

11. ago(その書籍チェーン店は1年前に倒産した):「今から…前」は ago。

12. by(宿泊客は午前10時までにチェックアウトすることになっている):期限までに動作が完結することを表すのは by(継続性のない動詞とともに用いる)。

13. until(宿泊客は午前10時まで部屋にいることができる):継続している動作が、ある時までに終了することを表すのは until。
★ 肯定文では継続性のある動詞と用いるが、否定文では継続性のない動詞も可。
例) Guests cannot check in until 3 p.m.(宿泊客は午後3時までチェックインできない)

14. for(昨日、われわれは年次株主総会を3月20日に設定した):「…の(ための)予定を立てる」を表す前置詞は for。
★ 予定を立てた日は、yesterday であり、3月20日ではないので注意。

15. Long before(引退のだいぶ前に、その研究者はその発明の特許を取得した):long before は「…よりかなり前」の意味。後ろには句や節が続く。before long は「まもなく」という意味の副詞。例) Before long, Jim came.(ジムはまもなく来た)

UNIT 8 Set 2　基本的な前置詞の用法(2)

クイズで覚える語法　学習日 1回目 ／　2回目 ／　3回目 ／

ここでは「時」のほか、「場所」や「目的」などの基本的な前置詞も確認しよう。

1.～15. の文の(　)に入る適切な前置詞を選び、解答欄に記入してください。
前置詞が要らない場合は、×印を選んでください。

☐ **1.**　(In / Of / For / On) the beginning, we withheld that information.

☐ **2.**　(In / At / For / On) the end of 2001, we launched the business.

☐ **3.**　Some people are waiting (at / on / for / in) the bus stop.

☐ **4.**　We can work more efficiently (at / on / in / into) a good atmosphere.

☐ **5.**　The manager had to go (in / at / to / for) the head-quarters.

☐ **6.**　Most of the residents go shopping (to / at / for / on) the mall.

解答欄

1. _____　2. _____　3. _____

4. _____　5. _____　6. _____

解答

1. In(最初、われわれはその情報を控えていた)：「最初／最後に」は in the [beginning / end] で表す。

2. At(われわれは2001年の末にその事業を始めた)：the beginning、the end の後ろに of ... で説明が続くときは at を用いる。この場合、in は不可。

3. at(バス停で何人かの人が待っている)：「点」のイメージを持つ場所は at で表す。待っている対象は「バス停」ではないので「…を待つ」の意味になる for は不可。

4. in(いい雰囲気の中ではより効率よく働ける)：広い範囲や、囲まれている中、ムードの中は in で表す。

5. to(部長は本部へ行かなければならなかった)：身体の移動を伴う意味の動詞と一緒に用いて、目的地を導くのは to。

6. at(住民のほとんどはモールで買い物をする)：go -ing の後に前置詞が続くときは、-ing で表す動作に合わせる。ここでは shopping という動作に続くのに適した at を用いている。

次 の 頁 へ 続 く

UNIT 8

- [ ] **7.** The young engineer was assigned (to / in / at / ×) overseas.
- [ ] **8.** Some signs are (in / to / at / on) the wall.
- [ ] **9.** Put the barrel (in / at / to / of) the corner of the warehouse.
- [ ] **10.** Intense light came (to / through / throughout) the window.
- [ ] **11.** Customized tools are popular (in / for / between / among) carpenters.
- [ ] **12.** The accountant's income has increased (to / by / at / for) 10 percent.
- [ ] **13.** The device varies (in / to / at / with) size from handheld to a phone booth.
- [ ] **14.** Candidates will be assessed (of / by / to / on) the supervisors.
- [ ] **15.** The audience gathered (to / for / of / in) the awards ceremony.

解答欄

7. _____ 8. _____ 9. _____
10. _____ 11. _____ 12. _____
13. _____ 14. _____ 15. _____

Set 2

7. ✕ (その若いエンジニアは海外へ赴任した)： 鉄則7 **overseas、abroad の前は前置詞なし**(→ p. 311)。前置詞が不要な「場所」を表す言葉を覚えておこう。
例) overseas (海外へ)　abroad (海外へ)　home (家へ)　downstairs (階下へ)　downtown (商業地区へ)

8. on (壁に何枚かの掲示が張られている)：場所に「接している」場合は on で表す。

9. in (ドラム缶は倉庫の隅に置いてください)：「屋内の隅」は in the corner。「屋外の角」は [at / on] the corner。「角を曲がったところ」は around the corner。

10. through (強い光が窓を通って差し込んできた)：「…を貫いて、通って」は through。「…中、いたる所」の意味の throughout との混同に注意。
例) throughout Japan 日本中で

11. among (特注工具は大工の間で人気がある)： 鉄則8 **among の後には、3つ以上を表す複数形が来る**(→ p. 311)。2者の間は between。範囲を表す単数名詞が来れば in。例えば、in Japan、in the United States となる。「アメリカ合衆国」は、States と複数形だが、国の名前は単数扱いなので in を用いる。among the United States は間違い。

12. by (その会計士の収入は10パーセント増えた)：「…増えた」「…減った」という差を導くのは by。この by は省略されることもある。

13. in (その装置の大きさは、手のひらサイズから電話ボックスサイズまでさまざまである)：「…において (異なる・変わる)」の意味の「…において」は in ... で表す。

14. by (候補者は上司によって評価される)：受動態 (be + 過去分詞) では、行為者を導く前置詞には by を用いるのが原則。

15. for (聴衆は授賞式のために集まった)：目的を表すのは for。

UNIT 8 クイズで覚える語法

UNIT 8 — Set 3: 人とその行為を表す名詞の使い分け

クイズで覚える語法　学習日 1回目 ／　2回目 ／　3回目 ／

TOEIC では、名詞は名詞でも、それが「人」を表すのか、「行為や事柄、分野」を表すのかを問う問題が出題される（ 鉄則9 →p. 311）。よく出る名詞の組み合わせを押さえておこう。

1.～15. の文の（　）に入る適切な単語を選び、解答欄に記入してください。

☐ **1.** The company decided to hire a new (engineer / engineering).

☐ **2.** Waste (management / manager) is one of the most important responsibilities of the center.

☐ **3.** Having a good eye for color is an important asset for an (architect / architecture).

☐ **4.** We purchased the (sculptor / sculpture) for the entrance.

☐ **5.** Mr. Vent has pursued a career in (banking / banker).

☐ **6.** Mr. Hopkins is a dedicated (consultancy / consultant).

解答欄

1. _____　2. _____　3. _____

4. _____　5. _____　6. _____

解答

1. engineer(その会社は新しい技術者を雇うことに決めた)：hire(雇う)の目的語には「人」を表す engineer が適切。(engineering 工学)

2. management(廃棄物管理は、そのセンターの最も重要な責務のうちのひとつだ)：単数なのに冠詞が付いていないので、空所には不可算名詞の management(経営、管理)が来る。補語が responsibilities(責任)となっているところからも、主語は「人」ではないと判断できる。ちなみに management は可算名詞では「経営陣」の意味もある。(manager 管理人)

3. architect(良い色彩感覚を持っていることは、建築家にとって重要な財産だ)：「良い目を持つ」の主体となり得るのは、当然「人」である architect(建築家)だ(→p. 66)。(architecture 建築、建築物)

4. sculpture(私たちはその彫刻を玄関用に購入した)：purchase . . .(…を購入する→p. 230)の目的語には sculpture(彫刻)が適切。(sculptor 彫刻家)

5. banking(ベント氏は銀行業の仕事をしてきた)：「…におけるキャリア」なので、banking(銀行業)が適切。career as a . . .(…としてのキャリア)の場合には、banker(銀行家)が適切。

6. consultant(ホプキンス氏は献身的なコンサルタントだ)：主語が人なので補語には「人」を表す consultant(コンサルタント)が適切。(consultancy コンサルタント業・会社)

次 の 頁 へ 続 く

UNIT 8

- [ ] **7.** The strategy turned out to be a great (success / successor).
- [ ] **8.** Most (manufactures / manufacturers) are opposed to the tax.
- [ ] **9.** We paid the (invention / inventor) some money.
- [ ] **10.** The man was arrested for violating the (law / lawyer).
- [ ] **11.** We got appropriate (advice / adviser) from the banker.
- [ ] **12.** The student made great efforts to become a (science / scientist).
- [ ] **13.** The lobbyists urged the (politics / politicians) to pass the bill.
- [ ] **14.** The city (office / official) resigned from his position.
- [ ] **15.** A mere clerk does not have the (authorization / authority) to endorse checks.

解答欄

7. _____ 8. _____ 9. _____

10. _____ 11. _____ 12. _____

13. _____ 14. _____ 15. _____

Set 3

7. success（その戦略は大成功となった）：主語 strategy（戦略→p. 58）は、「人」ではないので、successor（継承者）は不適切。ちなみに success には「成功者」の意味もある。

8. manufacturers（ほとんどの製造業者はその税金に反対している）：be opposed to ... は「（人が）…に反対している」という意味。主語には、人を表す manufacturers（製造業者）が適切。(manufacture 名動 製造[する])

9. inventor（われわれはその発明家にいくらかのお金を支払った）：pay は、[pay 人＋金＋ for 物]か[pay 金＋ to 人＋ for 物]（物のために、人に金を払う）のどちらかで用いる。ここでは「金」が後ろにあるので、「人」を表す inventor（発明家）が適切。(invention 発明→p. 131)

10. law（その男性は法律違反で逮捕された）：violate ...（…に違反する）の目的語には law（法律）が適切。(lawyer 弁護士)

11. advice（われわれは銀行家から適切な助言を得た）：「銀行家から得られるもの」としては、「人」を表す adviser（アドバイザー）ではなく、advice（助言）が適切。

12. scientist（その学生は科学者になるために大いに努力した）：「学生がなれるもの」には science（科学）でなく scientist（科学者）が適切。

13. politicians（ロビイストたちは、その法案を通すよう政治家たちに強く要求した）：[urge + A + to do]（Aを…するようせきたてる）のAには、「人」や「生き物」が入るので（→p. 235）、politicians（政治家たち）が適切。(politics 政治[学])

14. official（その市の役人は職を辞任した）：resign（辞任する）の主語には「人」を表す official（役人）が適切。(office 役所、事務所)

15. authority（単なる事務員には小切手を裏書する権限はない）：authority は、「権限者」のほか「権限」そのものも表す。have ...（…を持っている）の目的語には、「権限」が適切。(authorization 権限を与えること→p. 64)

UNIT 8 クイズで覚える語法

学習日 1回目 ／ 2回目 ／ 3回目 ／

Set 4 「現在分詞と過去分詞」、「動名詞と不定詞」それぞれの使い分け

ここでは、UNIT 6 Set 4「現在分詞 or 過去分詞が問われる動詞」と、Set 5「動名詞 or 不定詞が問われる語句」で紹介した語句と一緒に覚えておきたい動詞を学ぶ。単語の意味自体はそれほど難しくないが、TOEICではその用法がよく問われるので、しっかり覚えておこう。[分詞の判別についての詳細は、p. 318 を参照]

1.〜15. の文の（　）に入る適切な語句を選び、解答欄に記入してください。適切な語句が複数ある場合もあります。

☐ **1.** The quantity of glass bottles the company has exported this year is (surprising / surprised).

☐ **2.** The audience seemed completely (boring / bored) with the lengthy address.

☐ **3.** The participants enjoyed an (exciting / excited) tour.

☐ **4.** The findings from the excavation site are very (impressing / impressive / impressed).

☐ **5.** The procedure to get permission from the authorities is (complicating / complicated)

☐ **6.** The speaker's effective gestures made his speech even more (interesting / interested).

解答欄

1. _____ 2. _____ 3. _____

4. _____ 5. _____ 6. _____

解答

1. surprising (その会社が今年輸出したガラス瓶の数は驚くべきものだ)：鉄則3
分詞の問題は「意味上の主語」から考える。ここでは意味上の主語(→p. 318)は quantity。「数が人々を驚かす」ので、能動の -ing が適切。

2. bored (聴衆は長ったらしい演説に、完全に退屈していたようだ)：意味上の主語は audience。「聴衆は退屈させられる」ので、受身の -ed が適切。

3. exciting (参加者たちは興奮するツアーを楽しんだ)：意味上の主語は tour。「ツアーが参加者を興奮させる」ので、能動の -ing が適切。

4. impressive (その発掘現場からの発見物はとても印象的だ)：意味上の主語は findings。「発見物が人を印象づける」という意味になるので、受動の impressed は間違い。TOEIC では、選択肢に形容詞があるときには、分詞よりも形容詞が優先される。従って、impressive が正解。

5. complicated (当局から許可をもらうための手続きは複雑だ)：意味上の主語は procedure。「手続が複雑にされている」ので、受身の -ed が適切(補足説明→p. 320)。

6. interesting (話し手の効果的なジェスチャーで、スピーチはよりいっそう興味深いものになった)：意味上の主語は speech。「スピーチが…に**興味を持たせる**」ので、能動の -ing が適切。

次 の 頁 へ 続 く

UNIT 8

- [ ] **7.** Those (tiring / tired) of their jobs may wish to consider applying for a transfer.
- [ ] **8.** The company stopped (producing / to produce) the substance.
- [ ] **9.** Everyone looked forward to (seeing / see) the new CEO.
- [ ] **10.** The architect wouldn't agree (modifying / to modify) the design.
- [ ] **11.** The equipment needs (replacing / to replace / to be replaced).
- [ ] **12.** Divers enjoyed (exploring / to explore) the ocean bottom.
- [ ] **13.** The manager is considering (dismissing / to dismiss) the lazy employee.
- [ ] **14.** No one in this company is permitted (driving / to drive) without insurance.
- [ ] **15.** The actor is getting used to (signing / sign) his autograph.

解答欄

7. _____ 8. _____ 9. _____
10. _____ 11. _____ 12. _____
13. _____ 14. _____ 15. _____

Set 4

7. tired（自分の仕事に飽きた人は、転勤を志願しようと思うかもしれない）：意味上の主語は those。「人々は**飽きさせられている**」ので、受身の -ed が適切。Those の後には who are が省略されていると考えると分かりやすい。

8. producing（会社はその物質の生産を中止した）：stop doing は「…することを中止する」、stop to do は「…するため立ち止まる」。例）The man stopped to check his watch. （男性は時計をチェックするために立ち止まった）

9. seeing（誰もが新しい最高経営責任者に会うことを楽しみにしていた）： 鉄則5
to doing が間違いとは限らない（→p. 311）。「…することを楽しみにする」は、**look forward to doing**。look forward to do ではない。

10. to modify（その建築家は、設計を修正することにどうしても同意しなかった）：agree to do で「…することに同意する」の意味。would not do で強い意思の否定を表す。

11. replacing / to be replaced（その装置は交換が必要だ）：「（人・物）が…される必要がある」という意味を表すとき、need には doing も to be done も続くことができる。need の後に動名詞を使うときには、being replaced と受身にする必要はない。

12. exploring（ダイバーは海底探検を楽しんだ）：enjoy doing で「…することを楽しむ」という意味。

13. dismissing（部長はその怠惰な従業員を解雇することを考えている）：consider doing で「…することを考慮する」の意味。

14. to drive（この会社では保険なしで運転することは誰も認められていない）：［permit + A + **to do**］で「Aが…することを認める」の意味。問題文は、その受動態になっている。

15. signing（その俳優はサインをするのに慣れてきている）：［be / get］used to doing で「…するのに［慣れている／慣れる］」。used to do（よく…したものだ）との混同に注意。

UNIT 8　クイズで覚える語法

Set 5 ● 選択に迷う単語

Part 5と6には、選択肢をふたつにまでは絞れても、どちらを選ぶべきか迷うタイプの問題がある。そのような問題でよく出る単語の組み合わせを覚えておこう。

1.〜15. について、それぞれの文の（　）に入る適切な単語を選び、解答欄に記入してください。

☐ **1.** a. To avoid (furthermore / further) delay, we had to compromise on the discount.
b. The woman shoplifted some commodities and (furthermore / further) pickpocketed shoppers.

☐ **2.** a. The manager's sales strategy sounds (somewhat / some) extreme.
b. We found (somewhat / some) complimentary tickets in the envelope.

☐ **3.** a. (Like / Alike) many other couples, they first saved enough money to make a down payment on a house.
b. Our president and vice president speak (like / alike).

☐ **4.** a. (Almost / Most) fifty people applied for the job.
b. (Almost / Most) complaints from customers are irrelevant.

☐ **5.** a. We had to start the construction (except / without) enough budget.
b. We finished everything (except / without) the roof.

解答欄

1. a.＿＿＿＿＿＿　b.＿＿＿＿＿＿　2. a.＿＿＿＿＿＿　b.＿＿＿＿＿＿

3. a.＿＿＿＿＿＿　b.＿＿＿＿＿＿　4. a.＿＿＿＿＿＿　b.＿＿＿＿＿＿

5. a.＿＿＿＿＿＿　b.＿＿＿＿＿＿

解答

1. a. further（さらなる遅延を避けるために、われわれは値引きに関して妥協しなければならなかった）
b. furthermore（その女性は商品を何点か万引きし、その上さらに買い物客にすりを働いた）
a. 名詞を修飾しているので形容詞 further（さらにいっそうの）。further には副詞（さらに）、動詞（…を促進する）の用法もある。 **b.** ふたつの節のつなぎ目にあるので接続副詞（接続詞の働きをする副詞のこと。→ p. 317）furthermore（さらに）を用いる。further は接続副詞としても使えるが一般的ではない。

2. a. somewhat（支配人の販売戦略は幾分極端に聞こえる）
b. some（封筒には何枚かの無料招待券が入っていた）
a. 形容詞 extreme を修飾する副詞には、some よりも somewhat（幾分）を用いるのが正式。**b.** 副詞 somewhat だと、形容詞 complimentary にかかり、「幾分無料の」となって意味を成さない。名詞 tickets を修飾する some（ここでは形容詞「いくつかの」）が正解。

3. a. Like（ほかの多くの夫婦のように、彼らはまず家の頭金を払うのに十分なお金をためた）
b. alike（わが社の社長と副社長は話し方が似ている［直訳：同じように話す］）
a. alike は「似ている」という意味で形容詞として用いられるが、名詞を修飾する働きはない。「…のように」を意味する前置詞 like が正解。TOEIC では、「文頭には alike は来ないのが原則」と覚えておこう。 鉄則10 **文頭の空所に Alike は選ばない**（→ p. 312）。**b.** alike には「同じように」という意味の副詞もあり、speak を修飾する語として適切。

4. a. Almost（50人近くの人々がその仕事に応募した）
b. Most（顧客からのほとんどの苦情は大したことではない）
a. 数量を表す言葉を修飾して、「…近くの」という意味を表す副詞 almost が適切。**b.** 名詞を修飾して、「ほとんどの」という意味を表す most が適切。TOEIC でこのふたつの単語の判別が問われたら、数量を表す言葉（all や every、fifty など）が直後にあったら almost、なかったら most、と覚えておこう。 鉄則11 **数量を表さない名詞の前には almost は来ない**（→ p. 312）。

5. a. without（われわれは十分な予算もなく、建設を始めなければならなかった）
b. except（われわれは屋根を除いて、すべて完成させた）
a. without . . . は「…なしで」、except . . . は「…を除いて」の意味。**b.** は、without roof だと、「屋根がない状態ですべてを完成させた」となるが、except roof（屋根を除いて）の方が意味的に適切なので、except を選ぶ。ちなみに、except は接続詞としても使われ、後ろに［that 主語＋動詞］が続くこともある。

次 の 頁 へ 続 く

UNIT 8

☐ **6.** a. The invoice arrived two days (after / afterwards) the shipment did.
b. The shipment arrived two days ago and the invoice arrived (after / afterwards).

☐ **7.** a. We bought some milk at the (near / nearby / close) shop.
b. We bought some milk at the shop (near / nearby / close) our home.

☐ **8.** a. (Besides / Beside) accounting, Mr. Koh also handles personnel matters.
b. The wheelbarrow was left (besides / beside) the gate.

☐ **9.** a. It was (so / such) humid that everyone felt down.
b. It was (so / such) a humid day that everyone felt down.

☐ **10.** a. Various goods are stacked (high / highly) on the shelves.
b. Inoculation against the disease is (high / highly) recommended.

解答欄

6. a._____ b._____ 7. a._____ b._____

8. a._____ b._____ 9. a._____ b._____

10. a._____ b._____

Set 5

6. a. after（送り状は、荷物が着いた2日後に届いた）
   b. afterwards（荷物が2日前に着いた、そしてその後で送り状が届いた）
   a. after は、接続詞のときには後ろに［主語＋動詞］が、前置詞のときには名詞句が続く。文末の did は arrived を表す。**b.** afterwards は、「後で」という意味の副詞。節（→ p. 315）の最後に来る。

7. a. nearby（われわれは近くの店で牛乳を買った）
   b. near（われわれは家の近くの店で牛乳を買った）
   a. 鉄則12 **名詞の前に来て「近くの…」を表すのは nearby**（→ p. 312）。「近い」を表す near / close は、比較級か最上級の場合を除き、名詞の前には来ない。**b.**「Bに近いA」は、［A + near + B］の形になり、前置詞 near を使う。close は close to . . . というように、to があれば正解となる。

8. a. Besides（経理のほかに、コウ氏は人事も扱っている）
   b. beside（手押し車が門の横に残されていた）
   どちらも前置詞で、besides は「…のほかに」、beside は「…の横に」という意味。**a.** 場所を表す言葉が続いていないので Besides を選ぶ。**b.** 意味から、位置を表す beside が適切。ちなみに、besides には「加えて」という意味の接続副詞もある。

9. a. so（そんなにも湿気が高かったのでみんな元気がなかった）
   b. such（そんなにも湿気が高い日だったのでみんな元気がなかった）
   鉄則13 **so の後には形容詞か副詞、such の後には（形容詞＋）名詞**（→ p. 312）。

10. a. high（さまざまな品物が棚に高く積み上げられている）
   b. highly（その病気に対する予防接種が強く勧められている）
   high にはふたつ副詞がある。**a.**「（物理的に）高く」は high（例 Jump high! 高く飛べ！）。**b.**「（比喩的に）高く」は highly で表す（例 highly respected 非常に尊敬されている）。

次の頁へ続く

UNIT 8 クイズで覚える語法

UNIT 8

☐ **11.** a. Due to the blizzard most flights arrived (late / lately).
   b. (Late / Lately) , the weather has been comparatively mild.

☐ **12.** a. The police worked (hardly / hard) on the case.
   b. The police (hardly / hard) worked on the case.

☐ **13.** a. The president is expecting two guests this afternoon, at three and five (respectively / respectably / respectfully).
   b. You should be (respectively / respectably / respectfully) dressed at the awards ceremony.
   c. The manager spoke to the client (respectively / respectably / respectfully).

☐ **14.** a. The shop owner has a (considerable / considerate) debt.
   b. The consultant is a very (considerable / considerate) person.

☐ **15.** a. The (identity / identification) of the suspect has not been revealed.
   b. You need (identity / identification) to gain access to the room.

解答欄

11. a._____ b._____ 12. a._____ b._____

13. a._____ b._____ c._____

14. a._____ b._____ 15. a._____ b._____

Set 5

11. a. late (暴風雪のために、ほとんどの便が遅れて到着した)
   b. Lately (最近、天気は比較的穏やかだ)
   late(遅い)の副詞もふたつある。**a.**「(時間的に)遅れて」は late。**b.**「最近」は lately。どちらを使うかは文意から判断するが、lately は b. のように現在完了と併用されることが多い。

12. a. hard (警察はその事件に懸命に取り組んだ)
   b. hardly (警察はその事件に対して、ほとんど何もしなかった)
   形容詞 hard(硬い、懸命の、難しい)の副詞は同じく hard。「懸命に、激しく」という意味を表し、いつも動詞の後ろに来る。**b.** hardly も副詞だが、「ほとんど …しない」という否定的な意味を表す。修飾する動詞が一般動詞のときは、動詞の前に来る。

13. a. respectively (社長は今日の午後、2人の客をそれぞれ3時と5時に予定している)
   b. respectably (授賞式にはきちんとした服装をすべきだ)
   c. respectfully (マネージャーは客に恭しく話しかけた)
   a. respectively は、and で並んだ項目の後に続いて「それぞれ」という意味を表す。**b.** respectably は、「尊敬されるように」から「きちんとした」の意味。**c.** respectfully は、「尊敬で満ちた」から「恭(うやうや)しく」の意味。名詞 respect の、a. は「点」、b. と c. は「尊敬」の意味から派生した副詞。

14. a. considerable (その店主には相当な借金がある)
   b. considerate (そのコンサルタントはとても思いやりのある人だ)
   a. considerable は「かなりの」、**b.** considerate は「思いやりのある」という意味の形容詞。

15. a. identity (その容疑者の身元はまだ明らかにされていない)
   b. identification (その部屋に入るのには身分証明が必要だ)
   a. identity は「身元、自己認識」、**b.** identification は「身分証明(書)」の意味。ただし、an identity card であれば、「身分証明書」の意味になる。

UNIT 8　Set 6　その他の語法

クイズで覚える語法　学習日 1回目 / 2回目 / 3回目 /

UNIT 6 Set 6 でも取り上げた「自動詞」と「他動詞」のほか、hope や help など、基本的な単語でも、その使い方を知らないと解けない問題に頻出する語句を集めた。正しい用法をあらためて確認しておこう。

1.〜15. の文の下線部が正しければ○、正しくなければ×を解答欄に記入してください。×の場合はどうすれば正しくなるかも考えてみましょう。

☐ **1.** The union members <u>discussed about</u> the right to take paid holidays.

☐ **2.** The plane is <u>approaching</u> its destination.

☐ **3.** Many customers <u>contact with</u> the public relations department.

☐ **4.** After organizing his desk, Mr. Kruger <u>lay</u> some miscellaneous papers on the floor.

☐ **5.** One of my colleagues is going to <u>marry with</u> a famous athlete.

☐ **6.** The manager <u>said</u> the new sales representatives that wearing a tie during work hours is mandatory.

解答欄

1. _____ 2. _____ 3. _____

4. _____ 5. _____ 6. _____

解答

1. ×→**about 不要**（組合員は有給休暇を取る権利について話し合った）： 鉄則6
discuss / contact / attend の後は前置詞なし（→ p. 311）。disucuss . . .（…について話し合う）は他動詞なので前置詞は不要。

2. ○（その飛行機は目的地に近づいている）： approach . . .（…に近づく）も他動詞。

3. ×→**with 不要**（多くの客が広報部に連絡をしてくる）： contact . . .（…に連絡する）も他動詞。

4. ×→**laid**（机を片付けた後、クルーガー氏は種々の書類を床の上に置いた）： 自動詞 lie（横たわる）の活用は、lie / lay / lain。他動詞 lay（…を置く）の活用は、lay / laid / laid。ここでは他動詞の過去形が適切。仮に、現在形だとしても3人称単数現在の -s が必要。

5. ×→**with 不要**（私の同僚の一人は有名な運動選手と結婚する予定だ）： marry . . .（…と結婚する）は他動詞なので with は不要。ただし、get married to . . .（…と結婚する）には to が必要。

6. ×→**told**（部長は新人営業部員に、勤務中にネクタイを締めることは義務だと言った）： say の直後に「人」は来ない。また、［say to 人 that 主語＋動詞］の形も用いないので、say を tell に置き換えなければならない。ちなみに、［say＋返答やあいさつの言葉（yes、hello など）］、［say to 人］、［say that 主語＋動詞］の形は正しい。

次 の 頁 へ 続 く

UNIT 8

- [ ] **7.** We <u>hope</u> great profits.
- [ ] **8.** Our CEO hopes the project <u>to win</u> the approval of the board.
- [ ] **9.** Pharmacists <u>don't suppose</u> to give injections.
- [ ] **10.** Deregulation will <u>help stimulate</u> the slow market.
- [ ] **11.** The assembly workers have to make <u>sure</u> the safe operation of the equipment.
- [ ] **12.** The electrician will be <u>possible</u> to install the instrument by Monday.
- [ ] **13.** Retirement packages make <u>it</u> possible comfortable lives in retirement.
- [ ] **14.** The state demanded that its lost revenues <u>would be</u> reimbursed by the federal government.
- [ ] **15.** The quality of the new engine is superior <u>than</u> the old one's.

解答欄

7. _____   8. _____   9. _____
10. _____ 11. _____ 12. _____
13. _____ 14. _____ 15. _____

Set 6

7. ×→**hope for**(われわれは莫大な利益を望んでいる)：hope（望む）は[hope for 名詞]、[hope to do]、[hope that 主語＋動詞]の形で用いられる。

8. ×→**[will / can] win**(われわれの最高経営責任者は、その企画が重役会の承認を得られることを願っている)：[hope to do]（…することを願う）は正しいが、[hope A to do]は不可。「Aが…することを願う」は、[hope (that) 主語＋(助動詞＋)動詞]の形で表わす。

9. ×→**aren't supposed**(薬剤師は注射をしないことになっている)：「suppose ＋ to do」という語法は存在しない。「主語 ＋ suppose ＋ A ＋ to do」という語法なら可能なので、その受動態は「A is supposed to do」という形になる。これで「Aは…することになっている」という意味になる。

10. ○(規制緩和は停滞気味の市場を刺激するのに役立つだろう)：help A to do（Aが…するのに役立つ）、help to do（…するのに役立つ）の to は省略可能。この問題のように、動詞の原形がふたつ並ぶこともあり得る。 鉄則14 **help do の形は OK**（→ p. 312）。

11. ×→**sure of**(組み立て工具は、その装置の安全操作を確実にしなければならない)：make sure は[make sure (that) 主語＋動詞]か[make sure of 名詞(句)]の形で用いる。ここでは後ろに主語＋動詞が来ていないのでsure of にする。

12. ×→**able**(電気技師は、月曜日までにその装置を設置することができるだろう)：possibleは「人」を主語に取らない。[able to do ／ capable of doing]であれば「人」が主語になれる。

13. ×→**it 不要**(退職手当は快適な引退生活を可能にする)：[make ＋目的語(A)＋補語(B)]は、「AをBにする」という意味。目的語(A)が不定詞句のときは、形式目的語itで表し、不定詞句は補語の後ろに持っていく。だが、問題文のように目的語が名詞句のときは、itで表すことができない。従ってitは不要。なお、名詞句が長い場合は、possibleと語順が逆になることが多い。

鉄則15 **make it possible 構文のitは、名詞句を表せない**（→ p. 312）。
a. Retirement packages make comfortable lives in retirement possible.…○
b. Retirement packages make it possible to live comfortably in retirement.…○

14. ×→**be**(州はその歳入の損失が連邦政府によって償還されるよう要求した)：demandのような要求や主張を表す動詞の後の[that主語＋動詞]では、shouldが省略される。従って、that節の中の動詞は原形になる。このグループに入る動詞には、rquire（要求する）、recommend（推薦する）、suggest（提案する）、insist（主張する）などがある。

15. ×→**to**(新しいエンジンの品質は、古いものより優れている)：A is superior to B で「AはBより優れている」という意味。thanは使わない。（→ p. 178）

UNIT 8
Set 7 ● Practice Test

語法問題

制限時間6分

得点アップの秘訣

Unit 8で学習した語法を覚えているかどうか、TOEICのPart 5形式の問題で確認しよう。選択肢を先に読み、どんな語法が問われているかの見当をつけてから、空所の直後の言葉とのつながり方を特に意識して解いていこう。

選択肢(A)～(D)の中から空所に入る最も適切なものを選び、解答欄にマークしてください。

☐ 1. ------- 1990 the PS Metal company has been dedicated to the pursuit of lighter materials for bicycle frames.
(A) In
(B) Since
(C) For
(D) Until

☐ 2. The management and the union leader ------- the revised items in the remuneration structure.
(A) talked
(B) made sure
(C) discussed
(D) looked forward

解答欄　1. Ⓐ Ⓑ Ⓒ Ⓓ　2. Ⓐ Ⓑ Ⓒ Ⓓ

3. ------- investigation is needed to determine whether the alleged violation of the workers' rights actually took place.
(A) Furthermore
(B) Further
(C) Farther
(D) Far

4. Taking possible contingencies into consideration, we have arranged the meeting ------- October 10.
(A) on
(B) at
(C) for
(D) to

5. The chairman looked satisfied when the ------- sales figures were announced.
(A) impressing
(B) impressed
(C) to impress
(D) impressive

6. It is mandatory for technical staff to ------- overseas, when necessary, to install new equipment or train local operators.
(A) fly
(B) travel in
(C) go to
(D) arrive in

Practice Test

☐ **7.** The real estate agency recommended a property ------- the public library.
(A) nearby
(B) close
(C) near
(D) besides

☐ **8.** Despite his low salary Mr. Lyn saved a ------- amount of money to make the down payment on a house.
(A) considering
(B) considerate
(C) considered
(D) considerable

☐ **9.** Since we require a more sophisticated design, we need to contact the ------- as soon as possible.
(A) art
(B) architectural
(C) architecture
(D) architect

☐ **10.** The government ------- that the company take measures to prevent such an incident from taking place.
(A) said
(B) hoped
(C) required
(D) supposed

解答欄 **7.** (A) (B) (C) (D)   **8.** (A) (B) (C) (D)   **9.** (A) (B) (C) (D)   **10.** (A) (B) (C) (D)

Set 7

11. ------- his previous works, director Corack's new film had a light and humorous tone.
(A) Likely
(B) Unlike
(C) Alike
(D) Dislike

12. The private school asks its students to pay -------, if not all, of the tuition in advance.
(A) most
(B) almost
(C) mostly
(D) many

解答欄　**11.** (A) (B) (C) (D)　**12.** (A) (B) (C) (D)

UNIT 8

Practice Test ● 語法問題 解答

★ で語法の重要ルールを示した。

1.【正解】(B)

★ **過去の一時点から「ずっと」は since** (p. 279)

【訳】1990年以来、PS金属社は自転車の骨組み用の、より軽量な素材を追求することに専心してきた。

(A) …に　(B) …以来　(C) …の間　(D) …まで

【解説】時を表す前置詞が並んでいるときは、空所の次の言葉と時制を同時にチェックする。ここでは、1990年という「起点」となる言葉があり、時制は現在完了形なので、「過去の一時点(1990年)からずっと今まで」の意味になる since が正解。(C) for だと「1990年間」となってしまい、あまりに非現実的。

2.【正解】(C)

★ 鉄則6 **discuss / contact / attend の後は前置詞なし** (p. 299、311)

【訳】経営側と労働組合の幹部は、給与体系における改訂事項について討議した。

(A) 話した　(B) 確かめた　(C) 討議した　(D) 楽しみにした

【解説】空所の後に目的語となる名詞が直接続くことができる他動詞は、(C) の discuss しかない。(A) には about、(B) には of、(D) には to がそれぞれ必要。

3.【正解】(B)

★ 鉄則2 **Part 5 では、文頭の空所に接続副詞は選ばない** (p.316)

【訳】申し立てられている労働者の権利侵害が実際にあったかどうかを決定するには、さらなる調査が必要だ。

(A) さらに　(B) さらなる　(C) より遠い　(D) 遠い

【解説】(A) 接続副詞は前の節とのつながりを表すので、TOEIC の Part 5 の空所補充問題で、文頭の空所に接続副詞が来ることはない。(C) farther は、far の比較級だが「距離的により遠い」というときにしか使えない。(D) 形容詞の far は「遠い」という意味なので investigation（調査）（→ p. 104）を修飾する単語としては不適切。(B)「（範囲、量などが）さらに進んだ」という意味を表す further が正解。

Set 7

4. 【正解】(C)

⭐ 「…の(ための)予定を立てる」は for (p. 279)

【訳】起こり得る不測の事態を考慮に入れ、会合を10月10日に設定した。

(A) …に (B) …に (C) …のための (D) …へ

【解説】日付だけを見て慌てて(A)を選ばないようにしよう。動詞を見ると現在完了形 have arranged が使われている。現在完了形は、過去の一時点に起きたことが「現在」にも影響を与えているときに使う時制である。従って、一時点を表す「10月10日」と一緒に使うことはできない。「10月10日の(ための)」会合を設定したので、(C) for が正解。schedule や arrange という動詞が問題文に含まれているときは、このタイプの問題ではないかと疑おう。

5. 【正解】(D)

⭐ 鉄則3 分詞の問題は「意味上の主語」から考える (p.289、310、318)

【訳】目覚ましい額の売上げの数字が発表され、会長は満足そうだった。

(A) 印象づける (B) 印象づけられた (C) 印象づけるために (D) 目覚ましい

【解説】空所には figures を修飾する言葉が入る。修飾する言葉の形を選ぶ問題では、意味上の主語から考える。ここでは、figures(数字)が意味上の主語。「数字」は感情を持ち得ないので、(B) impressed (印象づけられた) はあり得ない。「数字が人に印象づける」という能動の意味になるのは(A)か(D)だが、純粋な形容詞が優先されるので、(D)が正解。ちなみに、to 不定詞が名詞を修飾するときは、修飾される名詞の後に来るので、(C)は不適切。

6. 【正解】(A)

⭐ 鉄則7 overseas、abroad の前は前置詞なし (p. 283、311)

【訳】必要なときには、新しい装置を設置したり、現地の技師を訓練したりするために、技術スタッフが飛行機で海外へ行くことは義務となっている。

(A) 飛行機で行く (B) …を旅行する (C) …へ行く (D) …に着く

【解説】overseas の前には前置詞は不要。このように、動詞が go 以外のときも同じである。

UNIT 8 — Practice Test

7.【正解】(C)

⭐ 「近い」を表す語句の用法の違いに注意 (p.295)

【訳】その不動産業者は、公立図書館の近くにある物件を薦めた。

(A)近くの　(B)近い　(C)…の近くに　(D)…とは別に

【解説】空所の直後に the があるが、the の前に形容詞が来ることはないので、形容詞である (A) は不可。(B) は to がないと後ろにつながらない。(D) だと、「"公立図書館のほかに"ある物件を薦めた」となるが、公立図書館やそれに代わるような物件が不動産業者の推薦物件になることは通常考えにくい。「公立図書館の近くに」という意味を表す前置詞 near が適切。

8.【正解】(D)

⭐ considerate と considerable の使い分けに注意 (p.297)

【訳】低い給料にもかかわらず、リン氏は家の頭金を支払うためにかなりの金額をためた。

(A)考えている　(B)思いやりのある　(C)考えられている　(D)かなりの

【解説】空所の言葉は、amount（額）を修飾しているので、amount を意味上の主語として考える。「額」が、(A)「考えている」も、(B)「思いやりがある」も意味を成さない。(C)の「額は考えられている」はあり得そうだが、「どう考えられているか」といった情報が与えられていないので、意味が通らない。従って、よく数量を表す言葉の前に使われて「かなりの」という意味を表す (D) considerable が適切。

9.【正解】(D)

⭐ 鉄則9 名詞は名詞でも「人」か「行為」かに注意 (p. 284、311)

【訳】われわれはより洗練された設計を求めているので、早急にその建築家に連絡を取る必要がある。

(A)芸術　(B)建築の　(C)建築　(D)建築家

【解説】contact ...（…に連絡を取る）の対象となり得るのは人や組織なので、適切なのは (D) architect のみ。

10.【正解】(C)

⭐ 要求や主張を表す動詞の後の that 節では should が省略される (p. 301)

【訳】政府はその会社に、そのような事件が起こるのを防ぐための対策を取るように要求した。

(A)言った　(B)希望した　(C)要求した　(D)想定した

【解説】選択肢はすべて過去形なのに、that の後の動詞が原形になっていることに注目。要求や主張を表す動詞の後の[that 主語＋動詞]では、should が省略される、というルールを思い出そう（→p. 301）。このグループに入る動詞は(C)のみ。

11.【正解】(B)

★ 鉄則10　文頭の空所に Alike は選ばない　(p. 293、312)

【訳】前作と違って、コラック監督の新作映画には明るくユーモラスな雰囲気がある。

(A)…しそうだ　(B)…と違って　(C)似ている　(D)嫌う

【解説】(A) likely は、副詞では「おそらく」、形容詞では「…しそうな、もっともらしい」という意味を表す。副詞だとしたら、「おそらく彼の前作、つまり監督の新作映画は…」と、previous works が new film と同じ意味を表すことになってしまい文意が通らない。形容詞だとしたら、語順は his の後に来るはず。従って、likely は不適切。(C) alike は形容詞の場合は補語として用いられ、名詞を修飾する働きはない。副詞の場合、動詞の後に来るのが原則。よって、alike も落とす。(D)の dislike は動詞なので命令文になるが、後の[主語＋動詞]をつなげるためには、カンマの後に and などの接続詞が必要なので不適切。(B)の unlike は like（→p. 293）の反意語で、「…と違って」という意味を表す前置詞。文頭に来て、後に続く主語（new film）と対比される名詞（previous works）を導いている。従って、正解は(B)となる。

12.【正解】(A)

★ most と almost の違いに注意　(p.293)

【訳】その私立校は生徒に、全部とはいわないまでも、授業料のほとんどを前納するよう求めている。

(A)ほとんどの(もの)　(B)ほとんど　(C)大部分は　(D)多くの(もの)

【解説】読解問題でも文法問題でも、文の構造を大まかに捉えるときには挿入部分を読み飛ばす。ここでは、空所の後の if not all が挿入部分なので、そこを無視すると、to pay ... of the tuition とつながっているのが分かる。「授業料の…を払う」という意味になるので、空所には代名詞が必要。代名詞としても使えるのは(A)の most（ほとんどのもの）と(D)の many（多くのもの）。tuition は不可算名詞なので、可算名詞しか表せない many は不適切。従って、(A)が正解。

Extra 1 試験前に必ず見直そう！

TOEIC® TEST 語法問題
選り抜き15の鉄則

> 語法の中でも特に重要なルールとして紹介してきた15の鉄則をまとめた。一度は覚えたつもりでも、テストとなると間違えてしまうことが多い。覚えているかどうか試験直前に必ず確認しよう。

チェックシートをかぶせて、(　　) の中から適切な単語を選んでみよう。

鉄則1　補語には形容詞を選ぶ (p. 194、316)
More information will be (availability / available) tomorrow.
（さらなる情報は明日入手できるだろう）
正解　available

鉄則2　Part 5 では、文頭の空所に接続副詞は選ばない (p. 202、316)
(Nevertheless / Though) we were tired, we worked hard.
（疲れていたにもかかわらず、われわれは懸命に働いた）
接続副詞は文頭に来てふたつの節をつなげられない。
正解　Though
類　furthermore さらに　　therefore それゆえ

鉄則3　分詞の問題は「意味上の主語」から考える (p. 206、318)
We heard (exciting / excited) news.
（私たちは興奮するようなニュースを聞いた）
ニュースが人を「興奮させている」から能動の意味になる -ing。
正解　exciting

鉄則4　able には to do、capable には of doing が続く (p. 211)
Ellen is capable (to operate / of operating) the machine.
（エレンはその機械を操縦することができる）
正解　of operating

鉄則5　to doing が間違いとは限らない (p. 212、291)

We look forward to (receive / receiving) your order.
（ご注文をお待ちしております）

正解 receiving

類 be used to doing　…するのに慣れている
be [devoted / dedicated / committed] to doing　…することに献身している
in opposition to doing　…することに反対する

鉄則6　discuss / contact / attend の後は前置詞なし (p. 215、299)

We (discussed about / discussed) the plan.
（われわれはその件について話し合った）

contact は「連絡する」、attend は「出席する」の意味。

正解 discussed

鉄則7　overseas、abroad の前は前置詞なし (p. 283)

The man wants to (go to / go) overseas.
（男性は海外に行きたがっている）

overseas には、to は要らない。

正解 go

類 abroad 海外へ　home 家へ　downstairs 階下へ
downtown 商業地区へ

鉄則8　among の後には、3つ以上を表す複数形が来る (p. 283)

The car is popular (between / among) young girls.
（その車は若い女性の間で人気がある）

between は2者の間。

正解 among

鉄則9　名詞は名詞でも「人」か「行為」かに注意 (p. 284)

As an (advice / adviser), Mr. Brown works for the school.
（ブラウン氏は学校のアドバイザーとして働いている）

as の後には Mr. Brown（人）と同質の名詞が必要。

正解 adviser

鉄則10 文頭の空所に Alike は選ばない (p. 293)
(Like / Alike) other shops, the burger shop hired many part timers.
(ほかの店と同様に、そのハンバーガーショップは多くのパート従業員を雇った)
a- で始まる形容詞 (alive、alone など) は名詞の前に来ない。
正解 **Like**

鉄則11 数量を表さない名詞の前には almost は来ない (p. 293)
(Almost / Most) students have a computer.
(ほとんどの学生はコンピューターを持っている)
[almost + 名詞] は TOEIC では×だと思っておこう。
正解 **Most**

鉄則12 名詞の前に来て「近くの…」を表すのは nearby (p. 295)
Rob works at the (near / nearby) supermarket.
(ロブは近くのスーパーで働いている)
正解 **nearby**

鉄則13 so の後には形容詞か副詞、such の後には (形容詞＋) 名詞 (p.295)
It was (so / such) humid that everyone felt down.
(そんなにも湿気が高かったのでみんな元気がなかった)
正解 **so**

鉄則14 help do の形は OK (p. 301)
The plan will help (improve / to improve) our sales.
(その計画は売り上げ改善に役立つだろう)
[help to do]、[help + 目的語 + to do] の to はよく省略される。
正解 **どちらも可**

鉄則15 make it possible構文の it は、名詞句を表せない (p.301)
Planes make (it possible / possible) a comfortable, fast trip.
(飛行機は快適で迅速な旅を可能にしている)
正解 **possible**

Extra 2
語法をもっと深く理解するために
英文法の基本用語

1 文の構成要素（文の骨格を作るもの）

文には主に5種類の要素（主語、動詞、補語、目的語、修飾語）がある。
この中で、修飾語はなくても文意が成立するので、必須の要素ではない。

---

① **They were laughing happily.** （彼らは楽しそうに笑っていた）
　　彼らは　　　笑っていた　　　　楽しそうに
　　主語(S)　　　動詞(V)　　　　　修飾語(M)

主語 S　　[They]　　　　　　文の主体となる言葉：「…が」「…は」にあたる
動詞 V　　[were laughing]　文の述語部分を表す言葉：「…する」「…だ」にあたる
修飾語 M　[happily]　　　　別の言葉を説明する言葉：なくても文は成り立つ

---

② **They became famous singers.** （彼らは有名な歌手になった）
　　彼らは　　なった　　有名な　　歌手に
　　主語(S)　動詞(V)　修飾語(M)　補語(C)

補語 C　　[singers]　　　　主語と動詞だけでは文が成立しないときに補う言葉
★但し S＝C（補語は主語が「なれる」もの）

---

③ **They watched the movie quietly.** （彼らは静かに映画を観た）
　　彼らは　　　観た　　　映画を　　　静かに
　　主語(S)　　動詞(V)　　目的語(O)　　修飾語(M)

目的語 O　[movie]　　　　　主語と動詞だけでは文が成立しないときに足す言葉
★但し S≠O（目的語は主語が「なれる」ものでなくてよい）

Extra 2

2 品詞（働きによって分類した単語の名称）

主な品詞	働き	どんな要素になるか	例
名詞	物・人の名前を表す	主語、目的語、補語	movie / singer
代名詞	名詞の代わりをする	主語、目的語、補語	they / I / this
動詞	述語部分を作る	動詞	watch
形容詞	状態を表す	名詞の修飾語、補語	famous
副詞	動作や状態を詳しく説明する	名詞以外の修飾語	happily / quietly
接続詞	物や事柄をつなぐ	接続詞	and / when
前置詞	名詞を導いてほかのものとの関係を表す	修飾語の導入語	in / on / with

3 文の構成単位（文の区切りとなるもの）

UNIT 6 Set 3 No. 493 の例文から (p. 205)

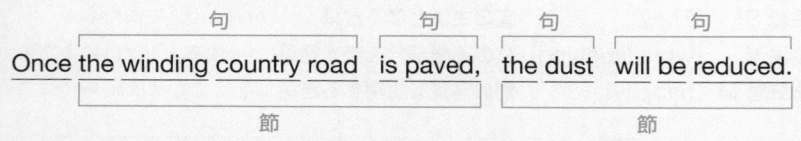

　　　　　　句　　　　　　　　句　　　　　句　　　　　句
Once the winding country road ／ is paved, ／ the dust ／ will be reduced.
　　　　　　　節　　　　　　　　　　　　　　　　　　節

（ひとたびその曲がりくねった田舎道が舗装されれば、ほこりは減るだろう）

単語　スペースとスペースで区切られている言葉
　　　　（例文では、単語ごとに下線が引いてある）

句　意味を持った単語の固まりで、主語と動詞の関係を含んでいないもの

　　the winding country road　　曲がりくねった　田舎　道
　　　　　　　　名詞句

the winding country road という部分は、the、winding、country のすべてが road を修飾しており、road という名詞が核になって、この部分全体が名詞の働きをしている。このような句を「名詞句」と言う。なお、is paved や will be reduced は、それぞれのまとまりごとに動詞の働きをしているので、「動詞句」と言う。

語法をもっと深く理解するために 英文法の基本用語

| 節 | 意味を持った単語の固まりで、主語と動詞の関係を含んでいるもの |

the winding country road is paved / the dust will be reduced
　　　　　　　　主語　　　動詞　　　　　　主語　　　　動詞
　　　　　　　　　　節　　　　　　　　　　　　　節

the winding country road is paved と the dust will be reduced はいくつかの句で構成されており、主語と動詞が含まれている。これらの大きな固まりをそれぞれ節と言う。

| 文 | ひとつ以上の節から構成され、ひとつのまとまった考えを表すもの |

文に節がふたつ以上含まれるときは、節の数からひとつ引いた数の接続詞（句）が必要。例文では、節がふたつあるので、接続詞がひとつ使われている。接続詞 once は、ふたつの節をつなげる働きをしている。

315

Extra 3
TOEICテストでよく問われる
語法と文法用語の説明

間違いやすい語法問題や文法問題に引っかからないよう、ここで重要事項を確認しておこう。

1 補語には形容詞を選ぶ 鉄則1 (p.194)

例題：(A)～(D)のうち、空所に入る適切な語を選んでください。
The recently hired secretary is -------.
(A) efficiency (B) efficient (C) efficiently (D) efficacy

【訳】最近雇われた秘書は能率的だ。
(A) 能率（名詞） (B) 能率的な（形容詞） (C) 能率的に（副詞） (D) 有効性（名詞）
【正解】(B)
【解説】 空所には「secretary（秘書）は…だ」となって文を成立させる補語が必要。補語になれるのは、形容詞か名詞だが、「秘書は能率だ」「秘書は有効性だ」という意味になってしまう名詞の(A)、(D)では意味をなさないので「能率的な」という形容詞(B)が適切。このように、補語（ほとんどがbe動詞の後に来る）には、抽象的な意味の名詞は不適切で、TOEICテストでは**補語には形容詞を選べば正解**と覚えておくとよい。

2 Part 5では、文頭の空所に接続副詞は選ばない
鉄則2 (p. 202)

例題：(A)～(D)のうち、空所に入る適切な語を選んでください。
------- it was raining heavily, Tom went fishing.
(A) Nevertheless (B) Despite (C) However (D) Although

【訳】雨がひどく降っていたにもかかわらず、トムは釣りに行った。
(A) にもかかわらず（接続副詞） (B) …にもかかわらず（前置詞）
(C) しかしながら（接続副詞） (D) にもかかわらず（接続詞）

【正解】(D)

【解説】 接続副詞は文頭に来てふたつの節をつなぐことはできないので、(A)(C)は不可。「たとえどんなに…だとしても」という譲歩を表すときの However は接続詞となり得るが、その場合は、However heavily it was raining という語順になる。前置詞の後に節が続くことはできないので、(B)も不可。従って、接続詞の(D)が正解。

● 接続副詞とは？

接続の働きをする副詞のこと。接続詞ではないので、単独では節と節をつなぐ働きはない。セミコロン記号(;)や、接続詞 and などと一緒に用いて節と節との間に来る。

★注：セミコロン(;)は前の文と密接なつながりのある補足説明などを導くときに用いられ、ほとんどの場合は後ろに節が来る。記号のみ単独で使われる場合もあるし、接続副詞を伴うときもある。

● 接続副詞の働き

1. 接続副詞には、動詞を修飾する普通の副詞のような働きはない。
 ① We have to go further.　　…〇（further は副詞）
 ② We have to go furthermore.　…×（furthermore は接続副詞）
 【訳】われわれはもっと進まなければならない。

2. 接続副詞には、文頭に来てふたつの節をつなぐ働きはない。
 ① Nevertheless it was raining heavily, Tom went fishing. …×
 ② It was raining heavily; nevertheless Tom went fishing. …〇
 ③ It was raining heavily, nevertheless Tom went fishing. …×（カンマは不可）
 【訳】雨がひどく降っていたにもかかわらず、トムは釣りに行った。

【解説】 接続副詞 nevertheless は、②のように、前の節の内容と後ろの節の内容とをつなぐ働きをする。Part 5 の空所補充問題で文頭に空所があるときは、その前につなぐべき節がそもそもないわけだから、その空所に接続副詞が来ることはあり得ない。文頭の空所に接続副詞（Nevertheless が頻出！）を選んではいけないのだ。

チェック！ TOEICによく出る接続副詞

1. nevertheless（にもかかわらず）　2. nonetheless（にもかかわらず）
3. then（それから）　4. otherwise（さもなければ）　5. therefore（それゆえ）
6. however（しかしながら）　7. furthermore（さらに）　8. moreover（さらに）
9. besides（加えて）

Extra 3

3 分詞の問題は「意味上の主語」から考える (p. 206)

> 例題：(A)〜(D)のうち、空所に入る適切な語を選んでください。
> We were very pleased to hear the ------- news.
> (A) excited (B) excite (C) exciting (D) excitement

【訳】その興奮させるようなニュースを聞いてわれわれはとても喜んだ。
(A) 興奮させられた（形容詞［分詞形容詞］）
(B) 興奮させる（動詞）
(C) 興奮させている（形容詞［分詞形容詞］）
(D) 興奮（名詞）
【正解】(C)
【解説】空所には、newsを修飾する言葉が来る。exciteは「興奮させる」の意味なので、意味上の主語である、newsから考えると、「ニュースが興奮させられている」という受身ではなく、「ニュースが興奮させている」という能動の意味が適切。従って、現在分詞(C)が正解だ。分詞の問題は意味上の主語との関係から考えて、
「…させている」という能動のとき：-ing（現在分詞）
「…させられている」という受身のとき：-ed（過去分詞）
を選ぶ。

● 分詞とは？

分詞とは、動詞の語幹に以下のどちらかの接辞を付けた語のこと。次の2種類の形がある。
- 現在分詞：-ingの形になる。
- 過去分詞（p.p. と略す）：-edの形になる。

● 分詞の働き

分詞の働きには大きく分けて3つある。
①述語動詞の一部となる。次の3つのパターンがある。
- [be動詞＋-ing] で進行形
- [be動詞＋-ed] で受動態
- [have＋-ed] で完了形

②形容詞の働きをする
- [-ing]（…している）能動、進行の意味

- [-ed]（…された）受身や完了の意味

★注：現在分詞や過去分詞の中には、例題の (A) と (C) のような「分詞形容詞」と呼ばれる完全に形容詞化したものがあり、形容詞の一種として扱われる（本書では、見出し語の品詞は「形容詞」と表記した）。

③分詞構文を作る（下の4を参照）

● 意味上の主語とは？

「意味上の主語」とは、分詞で表す動作の主体になる語（分詞が修飾している語）のこと。ここでそのパターンを確認しておこう。

1. 分詞が名詞にくっついているとき ➡ その名詞が意味上の主語
   We heard the **exciting news**.（私たちは興奮させるようなニュースを聞いた）
   意味上の主語は news。ニュースは「興奮させるもの」なので能動になる。
   We have a **dog house built** 10 years ago.
   （10年前に建てられた犬小屋を持っている）
   意味上の主語は dog house。犬小屋は「建てられるもの」なので受身になる。

2. find / consider / make ＋ A ＋分詞のとき ➡ A が意味上の主語
   We consider the **news exciting**.（そのニュースは興奮させると思った）
   意味上の主語は news。
   We found the **boy excited**.（少年が興奮しているとわかった）
   意味上の主語は boy。少年は「興奮させられている」ので受身になる。

3. 分詞が名詞にくっついてないとき ➡ 文の主語が意味上の主語
   The **boy** was **excited** by the news.（少年はニュースに興奮した）
   意味上の主語は boy。
   The **news** was **exciting**.（そのニュースは興奮させるものだった）
   意味上の主語は news。

4. 分詞で始まる構文（分詞構文）➡ 文の主語が意味上の主語
   Building a dog house, **we** enjoyed chatting.
   （犬小屋を建てながらおしゃべりを楽しんだ）
   意味上の主語は we。私たちは「犬小屋を建てる」ので能動になる。
   Built ten years ago, the **dog house** still looks nice.
   （10年前に建てられたが、その犬小屋はまだきれいに見える）
   意味上の主語は dog house。犬小屋が「建てられた」ので受身になる。

Extra 3

チェック! complicated に注意!

UNIT6 Set 4 (p.207) などに登場した complicated は、意味上の主語を確認してもまだ迷うかもしれない。ここで、語尾が [-ed] になる理由を考えてみよう。

例:The software for word processing has become unnecessarily complicated.
（文書処理のソフトウエアは不必要に複雑になってきている）

ここでは意味上の主語が、software（ソフトウエア）つまり「物」なので、とっさには -ing になる感じがするかもしれない。だが、「ソフトウエアが何かを複雑にしている」のではなく、「ソフトウエアが複雑にされている」→「ソフトウエア（自体）が複雑」という意味なので complicated が正しい。complicating という形ももちろん存在するが、TOEIC に出てくる形はほぼいつも complicated だと思っていればよいだろう。

4 自動詞と他動詞 (p. 209、214)

例題:(A)～(D)のうち、空所に入る適切な語を選んでください。
The company will have to ------- its oil price.
(A) raise (B) rise (C) rose (D) raising

【訳】会社は石油価格を上げなければならないだろう。
(A) 上げる (B) 上がる (C) 上がった (D) 上げている
【正解】(A)
【解説】have to の後には動詞の原形が続き、「…しなければならない」の意味になるので、選択肢は (A) か (B) に絞られる。(A) raise は「…を上げる」という意味。直後に「…を」にあたる目的語が続かないと文意が完結しない「他動詞」だ。一方、(B) rise は「…が上がる」という意味で、直後に目的語が続かなくても文意が完結する「自動詞」。例題では、空所の後に目的語となる名詞（句）its oil price が続いているので、(A) が正解。

● 自動詞と他動詞の定義

自動詞とは:次に目的語が続かなくても文意が完結する動詞
下のような使い方が正しい。(rose は rise の過去形)
例:The oil price **rose**. （石油価格は上昇した）…○

他動詞とは:次に目的語が続かないと文意が完結しない動詞
下のような使い方は不可。
例:The company will **raise**. （会社は上げるだろう）…×

● 過去分詞形の用法の違い

ここで、自動詞と他動詞の過去分詞形の用法の違いを確認しておこう。
他動詞の過去分詞（raised）は、形容詞のように名詞を修飾することができる。

　例：The fund **raised** by the politician was spent on the election. …○
　（その政治家によって集められた資金は選挙に使われた）

だが自動詞の過去分詞（risen）には、この用法がないのが原則。従って次のような使い方は不可。

　例：The fund **risen** by the politician was spent on the election. …×

● 自動詞は受動態を作れない

上の例でrisenが不可なのは、他動詞は受動態を作ることができるものの、自動詞はそれができないから。例えば下記の例のように、受動態は能動態の文の目的語を主語にして作られる。一方、直後に目的語が続かない自動詞には、受動態が存在しない。従って、自動詞の過去分詞が受身の意味で名詞を修飾することは原則的にない。

能動態　The politician raised a fund for the election.
　　　　　　　　S　　　　V　　　O

　（政治家は選挙のための資金を集めた）

受動態　A fund was raised by the politician for the election. …○

　（選挙資金はその政治家によって集められた）

● 例外もある

ただし自動詞でも、その直後に続く前置詞とひとつの組になって他動詞のように使われているときは受動態にすることは可能。

能動態　The audience **laughed at** the comedian.

　（観客はコメディアンを笑った）

受動態　The comedian was **laughed at** by the audience. …○

　（コメディアンは観客に笑われた）

チェック！ 自動詞から派生した形容詞

自動詞の過去分詞が、「…された」という受身の意味で形容詞のように使われることはない。
（例：p.209、No.509 exist）

Extra 3

5 期間を表す前置詞 (p.279)

> 例題：(A)～(D)のうち、空所に入る適切な語を選んでください。
> The guest stayed here ------- three days.
> (A) for (B) during (C) in (D) while

【訳】その客はここに3日間滞在した。
(A)…間 (B)…の間 (C)…で (D)…が～している間
【正解】(A)
【解説】動詞が stay（滞在する）という、継続的な意味がある動詞なので、期間を表す for を選ぶ。(B) は the three days と the が付いていれば可能。(C) の in だと「3日間で滞在する」となり意味を成さない。(D) の接続詞 while の後には節が続く。ここで期間を表す前置詞を整理しておこう。

● for ＋数字で表す期間 / 期間を表す言葉（a long time など）

いつからいつまでかは特定されていない、ある一定期間中、動作や状態が続くときに用いる。従って、動詞は stay のように「…し続ける」という意味を含むものでなければならず、arrive（到着する）のような継続性のない動詞を [for + 期間] と一緒に用いることはできない。例えば、The guest arrived here for three days. とすると、「その客はここに、3日間到着し続けた」となり文意が成立しなくなってしまう。

また、[for + 期間を表す言葉]があるときには、動詞を完了形にしなくてはいけないと思い込んでいる人が意外に多いが、必ずしもそうではない。例題の英文についていえば、今も滞在しているわけではないので、現在完了は不可。また、過去の一時点より前のことを言っているわけでもないので、過去完了形にすることもできない。過去で始まって過去で終わる動作や状態は、stayed のような単純過去形で表す。

● in ＋数字で表す期間

[in + 数字で表す期間] は、一定の期間内に動作が完結するときに用いる。この表現では、継続性のない動作を表す動詞が使われるのが原則。

例：We paid off the loan **in** 10 years.
（われわれはローンを10年で完済した）

The guest will arrive **in** one week.
（その客は1週間後に到着するだろう）

● during ＋出来事

特定の期間中、もしくは期間中のある時点での動作や状態を表すときに用いる。

例：Brad got injured **during** the experiment.
（ブラッドは実験中にけがをした）

この例文の場合は、**in** the experimentも可能。また、theが付けば数字を表す期間が来ることもある。

例：**during** the five years
（その5年間に）

● over ＋数字で表す期間

over は「…にわたって」という期間を表し、完了形とともに用いられる。for は同じ状態の継続、over は事態が継続して変化しているときに用いる。TOEIC では for と over の違いを問うような問題は出題されないが、over にも期間を表す意味があるということだけは覚えておこう。

例：The birth rate has decreased **over** the last few years.
（出生率はここ数年減り続けている）

Index

索引

UNIT 1〜7に登場した見出し語、類義語、反意語、熟語の索引です。
見出し語は太字、その他は細字で示しています。

A

- abate 137
- ability 211
- able 211
- above all 183
- accept 51
- acceptance 51
- accommodate 92
- accompany 217
- according to 172
- accountant 72
- account executive 240
- account for 177
- accounting 72
- accuracy 194
- accurate 194
- accurately 194
- accusation 104
- accuse 104
- achieve 126
- achievement 126
- acknowledge 234
- ad 240
- adapt 238
- adaptable 238
- adaptation 238
- address 16
- adequacy 198
- adequate 198
- adequately 198
- administer 228
- administration 228
- admission 164
- admit 164
- advertise 236
- advertisement 236, 240
- affect 248
- affection 248
- agency 236
- agenda 123
- aggressive 61
- aisle 138
- allege 250
- allegedly 250
- alternate 86
- alternative 86
- altitude 138
- amend 64
- amendment 64
- amenity 93
- among others 182, 183
- amount 90
- analysis 164
- analyze 164
- annoy 206
- annoyance 206
- annual 122
- annually 122
- anticipate 214
- anticipation 214
- apologize 214
- apology 214
- applaud 16
- applause 16
- applicant 50
- application 50
- apply 50
- appoint 96
- appointment 96
- appraisal 231
- appraise 231
- appreciate 214
- appreciation 214
- appropriate 232
- approval 62
- approve 62
- approximate 200
- approximately 200
- architect 66
- architecture 66
- argue 123
- argument 123
- arise 217
- arouse 217
- arrest 105
- as far as 204
- aside from 172
- as long as 204
- assemble 21
- assembly 21
- assess 51, 238
- assessment 238
- asset 236
- assign 51
- assignment 51
- assume 164
- assumption 164
- athlete 29
- athletic 29
- atmosphere 237
- atmospheric 237
- attend 214
- attendance 214
- attendee 214
- audience 28
- audit 125
- auditor 125
- authority 64

authorize ········ 64	bill ········100	checkup ········ 99
autograph ········100	blizzard········135	circumstance········249
availability ········ 194	blueprint ········ 66	clap ········ 16
available ········194	board ········ 18	classified ········ 240
avoid ········210	book ········ 92, 93	classified ad ········240
avoidance········ 210	booking ········ 93	clerk ········ 88
awards ceremony ···128	bookkeeper ········ 72	clothes ········ 160
	bookkeeping ········ 72	clothing ········160
B	booklet········ 58, 143	code ········ 228
baggage ········160	bore ········ 20	coherent ········ 196
balance ········ 70	bounce········ 24	colleague········ 54
ban ········164	bound for ········138	come down with ······182
bankrupt ········ 248	box office ········142	come up with ········182
bankruptcy········248	break down ········ 86	commemorate ········127
banquet ········ 34	breakthrough········250	commensurate ········ 241
barrel········ 32	bribe ········ 106	comment on ········181
be apt to do ········172	bribery ········106	commodity········102
be based on ········173	brief ········ 122	commute········ 56
because of ········ 177	brochure ········ 58, 143	commuter ········ 56
be committed to ······ 128	budget ········ 59	comparable ········ 209
be composed of ······173		comparatively········ 200
be credited for ········179	**C**	compare ········209
be dedicated to ······128	cafeteria ········ 56	compensate······ 175, 241
be devoted to 128, 212	call for ········134	compensation ········241
be eligible for ········174	candidacy········ 240	complain ········216
before ········ 212	candidate ········240	complete ······ 165, 245
be held ········ 84	capability ········ 211	completion ········ 165
be inclined to do ······ 172	capable ········211	complex ········ 207
be in contact with ···216	carry out ········175	complicate ········207
be likely to do ········174	carry over ········247	compliment ········ 129
be made up of ········ 173	catalogue ········ 58	complimentary ········129
bend over ········ 25	catch ········ 84	comply with ········ 173
beneficial ········ 52	cell(phone) ········ 90	compromise ········ 65
benefit ········ 52	cellular phone········ 90	concern ········215
besides ········ 172	census ········245	conduct ········ 18
be subject to ········181	CEO (chief executive officer) ········ 54	confidence ········ 196
be taken into [consideration / account] ···174		confident ········196
	certificate ········242	conflict ········169
be unlikely to do ······ 174	check in ········ 18	conform to ········173
beverage ········100	checking account ··· 71	confuse ········206
bid ········ 63	check out ········ 18	confusion ········ 206

325

Index

見出し語は太字、その他は細字で示しています。

congested ············ 87
congestion ············ 87
congratulate A on B 181
connect ············ 91
consecutive ············ 171
consecutively ············ 171
consequence ············ 202
consequently ············ 202
consistency ············ 196
consistent ············ 196
construct ············ 33
construction ············ 33
contact ············ 216
contaminate ············ 249
contamination ············ 249
contingency ············ 244
contingent ············ 244
contract ············ 62
contractor ············ 62
controversial ············ 123
controversy ············ 123
convince ············ 61
correspondence ············ 90
correspondent ············ 90
counterpart ············ 170
count on ············ 175
country ············ 237
courier ············ 88
coworker ············ 54
crop ············ 30
cross one's legs ············ 27
crowd ············ 36
crowded ············ 36
curb ············ 33
currency ············ 198
current ············ 198
currently ············ 198
customize ············ 238
customs clearance ············ 141

D

deal with ············ 57
debt ············ 124
decline ············ 234
decrease ············ 87
deep ············ 35
defect ············ 68
defective ············ 68
degree ············ 242
delay ············ 139
deliver ············ 90
delivery ············ 90
demand ············ 60, 72
demanding ············ 60
deniable ············ 210
dental ············ 96
dentist ············ 96
deny ············ 210
depart ············ 141
departure ············ 141
depend on ············ 175
deposit ············ 70
depress ············ 207
depression ············ 207
deregulation ············ 228
describe ············ 91
description ············ 91
desert ············ 36
deserted ············ 36
designate ············ 67
designation ············ 67
desirable ············ 242
desire ············ 242
despite ············ 203
destination ············ 94
detour ············ 86
diagnose ············ 96
diagnosis ············ 96
diagnostic ············ 96
dig ············ 20, 144
diligence ············ 198

diligent ············ 198
diligently ············ 198
disappoint ············ 206
disappointment ············ 206
disconnect ············ 91
discourage ············ 206
discouragement ············ 206
disease ············ 98
dismiss ············ 231
dismissal ············ 231
dispatch ············ 165
dispense ············ 233
disposal ············ 67
dispose ············ 67
disputable ············ 65
dispute ············ 65
distinguishable ············ 144
distinguished ············ 144
distribute ············ 17
distribution ············ 17
diverse ············ 195
divert ············ 195
divide ············ 55
dividend ············ 124
division ············ 55
down payment ············ 237
draft ············ 63
draw ············ 29
drawer ············ 29
drawing ············ 29, 66
dress code ············ 228
drink ············ 100
drop off ············ 85
due ············ 101
due to ············ 177
duplicate ············ 244
durability ············ 197
durable ············ 197
dweller ············ 106

E

effect ······ 194
effective ······ 194
effectively ······ 194
efficiency ······ 196
efficient ······ 196
electrician ······ 66
embarrass ······ 208
embarrassment ······ 208
emergency exit ······ 140
empty ······ 23
enclose ······ 234
enclosure ······ 234
encourage ······ 208
encouragement ······ 208
endorse ······ 71
endorsement ······ 71
enhance ······ 124
enhancement ······ 124
enormous ······ 169
enroll ······ 216
enrollment ······ 216
ensure ······ 165
equal ······ 216
equality ······ 216
equalize ······ 216
equip ······ 161
equipment ······ 161
especially ······ 182
establish ······ 128
establishment ······ 128
estimate ······ 60
evacuate ······ 137
evade ······ 210
evaluate ······ 51
evaluation ······ 51
eventually ······ 200
evolution ······ 170
evolve ······ 170
exact ······ 199
exactly ······ 199

exactness ······ 199
excavate ······ 20, 144
excavation ······ 144
except ······ 203
exclude ······ 200
exclusive ······ 200
exclusively ······ 200
execute ······ 54
executive ······ 54
exempt ······ 247
exemption ······ 247
exhaust ······ 207
exhibit ······ 142
exhibition ······ 142
exist ······ 209
existence ······ 209
expand ······ 59
expanse ······ 59
expansion ······ 59
expect ······ 95
expectation ······ 95
expend ······ 56
expense ······ 56
expertise ······ 130
expiration ······ 63
expire ······ 63
expiry ······ 63
explain ······ 215
exploration ······ 95
explore ······ 95
extinct ······ 170
extinction ······ 170
extraordinarily ······ 168
extraordinary ······ 168
extreme ······ 169
extremely ······ 169

F

face ······ 18
facilitate ······ 29
facility ······ 29

fail ······ 213
failure ······ 213
fare ······ 85
farm ······ 20
farmer ······ 20
fasten ······ 139
feat ······ 250
feature ······ 101
fee ······ 161
feed ······ 21
fellow worker ······ 54
figure ······ 58
fill out ······ 245
finally ······ 200
fine ······ 106
fire ······ 231
fix ······ 19
flat ······ 37
flatten ······ 37
flier ······ 58
flood ······ 136
floor ······ 32
fold ······ 27
forbid ······ 164
forecast ······ 134
foresee ······ 211
forfeit ······ 94
fountain ······ 35
freezing rain ······ 136
frustrate ······ 208
frustration ······ 208
fund ······ 162
furthermore ······ 202

G

garment ······ 145
generate ······ 165
genuine ······ 101
give a [ride / lift] ······ 84
goods ······ 238
go over ······ 93

Index

見出し語は太字、その他は細字で示しています。

go through 178	impression 208	inspect 68
gratuity 95	**improve** **69**	inspection 68
grocery 102	improvement 69	inspector 68
gym 33	**in accordance with** **172**	in spite of 203
gymnasium **33**	in addition to 172	**install** **91**
	in advance **182**	installation 91
H	**in (a) line** **29**	**instrument** **29**
hail **135**	inappropriate 232	instrumental 29
hand in 64, 230	**in a row** **38**	**insulate** **67**
handle **57**	**in case** **203**	insulation 67
hand out **17**	**incentive** **53**	**insurance** **99**
hands-on 243	in charge of 52	insure 99
hang up **133**	**incidence** **98**	**intensive** **169**
harmful 168	**inclement** **136**	intensiveness 169
harvest **21**	income 73	**interest** **71**
hazard 168	**incompatible with** **102**	**in terms of** **180**
hazardous 168	**increase** **72**	**interview** **241**
headquarters **55**	**indicate** **244**	**in the event of** **204**
heat wave **134**	indication 244	**invalid** **62**
help oneself to **129**	**indifferent to** **176**	**invent** **131**
hesitate **130**	**indispensable** **233**	invention 131
hesitation 130	**individual** **168**	**inventory** **60**
high pressure front **135**	individually 168	**invest** **105**
hire **50**	**in effect** **176**	**investigate** **104**
hold **133**	**infect** **98**	investigation 104
huge 169	infectious 98	**investment** **105**
human **163**	inform 160, 229	**invoice** **246**
human being 163	**information** **160**	**involve** **248**
humid **136**	**in general** **183**	involvement 248
humidity 136	**in honor of** **127**	irrelevant 233
hygiene 98	inject 97	**item** **246**
hygienic **98**	**injection** **97**	itemize 246
	innovate 131	**itinerary** **92**
I	innovation 131	
illegal **106**	**innovative** **131**	**J**
illegality 106	**in opposition to** **173**	**job opening** **241**
illegally 106	**in order that** **204**	
illness 98	**in particular** **182, 183**	**K**
immense 169	**in progress** **174**	**key to** **176**
implement **124**	inquire 131	**kneel down** **26**
impress **208**	**inquiry** **131**	

索引

L

ladder	30
land	139
last	133
lasting	197
launch	130
lawsuit	107
lay	24
layoff	249
lay off	249
leaflet	58
lean	25
legal	106
level	32
lift	21
liquidate	132
liquidation	132
load	22
look to	176
luggage	160

M

make up for	175
mandate	229
mandatory	229
masterpiece	143
means	163
mechanic	87
mechanical	87
medical	97
medicine	97
mend	19
merchandise	238
merge	123
merger	123
meteorologist	134
method	163
method	212
microscope	33
minute	122
miscellaneous	247
miss	84
mobile phone	90
modification	69
modify	69
moreover	202

N

necessary	195
necessitate	195
neglect	231
negligence	231
negotiate	62
negotiation	62
nevertheless	202
notice	229
noticeable	229
notification	229
notify	229

O

objection	212
object to	212
obligation	171
oblige	171
occupied	36
offend	105
offense	105
office supplies	56
on account of	177
on average	183
on behalf of	126
once	205
one on top of another	38
on one's hands and knees	25
opportunity	162
oppose	212
organization	17
organize	17
otherwise	203
outbreak	99
out of order	86
out of stock	61
output	69
outrageous	102
outstanding	128
overdue	233
overflow	37
overlook	38
overpriced	100

P

paid holiday	229
paid leave	229
pamphlet	58
parallel	33
parcel	88
participate	94
participation	94
passenger	138
pave	37
paved	37
payroll	228
payroll department	228
pay tribute to	127
pedestrian	28
perish	103
perishable	103
personnel department	53
petition	106
pharmacist	97
pharmacy	97
physical	99
pick up	85
pile	22
plant	20
plow	20
plumber	66
point at	16
possess	166
possession	166
postage	88

Index

見出し語は太字、その他は細字で示しています。

postpone	210
pour	22
PR	55
precaution	**144**
precedent	**168**
precedented	168
precise	**194**
precisely	194
precision	194
predictability	196
predictable	**196**
premium	**244**
prescribe	97
prescription	**97**
presume	**235**
presumption	235
prevent	**166**
prevention	166
previous	199
previously	**199**
print	**246**
prior	**212**
privilege	**126**
procedure	**73**
proceed	73
process	**89**
produce	**34**
productive	34
profit	**162**
profitable	162
profound	201
profoundly	**201**
prohibit	164
prompt	**197**
promptly	197
proper	237
properly	**237**
property	**237**
prospect	**249**
prospective	249
protective	145
protective garment	**145**
provide	205
provided	**205**
public relations	**55**
pull over	**85**
purchase	**230**
pursue	**166**
pursuit	166
put A through to B	**180**
put fuel	**19**
put off	210
put on	**22**

Q
qualification	**50**
qualify	50
quality	**238**
quantity	**239**
quest	166
questionnaire	**245**
quit	**52**

R
railing	**30**
raise	217
range from A to B	**179**
rapid	199
rapidity	199
rapidly	**199**
rate	**244**
real	101
real estate	236
real estate agency	**236**
recall	**131**
receipt	232
receive	232
recess	251
recession	**251**
recipient	**232**
recognition	127
recognize	**127**
recommend	**50**
recommendable	50
reduce	**87**
reduction	87
refer to A as B	**177**
reflect	**38**
reflection	38
refrain from	**140**
refreshment	**129**
refuel	19
refund	**56, 103**
refuse	125
regardless of	**180**
region	**135**
regional	135
registered mail	**89**
regret	**216**
regulation	228
reimburse	**56**
reinforce	**67**
reinforcement	67
reject	**125**
rejection	125
relative	200
relatively	**200**
relevance	233
relevant	**233**
rely on	175
remains	213
remain	**213**
remit	232
remittance	**232**
removable	23
remove	**23**
remuneration	**241**
renew	63
renewable	63
renewal	**63**
renovate	143
renovation	**143**
repair	19

replace ･･･････････････ 68	round-trip ticket ･････140	specification ･･････････ 68
replacement ･･････････ 68	ruin ･･････････････････････143	specify ･････････････････ 68
reply ･･････････････････234	run out of ････････････ 85	specimen ･････････････ 30
reply to ･･････････････ 234	run the risk ･･････････250	spectacular ･･････････ 28
report to ･････････････243	rural ･････････････････237	spectator ････････････ 28
represent ･･･････････ 60	rustic ･･･････････････ 237	spot ･･････････････････ 103
representative ･･････ 60		stack ･････････････････ 22
require ････････････････ 72	**S**	stain ･･････････････････103
requirement ･････････ 72	salute ･･･････････････ 25	stairs ･････････････ 26, 32
reservation ･･･････････ 92	satisfactory ･･･････････ 207	state ･･･････････････ 101
reserve ･･･････････92, 93	satisfy ･････････････････207	statement ･････････････101
reside ･･･････････････ 106	savings account ････ 71	stationary ･･･････････ 161
resident ･･･････････････106	scatter ････････････････ 36	stationery ･･････････････161
resignation ･････････ 215	school fees ･･･････････ 161	steadily ･･･････････････171
resign ････････････････215	screen ････････････････ 243	steady ･････････････ 171
resource ･･･････････ 162	screening ･･････････････243	steering wheel ･･･････ 34
responsibility ･･･････ 52	send in ･･･････････････ 64	step ･･･････････････････ 26
responsible ･･････････ 52	session ･････････････････230	steps ･････････････････ 32
rest on ･･･････････････ 175	set aside ･･････････････177	stimulate ･････････････239
rest one's chin in one's	settle ･････････････････ 65	stimulating ･･････････ 239
hand ･･････････････ 27	shallow ･･･････････････ 35	stimulation ･･････････ 239
restoration ･･････････ 144	shares ･･･････････････ 105	stock ･････････････････105
restore ･･･････････････144	ship ･･････････････････ 232	stopover ･････････････139
restrict ･･･････････････ 145	shipment ･･･････････････232	story ･････････････････ 32
restricted ･･･････････145	shot ･･････････････ 97	strategic ･･････････ 58
restriction ･････････････ 145	sickness ･････････････ 98	strategy ･･････････････ 58
restructure ･･････････ 248	side by side ･･････････ 39	submit ･･･････････ 64, 230
restructuring ･･･････248	sign ･･････････････････ 64	subscribe ････････････132
résumé ･･････････････242	signature ･･･････････････ 64	subscription ･･･････ 132
resume ･･･････････････ 242	significance ･･･････････ 195	subsidiary ･･････････ 55
retail ･･･････････････ 59	significant ･･･････････195	substantial ･･･････････195
retailer ･･･････････････ 59	sign up for ････････････230	substantiate ･･････････ 195
reveal ････････････････166	simultaneous ････････ 201	substitute ･･･････････233
revelation ･･･････････ 166	simultaneously ･･･････201	subtract ･･････････････246
revenue ･･････････････ 73	site ･･････････････････ 93	subtraction ･････････ 246
review ･･････････ 17, 93	solution ･･･････････････132	sue ･･････････････････107
revise ･･････････････167	solve ････････････････ 132	sufficiency ･･････････ 198
revision ･･････････････ 167	sophisticate ･･････････209	sufficient ････････････ 198
revolution ･･････････････170	source ･･････････････162	sufficiently ････････････198
revolutionize ･････････170	souvenir ･･････････････ 94	suggest ･････････････････210
rise ･･････････････････217	specialize ･････････････167	suggestion ･･･････････ 210

331

Index

見出し語は太字、その他は細字で示しています。

suit 107
suitable for 178
summarize 122
summary 122
superiority 178
superior to 178
supervise 54
supervisor 54
surface mail 89
surround 37
surrounding 37
survey 245
suspect 251
suspicious 251
sweep 21
sweeping 21
symptom 96

T

tag 31
take advantage of ... 130
take a nap 24
take for granted 181
take over 57
take place 84
take [steps / measures]
.... 178
tax break 73
temperature 137
temporarily 199
temporary 199
tend to do 172
testify 104
testimony 104
the right 211
thorough 197
thoroughly 197
throw 24
tip 95
token 129
tow 36

traffic 161
transact 70
transaction 70
transfer 51, 232
transit 140
transport 84
transportation 84
tuition 161
turbulence 141
turbulent 141
turn in 64, 230
turnout 69
turn to 176

U

under consideration 179
unfold 27
unless 205
unload 22
unoccupied 36
unprecedented 168
unpredictable 196
urban 237
urge 235
urgent 235
usher 142

V

vacancy 93
vacant 93
vague 201
vaguely 201
valid 62
validity 62
varied 163
variety 163
various 163
vehicle 34
vend 28
vendor 28
ventilate 145

ventilation 145
venue 93, 142
verification 167
verify 167
violate 250
violation 250
vote 125
voter 125
voucher 132

W

warehouse 32
warrant 239
warranty 239
wave 26
way 163
weather forecast ... 134
weave 26
weigh 89
weight 89
welfare 53
wheelbarrow 31
wholesale 59
wholesaler 59
wind 39
winding 39
withdraw 70
withdrawal 70
withhold 235
with regard to 180
witness 104
work on 19
workplace 161
workshop 122
worth 213

アルクは個人、企業、学校に語学教育の総合サービスを提供しています。

英語

通信講座
- 1000 HOUR HEARING MARATHON
- TOEIC®対策
- 『イングリッシュ・クイックマスター』シリーズ

ほか

書籍
- キクタン　ユメタン
- 『起きてから寝るまで』シリーズ
- TOEIC®／TOEFL®／児童英検

ほか

月刊誌
ENGLISH JOURNAL

辞書データ検索サービス
英辞郎 on the WEB Pro

オンライン英会話
アルクオンライン英会話

アプリ
英会話ペラペラビジネス100
ペラペラ

ほか

会員組織
CLUB ALC

セミナー
TOEIC®対策セミナー

ほか

子ども英語教室
Kiddy CAT 英語教室

留学支援
アルク留学センター

学校

e-learning
ALC NetAcademy 2

学習アドバイス
ESAC

書籍
高校・大学向け副教材

企業

団体向けレッスン
クリエイティブスピーキング

ほか

スピーキングテスト
TSST

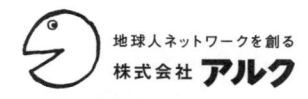

地球人ネットワークを創る
株式会社 アルク

▼ サービスの詳細はこちら ▼

website http://www.alc.co.jp/

日本語

通信講座	書籍	スピーキングテスト	セミナー
NAFL日本語教師 養成プログラム	できる日本語 ほか	JSST	日本語教育能力検定試験対策

著者プロフィール

小石裕子（こいし ゆうこ）
語学講師。商社勤務を経て、語学学校、大学等でTOEIC、TOEFL、英検等、各種英語資格試験対策の指導にあたるほか、企業研修の講師も務める。英検1級、TOEIC990点（満点）取得。著書に『新TOEIC® TEST 英文法出るとこだけ！』をはじめとする「TOEIC出るとこだけ！」シリーズ、『新TOEIC® テスト 中学英文法で600点！』（アルク刊）、『初挑戦のTOEIC® TEST 470点突破トレーニング』（共著、かんき出版刊）がある。

新TOEIC® TEST
英単語 出るとこだけ！

本書は『TOEIC® TEST 英単語出るとこだけ！』（2005年発行）を改訂し、新TOEIC®テスト対応にしたものです。

発行日	2008年4月8日（初版）
	2014年9月9日（第16刷）
著者	小石裕子
執筆協力	Timothy Ducey
編集	英語出版編集部
編集協力	五十嵐 哲
英文校正	Peter Branscombe / Owen Schaefer / Joel Weinberg
AD	伊東岳美
ナレーション	Chris Koprowski / Iain Gibb / Natasha Farrow / Marcus Pittman / 花輪英司
CD編集	ログスタジオ
CDプレス	株式会社学研教育出版
DTP	株式会社秀文社
印刷・製本	図書印刷株式会社
発行者	平本照麿
発行所	株式会社アルク
	〒168-8611　東京都杉並区永福2-54-12
	TEL 03-3327-1101
	FAX 03-3327-1300
	Email　csss@alc.co.jp
	Website　http://www.alc.co.jp/

地球人ネットワークを創る

アルクのシンボル
「地球人マーク」です。

落丁本、乱丁本は弊社にてお取替えいたしております。
アルクお客様センター（電話：03-3327-1101、受付時間：平日9時〜17時）までご相談ください。
本書の全部または一部の無断転載を禁じます。著作権法上で認められた場合を除いて、本書からのコピーを禁じます。定価はカバーに表示してあります。

© 2008 Yuko Koishi / ALC PRESS INC.　Printed in Japan.
PC: 7008044　ISBN: 978-4-7574-1363-4